王　剑

1964年8月生，河南淮阳人，教授，主要从事文学理论、学术思想史、地域文化等方面的研究，发表文学评论、学术论文70余篇，出版学术论著、文学作品7部。

老子思想及其演变

王剑 著

河南人民出版社

图书在版编目(CIP)数据

老子思想及其演变 / 王剑著. —郑州 : 河南人民出版社, 2019. 12
ISBN 978 - 7 - 215 - 12241 - 3

Ⅰ. ①老… Ⅱ. ①王… Ⅲ. ①道家②《道德经》- 研究 Ⅳ. ①B223.15

中国版本图书馆 CIP 数据核字(2020)第 007431 号

河南人民出版社出版发行
(地址:郑州市郑东新区祥盛街 27 号 编辑邮箱:313137877@qq.com 电话:65788050)
新华书店经销　　河南文华印务有限公司印刷
开本 890 毫米×1240 毫米　1/32　印张 9.375
字数 260 千字
2019 年 12 月第 1 版　　2019 年 12 月第 1 次印刷

定价:36.00 元

目　录

导　言

德国思想家卡尔·雅斯贝斯在《历史的起源与目标》一书中指出，公元前800至前200年之间，尤其是公元前600至前300年间，是人类文明的“轴心时代”①。在这一时期里，人类文明精神取得重大突破，古希腊、以色列、中国和印度的智者们开始用理智的方法、道德的方式来面对这个世界。各个文明都出现了伟大的精神导师——古希腊有荷马、赫拉克利特和苏格拉底、柏拉图，以色列有犹太教的先知们，古印度有《奥义书》中记载的导师、圣人和佛陀释迦牟尼，中国则有老子、孔子和诸子百家，圣贤如云，灿若星汉。他们创造的思想原则塑造了不同的文化传统，也一直影响着人类的生活。各主要民族的核心价值大体是在这一阶段定型的，这些核心价值对该民族的成长发展起着规范的作用。

雅斯贝斯所说的“轴心时代”，正是中国历史上的春秋战国时代，我国学者称这一时代为创造了“元典”的时代。在这一时代，中国社会的政治、经济经历着深刻的转型。在思想文化领域，各种意识形态、思想学说都以成熟的形态凝聚荟萃，百家争鸣，如旭日东升喷

① ［德］卡尔·雅斯贝斯：《历史的起源与目标》，华夏出版社1989年版。

薄而出，亦如百川入海奔流不息，为中国传统思想文化的发展奠定了开放性的坚实基础，为我们整个民族的心灵生活开启了广阔的精神天空。

中国传统思想文化的构成是丰富而复杂的。但是，汉代儒学成为官方意识形态之后，人们在研究中国传统思想文化的时候，往往把儒家思想视为唯一的代表，或把儒家文化视作中国传统文化唯一的核心和实质。这是十分偏颇的。事实上，作为中国传统思想文化“轴心时代”的先秦时代，各种学说、各种学派“百家争鸣”，而诸子百家中影响最大的应是老子和以老子为代表的道家学说。

老子是中国古典哲学的奠基者，是当之无愧的中国哲学之父。他在总结继承商周以前思想文化传统的基础上，创建了以“道”为核心的概念，以道法自然、尊道贵德、无为而治、有无相生为基本原则的哲学理论体系。老子的哲学思想涵盖了自然、社会和人生各领域，统摄了宇宙论、社会论和人生论，融合了本体论、认识论、辩证法以及自然哲学、人生哲学、政治哲学、军事哲学，深刻地揭示了世界的本原与发展规律，阐明了人与自然、人与社会、人与人相统一的终极基础，体现了人类思想智慧的深邃和广阔。

老子不仅被认为是道家学派的创始人，而且还是先秦诸子的思想启蒙者，九流百家皆受其影响。以老子学说为主流，推动了中国哲学史上的三次高潮：老子学说中的“天道观”“宇宙观”发展为庄子的哲学，并对后世魏晋玄学、宋明理学影响甚深；老子“无为论”发展而为黄老学说，与申韩的法家权术一起，为秦汉的政治实施所用，即为“君人南面之术”；老子“无名论”发展为名家辩学。一源百流，蔚为壮观。

老子的学说，在先秦时期大致沿着两个方向发展：一是以庄子为代表的老庄学派，关注于阐发人生哲学的内容，关切自我、自由与生命本真,追求内在的精神生命的体验,从而在形而上的层面建构起纯粹的哲学。二是以稷下学者为代表的黄老学派,关注于社会政治内容,以社会政治为中心,将其学说中关于政治的思想观念运用于政治实践,从形而上的追求转化到形而下的操作层面,形成一套治国安邦、争夺霸权的治国理论。二者各有所重,都祖述老子。汉代以后,老子及道家思想文化又经历了多次发展演变。西汉初年,统治者以“黄老学”为政术,治国经世。西汉中叶以下至东汉末年,学者以“黄老道”为长生之术,治身养性,其后黄老道与阴阳术数合流而发展为道教。魏晋之时,传习老子学说者既不为治国经世,亦不为治身养性,率为虚无自然之玄论,发展为魏晋玄学。

老子还被认为是孔子之师,相传孔子曾多次向年长他约20岁的老子问礼求道。儒道两家同根同源,西汉“罢黜百家,独尊儒术”之前,在中国思想文化上占主流地位的是道家文化。儒家学说崛起后,儒道两家对立互补,成为影响中国文化两千多年的两个主要思想学术流派。老子和孔子以他们所代表的道家和儒家学说,各自为中国传统文化建构了一个支点,以其巨大的创生力和支撑力,形成了中国传统思想文化的两大主流,犹如长江与黄河,大浪滔滔,奔腾不息。

汉末,佛教传入中国,作为中国本土宗教的道教同时兴起。道士们将老子奉为教主,尊为“太上老君”,把他的虚无、道法自然、清静无为、返璞归真等思想奉为至宝,甚至演绎出许多“一气化三清”的老君故事。儒家、道家、佛教、道教,犹如中华文化的四只车轮,推动中华文化的发展。道家与道教同源而异流,其力量堪与儒、佛相抗衡。

一部《老子》慰天下。《老子》是一座取之不尽、用之不竭的智慧宝库,它与《周易》《论语》一起,成为世界上影响最大的中国古代文化元典。老子的思想智慧,不仅对传统文化产生了巨大的影响,而且也对中国人的文化心理结构产生了重要的作用。中国文化外儒内道、刚柔相济，构建了中国人的心理结构，引导着中国传统文化的发展和完善。

《老子》全书，仅五千余字，然而古往今来，对《老子》的诠释注解则不下几千万言。《老子》版本众多，从楚简汉帛，到河上公、王弼诸本，千变万化，莫衷一是。老子的身份和形象，或为史官，或为隐士，或为导师，或为教祖，或为神仙，亦如孔子所言，“其犹龙也”，不见首尾。老子其书深奥，其人神秘，千百年来，疑难不止，争讼不已。

结合时代精神对传统经典不断加以诠释，是中国文化传承的一大特点。不同的时代有不同宗旨的《老子》，各时代也有各个形象的老子。如何理解《老子》文本的演变，如何理解不同传本之间的关系，如何理解不同时代对老子形象的构建和形塑，不可避免地成为学术讨论的问题。

在以往对老子思想文化的研究中，研究者们往往站在自己的学派立场上，各以其意言说老子，老子也因而呈现出不同的形象面貌。20世纪初古史辨派掀起的疑古思潮，关注于老子其人其书的早晚真伪，然而辨伪学的态度往往是建立在非此即彼的方法上，其目的是试图给老子其人其书提供一个简单而明确的“真—伪”判断，结果则常常陷入虚无主义的泥淖。近几十年来，随着出土简帛资料的大量发现和整理，以及传统方法和国外文献学研究方法的综合使用，关于老子思想文化的研究取得了丰硕的成果。从整体上说，对于老子思想文化的研究，20世纪占据主流地位的以古史辨派为代表的辨伪学态度正在改变，解释学和思想史的视野越来越得到重视。

老子及其道家思想文化是一个复杂的、发展变化着的学术思想体系。老子思想文化的发展演变，呈现着中国传统思想文化的渊源与流脉。本书试图将老子思想文化放在学术思想发展史的大背景下，去考察其发展演变的历史进程，并进而认识其历史意义。思想史的研究视野是基于思想的产生、发展和分化的逻辑给文本一个合理的解释和安顿。将老子思想置于思想史的发展之流中，老子思想文化将被视为动态的、有生命的活动之物，其发展演变的全部要素和全部过程都被理解为思想构造和思想史生成的结果。在思想史的视野之下，老子其人和《老子》文本就成为思想史和学术史的一个重要组成部分，而且，《老子》文本的演变，不同传本之间的关系，老子形象在不同时代的变化，凡此种种，都可以在思想史的视野中获得合理的解释。这是本书的宗旨，也是本书的任务。

第一章　老子其人

正如他的神秘哲学一样，老子其人也是一个谜。

关于老子的生平和著作，历史记载和民间传说有过太多的说法。最早为老子作传的，是司马迁。《史记·老子韩非列传》中有老子传四百多字。后世关于老子其人的种种说法和争议均据此传。为了论述方便，先将全文引录如下：

老子者，楚苦县厉乡曲仁里人也，姓李氏，名耳，字聃。周守藏室之史也。

孔子适周，将问礼于老子。老子曰："子所言者，其人与骨皆已朽矣，独其言在耳。且君子得其时则驾，不得其时则蓬累而行。吾闻之，良贾深藏若虚，君子盛德容貌若愚。去子之骄气与多欲，态色与淫志，是皆无益于子之身。吾所以告子，若是而已。"孔子去，谓弟子曰："鸟，吾知其能飞；鱼，吾知其能游；兽，吾知其能走。走者可以为罔，游者可以为纶，飞者可以为矰。至于龙，吾不能知其乘风云而上天。吾今日见老子，其犹龙邪！"

老子修道德，其学以自隐无名为务。居周久之，见周之衰，乃遂去。至关，关令尹喜曰："子将隐矣，强为我著书。"于是老子乃著书上下篇，言道德之意五千余言而去，莫知其所终。

或曰：老莱子亦楚人也，著书十五篇，言道家之用，与孔子同时云。

盖老子百有六十余岁，或言二百余岁，以其修道而养寿也。

自孔子死之后百二十九年，而史记周太史儋见秦献公曰："始秦与周合，合五百岁而离，离七十岁而霸王者出焉。"或曰儋即老子，或曰非也，世莫知其然否。老子，隐君子也。

老子之子名宗，宗为魏将，封于段干。宗子注，注子宫，宫玄孙假，假仕于汉孝文帝。而假之子解为胶西王卬太傅，因家于齐焉。

世之学老子者则绌儒学，儒学亦绌老子。"道不同不相为谋"，岂谓是邪？李耳无为自化，清静自正。

从此传过多使用的"或曰""或言""莫知其所终""莫知其然否"等字句中可知，早在汉初，有关老子的生平事迹已无法确定。而且，司马迁还提及与孔子同时的老莱子和后于孔子 129 年的太史儋两个人，这就更为后人的争议提供了线索。所以，从古及今，老子是谁？生活于哪个时代？生地在哪里？这些问题成为争论不休的历史悬案。

一、关于老子的论争

对于老子其人，其实在先秦时期并没有太多的争议。《庄子》《荀子》《韩非子》等书都曾经引述过《老子》。《韩非子》还有专门两章《解老》《喻老》，阐发《老子》要义，可见当时确实有《老子》书，并确信为老子所著。汉代以后有人对老子有所怀疑，也是个别的现象。

怀疑老子的原因,其实就是司马迁所说:"世之学老子者则绌儒学,儒学亦绌老子。'道不同不相为谋'。"汉代以后的儒道两家互相排斥,水火不容,儒家学者站在其学派立场上,对道家老子其人其书提出异议。

北魏时的学者崔浩最早提出《老子》不是司马迁所说的老聃所作。《魏书·崔浩传》中记载:"(崔浩)性不好《老》《庄》之书,每读不过数十行,辄弃之,曰:'此矫诬之说,不近人情,必非老子所作!'"

唐代的韩愈极度排老,韩愈以儒家道统的"真传人"和"卫道者"自居,竭力反对佛教和道家、道教。对于佛教和道教学说,他甚至要"人其人,火其书,庐其居",把和尚、道士还俗为民,烧掉佛经道书,把佛寺、道观变成民房,真是无所不用其极。韩愈在著名的《原道》一文中说,道家说孔子是老子的弟子,本来是贬低孔子的,但是有些孔子弟子听得多了就信以为真,也跟着说"吾师亦尝师之",这是一种乐于接受道家的荒诞言论而轻视自己的行为,"乐其诞而自小也"。他站在捍卫儒家的立场上抨击老子说:"老子之所谓道德云者,去仁与义言之也,一人之私言也。"在这里,他虽然把老子的思想说得一钱不值,但是韩愈却没有明确否定老子其人的存在。

南宋时的学者王十朋认为,孔子问礼于老子之事荒诞不可信,理由是:《史记》中记载的老子的话,是教训孔子的过失的。孔子是圣人,难道会有老子所说的过失?"老子之言似不徒发,必有以箴夫子之失。使夫子果有此失,岂为圣人乎?"所以王十朋"愿质其疑而究其用心处"①。王十朋从崇拜孔子的立场出发怀疑老子,却没有拿出有力的论据,所以他的理由是不可取的。

---

① 王十朋:《梅溪集》,《四库全书》第1151册,上海古籍出版社1987年版,第229页。

南宋学者叶适在《习学记言》卷十五里说:“言老子所自出,莫著于《孔子家语》《世家》《曾子问》《老子列传》。盖二戴记‘孔子从老聃祭于巷党’云云,史佚‘子死下殇有墓’,礼家儒者所传也。司马迁记孔子见老聃,叹其犹龙,遁周藏史至关,关令尹喜强之著书,乃著书上下篇言道德之意,非礼家儒者所传也。以庄周言考之,谓‘关尹老聃,古之博大真人’,亦言孔子赞其为龙,则是为黄老学者借孔子以重其师之辞也。二说皆涂引巷授,非有明据。然迁谓‘世之学老子则绌儒学,儒学亦绌老子’。”他的意思是说,儒家的《孔子家语》《礼记·曾子问》等书中记载的孔子向老子问礼的事,说明老子并不反对礼。而司马迁为老子所作的传中记载的老聃教训孔子的观点和他所著的上下篇,与儒者所记载的孔子问的老聃的思想不一样。至于说孔子见老子并赞其为龙,则是道家学派黄老学者借孔子之名以推崇其师、用老子打压孔子的言论。于是他断言:“然则教孔子者必非著书之老子,而为此书者必非礼家所谓老聃,妄人讹而合之尔。”①他认为著《老子》书的老子与为孔子师的老聃并不是一个人。

实事求是地说,叶适在这里的怀疑,抓住了问题的关键,还是有一定的道理的。老子的形象,在儒道两家典籍的描述中,确实有不相一致的问题,这是老子其人引起争讼的关键,只是叶适的判断有些武断了。叶适是一位儒者,他在《习学记言·卷十五·老子》中对《老子》逐章批判,认为不可能出自周守藏史之老聃,并痛责《老子》作者“执异学以乱王道,罪不胜诛矣”。他完全站在儒家的立场上抨击老子,不能作客观的分析。南宋另一位学者黄震承袭叶适的观点,也说:“老子之书,必隐士嫉乱世而思无事者为之,异端之士,私相推

① 叶适:《习学记言·卷十五·老子》,中华书局1977年版,第209页。

尊，过为诬诞。”[①]由此可见，儒家学者对于老子的怀疑，只是出于学派观点之所异，意气之所争。

清代学者崇尚考据，致力于古典文献的训诂笺释、版本鉴定、文字校勘、辨伪辑佚。对于老子其人其书，也有人从考据的角度提出怀疑。如汪中作《老子考异》，将司马迁《老子韩非列传》中的老子分为三人，认为作《老子》者为太史儋，教孔子者为老聃，家在苦县者为老莱子，否定《老子》是老聃所著，力主老子为战国时人。[②] 崔述在《洙泗考信录》卷一《辨问礼老子之说》中直言：“《史记》之所载老聃之言，皆杨朱之说耳；其文亦似战国诸子，与《论语》《春秋传》之文绝不类也。……《道德》五千言，不知何人所作，要必杨朱之徒之所伪托。”[③]汪中、崔述等人对老子的怀疑的出发点，仍如韩愈、叶适一样，是从维护儒家道统尊严出发而排斥道家的，只是他们的考证更深入些。不过以上这些观点在学术史上的影响不是很大。

20 世纪二三十年代，对于老子其人其书的考辨与论争骤起风潮。以“古史辨”学派为代表的疑古思潮，对中国古史和古书进行了一场规模宏大的考辨工作，对传统史学展开了猛烈进攻，在思想学术界掀起了一场革命。当时发表的古史辨伪的文章由顾颉刚等人汇印成《古史辨》，全书共 7 册（9 本），共收入文章 350 篇，计 325 万字。其内容包括对《周易》《诗经》等经书的考辨，对老子年代的考证，对儒、墨、道、法诸家的研究，对夏以前有关古史传说、“阴阳五行说”的起源、古代政治及古帝王系统的关系的考辨和研究等等。“古史辨”学派本着求真精神和实证方法，对于古史古书所开展的辨伪工作，对于推翻旧的臆造的古史体系，探求科学的古史系统，推进中国史学的

① 黄震：《黄氏日钞》，转引自张心徵：《伪书通考》，上海书店 1998 年版，第 36 页。

② 汪中：《述学·老子》，《四部丛刊》初编第 307 册。

③ 崔述：《崔东壁遗书》，上海古籍出版社 1983 年版，第 271 页。

近代化，建立了巨大的功绩。但是，由于他们对于古史古书真伪及年代的讨论，只能以纸上材料证明纸上材料，陈陈相因，缺乏考古实物佐证，没有确切的衡量标准，因而难有定论。

在当年的疑古思潮中，关于老子其人有无、其书真伪、年代早晚的问题，成为其中的一个焦点，胡适、梁启超、冯友兰、顾颉刚、钱穆、张季同、唐兰等著名学者投身其中，分垒而战。论争分为两派：一派为"早出论"，认为老子与孔子同时并年长于孔子，《老子》一书是老聃所作，但有战国时人的增益，这一派以胡适、唐兰、高亨等人为代表；一派为"晚出论"，认为老子是战国时期人，《老子》成书于战国中晚期甚至秦汉间，这一派以梁启超、钱穆、冯友兰、顾颉刚为代表。除此之外，还有学者主张将老子其人与其书《老子》分开，认为老子其人确实在孔子之前，但《老子》成书在战国中晚期。如郭沫若就认为《老子》上下篇是楚人环渊所录的老聃的遗训，环渊与孟子同时，是老子的弟子或再传弟子。这些关于老子的论争文章后来收录在《古史辨》第四册和第六册，共30余万字。

我们今天回顾和讨论20世纪疑古思潮中对老子其人其书的论争，会发现当年学者们之所以不遗余力地激烈讨论这个问题，根本原因是孔子和老子谁为学术和道统源头的问题。罗根泽在《古史辨》第六册序言中说："老子的年代问题，究竟是要解决的。除非将先秦的学术束之高阁，否则这个问题如不解决，一切都发生障碍。"①钱穆说："老子伪迹不彰，真相不白，则先秦诸子学术思想之系统条贯始终不明，其源流派别终无可言。"②罗根泽和钱穆的话道出了当时论争的根本症结所在。

---

① 罗根泽：《古史辨》第六册《自序》，上海古籍出版社影印本1982年版，第2页。

② 钱穆：《再论老子成书年代》，载《古史辨》第六册，上海古籍出版社影印本1982年版，第533页。

当年对于老子年代的讨论有两次高潮，两次高潮的起因与两本中国哲学史有关。第一次是胡适的《中国哲学史大纲》引起的讨论。这部1919年出版的哲学史著作，胡适自认为是“能使中国哲学史变色”的开山之作。他第一次以“证明的方法”“扼要的手段”“平等的眼光”“系统的研究”来整理中国哲学思想史，大胆斩断了历代史书三皇五帝的神话系统，冲出儒家古史观的藩篱，以平等的眼光打破经典的神圣和一家独尊的局面，平视孔墨老庄。在《中国哲学史大纲》一书中，胡适按年代顺序将老子列为中国哲学史上的第一位哲学家，摆在孔子之前，而将原来神圣的儒学放在与诸子之学平等的位置述评。他认为老子比孔子年长20岁，是孔子的老师。孔子向老子问礼是可信的。此书一出，打破了传统经学以儒家一家独尊的文化专制格局，迅速引起了梁启超、顾颉刚等学者的反对和争议。梁启超邀请胡适在北大讲堂同台论辩，轰动一时。第二次则是冯友兰1931年出版了《中国哲学史》一书引起的论争。在这部继胡适的《中国哲学史大纲》之后又一次开创中国哲学史现代格局的著作中，冯友兰将孔子摆在中国哲学史的首发位置上，而将老子放到孟子之后。冯友兰认为老子在孔子之后，理由是：孔子之前无私人著述，所以《老子》不会早于《论语》；《老子》文体不是问答体，所以应在《论语》之后；《老子》之文为简明的“经”体，可见其为战国时作品。冯著一出，就有学者站出来论争。胡适也亲自出马辩驳冯友兰的三条证据，冯友兰积极应战，众多名流学者卷入论战，一时蔚为壮观。

从1919年到1936年，关于老子年代问题的论争持续了十多年，到《古史辨》第四册、第六册结集出版，老子与孔子谁先谁后的问题，也没有考证出明确的结论。许多年之后，即在“批林批孔”运动中的1975年，冯友兰写了一本小册子《论孔丘》，他在书中坦白了将老子放在孔子之后的思想原因：

> 我在一九二六年开始写以前的那部《中国哲学史》。当时在“五四”运动“打倒孔家店”以后,在学术界中,尊孔的人,已经退到最后的一道防线,专从文化、教育方面为“孔家店”补修篱笆。我当时写孔丘,有一个目的,要证明孔丘是中国第一个私人讲学的人,第一个以私人的资格提出一个思想体系的人,第一个创立一个学派的人。……孔丘有了那三个“第一”,这就奠定了孔丘在以后成为封建社会“至圣先师”的基础,他后来登上了“大成殿”的宝座是有充分理由的。因为要给孔丘这三个“第一”,这就需要把与孔丘同时别的讲学立说的人都说成是不存在的。①

现代新儒家代表人物冯友兰写于“文革”特殊年代的这本小册子可能是违心之作,但他自道当年尊孔排老的做法,却是真实的。1958年,胡适在台北商务印书馆重印的《中国古代哲学史》(《中国哲学史大纲卷上》)的《自记》中就一番感慨:

> 有一天,我忽然大觉大悟了!我忽然明白:这个老子年代的问题原来不是一个考证方法的问题,原来只是一个宗教信仰的问题!!像冯友兰先生一类的学者,他们诚心相信,中国哲学史当然要认孔子是开山老祖,当然要认孔子是“万世师表”。在这个诚心的宗教信仰里,孔子之前当然不应该有一个老子。在这个诚心的信仰里,当然不能承认有一个跟着老聃学礼助葬的孔子。试看冯友兰先生如何说法:“……在中国哲学史中,孔子实

---

① 冯友兰:《论孔丘》,人民出版社1975年版,第42页。

占开山之地位。后世尊为惟一师表，虽不对而亦非无由也。以此之故，此哲学史自孔子讲起。”（冯友兰《中国哲学史》，页二九）懂得了“虽不对而亦非无由也”的心理，我才恍然大悟：我在二十五年前写几万字的长文讨论“近人考据老子年代的方法”真是白费心思，白费精力了。①

这里，胡适严厉批评了冯友兰为了构建自己对中国哲学史的解释体系而牺牲历史事实的做法。

历代关于老子年代的考证和论争，之所以难有定论，除了儒道两家的学派门户之争外，还有一个原因是传统考据方法所限，从古书中寻章摘句，以古书证古书，方法单一，证据不足。要弄清老子其人其书的事实真相，还要像王国维所说，靠地上文献和地下文物“二重证据”相互印证。胡适当年在讨论之中，已经提出了这个问题，所以他说：“我至今还不曾寻得老子这个人或《老子》这部书有必须移到战国或战国后期的充分证据。在寻得这种证据之前，我们只能延长侦查的时期，展缓判决的日子。”②

到了20世纪后期，地下考古新成果相继出现，使老子年代的研究取得突破性的进展，老子的真相逐渐显现。1973年长沙马王堆汉墓出土了帛书《老子》，1993年湖北荆门市郭店一号楚墓出土了竹简《老子》，这两种《老子》文本的出现，为《老子》成书年代和老子生活的年代提供了较为确切的证据。尤其是郭店楚墓竹简《老子》，是迄今为止发现的最早的《老子》文本。从郭店楚简《老子》的内容、文字、编排次序来看，都与帛书本和通行的王弼本有较大的差异，可以

① 胡适：《中国哲学史大纲》（卷上），商务印书馆1987年影印版，第16—17页。
② 胡适：《评论近人考据老子年代的方法》，载《古史辨》第六册，上海古籍出版社影印本1982年版，第410页。

看出是比帛书、王弼本更早的本子。郭店一号墓考古推断下葬的时间为战国中期，那么《老子》的文本要早于下葬时间，所以《老子》成书年代不晚于战国前期，有可能是春秋末年。因而，到郭店楚简本《老子》的出土为止，我们可以说，20世纪初以来的关于《老子》成书年代及其真伪问题的聚讼，基本上尘埃落定，有了一个比较明确的结论，那就是传统的说法大致是正确的，“晚出论”的观点是不能成立的。可以说，楚简《老子》出土的日子就是胡适所谓的关于老子其人其书“判决的日子”。由此也可推论，老子其人应是老聃，他与孔子同时而稍早，生活于春秋末年，孔子曾向他问“礼”，《老子》一书记载和反映了他的思想学说（不排除有后人的整理和改动），司马迁《史记》所记是有所据的，也是基本可信的。

二、老子生地考

司马迁对老子的生平语焉不详，但对老子的里籍却记载得十分详细和确切：“楚苦县厉乡曲仁里”，不仅写明老子生地属楚国，而且详及县名、乡名、里名。司马迁在《孔子世家》里对孔子的生地是这样记载的：“孔子生鲁昌平乡陬邑。”也详及国名、乡名、邑名。但对老子籍贯的记载比孔子还详尽：多个里名。这种写法，如果也意味着是一种“待遇”，则可见在司马迁心目中，老子比孔子的地位还要高。

关于老子生地，自司马迁提出苦县说以后，已成定论。在司马迁四百多字的老子传中，“唯一未曾引起令人怀疑，只有开头的第一句话：‘老子者，楚苦县厉乡曲仁里人也’（苦县原属陈国，春秋末年为楚国所灭。苦县即今河南鹿邑县），其余凡是涉及事实性的地方，无一处不使人争议"[1]。但近年来,有几位学者对老子里籍提出了新的看法,最有代表性的,一是地区不明的"宋之相人"[2],二是安徽省涡阳县郑店村[3],为本无疑义的老子里籍问题引来了一场纷争。如不加辨正,则势必会混淆视听,贻误子孙。

苦,这里读作 hù,苦县即今河南省鹿邑县。厉,这里读作 lài。唐张守节《史记正义》引《晋太康地记》云:"苦县城东有濑乡祠,老子所生地也。"厉乡曲仁里,即今河南省鹿邑县太清宫。著名的《史记》三家注分别对苦县地望和沿革作了训解。南朝裴骃《史记集解》引《汉书·地理志》说:"苦县属陈国。"唐司马贞《史记索隐》按:"《地理志》苦县属陈国者,误也。苦县本属陈,春秋时楚灭陈,而苦又属楚,故云楚苦县。至高帝十一年,立淮阳国,陈县、苦县皆属焉。裴氏所引不明,见苦县在陈县下,因云苦属陈。今检《地理志》,苦实属淮阳郡,苦音怙。"唐张守节《史记正义》引《括地志》云:"苦县在亳州谷阳县界,有老子宅及庙,庙中九井尚存,在今亳州真源县界。"《集解》与《索隐》一言苦属陈,一言苦属楚,其实都有道理。无论属陈属楚,实乃一地。楚灭陈在公元前 479 年,老子生于约公元前 571 年。陈亡时老子已 92 岁,但老子以长寿著称,陈亡后他还活了若干年,所以说他是楚人亦无不可。

苦县之名及区划,历代屡有更易。苦县是陈时所设还是楚灭陈后所设?今已不可考。西汉苦县归属淮阳国统辖。东汉时,淮阳国改名为陈国。《后汉书·郡国志二》"陈国"条下云:"苦,春秋时曰相,有赖乡。"这里出现了一个"相"。关于相地,又见东汉边韶《老子铭》称:"老子姓李,字伯阳,楚相县人也。春秋之后,周分为二,称东

① 陈鼓应:《老子注译及评介》,中华书局 2009 年版,第 18 页。
② 孙以楷:《老子外传·老子百问》,安徽人民出版社 1993 年版,第 56 页。
③ 杨光:《老子生地考辨》,《阜阳师院学报》1992 年第 1 期。

西君。晋六卿专征,与齐楚并僭号为王,以大并小。相县虚空,今属苦,故城犹在,在赖乡之东,涡水处其阳。”郦道元《水经注》卷二十三“涡水”注:“涡水又屈东径相县故城南,其城卑小实中。边韶《老子碑》文云:老子,楚相县人也。相县虚荒,今属苦,故城犹存,在赖乡之东,涡水处其阳。疑即此城也。自是无郭以应之。”边韶撰《老子铭》时任陈相;郦道元也到过鹿邑,他们的记述是正确的。在厉乡故址今鹿邑太清宫以东5华里处有相城遗址,城址方形,每边仅300多米,确如郦道元所说,“其城卑小”。所以,苦县与相县,所指的是一个地方,而断不是宋国之相县。查宋之相县在今安徽濉溪县西北。

东汉以至隋代,苦县或称父阳、武平、谷阳、鹿邑,隶属陈郡或谯郡(今安徽亳州)。唐代,唐高祖李渊认老子为始祖,唐高宗乾封元年(666年)封老子为太上玄元皇帝,所以唐朝又把老子故里更名为真源、仙源等名。《新唐书·地理志二》“谯郡”条下有“真源”云:“真源,本谷阳,乾封元年更名,载初元年曰仙源,神元元年复曰真源。有老子祠,天宝二年曰太清宫;又有洞霄宫,先天太后祠也。”宋元,又更名为卫真或鹿邑,隶属亳州。明清以后,鹿邑隶归德府。今鹿邑县隶属河南省,涡河流经全境,注入淮河。

老子故里厉乡,又可写作赖乡、濑乡。查《中国历史地图集》第一册,在涡河流域最早出现的地名就是“厉”。从形势上看,它与商早期的葛、昆吾等氏族居地有着大小相同的地位。现此地有一遗存十分丰富的原始文化遗址,俗名叫隐山,位于老子故宅西北隅,高出地面4米多。遗址东部有夯土墙,应是最早的城址遗存。隐山文化遗址的上层发现有鹿角、石镞、鬲足等物,早期为龙山文化时期,晚至商周。隐山之侧有赖乡沟,原是涡河的一条支流,今仅为一条坡沟。

历代祭祀老子,都在鹿邑太清宫。太清宫的前身为老子祠,或曰老子庙。《晋太康地记》记载老子祠的存在:“苦县城东有濑乡祠,老子所生地也。”老子祠兴建于何时，已不得而知。东汉时，老子庙香火已经很盛。《后汉书・桓帝纪》载，延熹八年（165 年）正月，“遣中常侍左悺之苦县，祠老子”。同年十一月，“使中常侍管霸之苦县，祠老子”。一年之中两次派专使到苦县祭祀老子，为一时盛举。边韶《老子铭》说：“延熹八年八月甲子，皇上尚德弘道，含闳光大，存神养性，意在凌云，是以潜心黄轩，同符高宗，梦见老子，尊而祠之。”边韶《老子铭》写于桓帝两次派人祀老之后。正因为这年的八月甲子日，桓帝梦见老子，才有一年内春秋两次祀老之举。

老子庙在唐朝改称为太清宫。据光绪年间《鹿邑县志》记载，唐高祖武德三年（620 年），“从吉善行之言，祖老子，特起宫阙如帝王居”。唐高宗乾封元年（666 年）二月，朝谒老子庙，建紫极宫和太清楼，加封老子为“太上玄元皇帝”。武则天光宅元年（684 年），又册封老子母为“先天太后”，在汉代李母庙的基础上，扩建成洞霄宫，位置在太清宫北一里。玄宗天宝二年（743 年）正月，唐玄宗亲祀老子，改紫极宫为太清宫。太清宫又有增建，规模达到鼎盛，占地八顷七十二亩，周围四十里，宫内建筑排列有序，琼楼玉宇，金碧辉煌。太清宫称前宫，洞霄宫称后宫。前宫祀老子，后宫祀李母。两宫间隔一河，河上有桥。河名“金水”，桥称“会仙”。天宝十四载（755 年），唐玄宗又亲注《道德经》颁布天下，并刻石于太极殿前，名为《唐开元神武皇帝道德经注碑》。此碑今存太清宫。

唐代以后，太清宫历经兵燹，几度重修。宋真宗年间，拨国库款重修太清、洞宵二宫，规模比唐时扩展。重修时并立有《大宋重修太清宫之碑》《先天太后之赞》《会真桥记》等碑刻，碑刻至今留存。重修后，真宗皇帝亲率文武大臣来太清宫朝拜。真宗所立《先天太后之赞》碑，通高八米，宽二米，二龙幡伏于碑首，神龟支撑碑下，为真宗御制御书并篆额的“三御碑”，且书法秀美，石质坚细，至今保存完好，是太清宫所存之珍品。以后屡修屡废，金元明清各代都有重修碑记。元代中统年间，皇帝又颁发了圣旨和执照，对太清宫予以保护，碑刻今存。至清代重修时，规模尚十分可观，现存前宫之太极殿和后宫之洞霄宫，均为清代重建。虽具规模，但与唐宋盛时相比，仅存“十一于千百也”，无法恢复旧观。前宫太极殿是现存的太清宫主要建筑。殿面阔五间，进深三间，上覆黄色琉璃瓦，屋脊上置宝瓶、兽头等饰物。檐下有斗拱，是宋代遗物。屋檐上有“明万历七年”字样。殿内柱础直径约为一米，雕刻精美，属于唐代遗物。殿前为平台，台前古柏三株，仍生机盎然。太极殿东侧有九井，俗称“九龙井”。《后汉书·郡国志二·豫州·陈国》注引伏滔《北征记》曰：“（苦县赖乡）有老子庙，庙有九井，水相通。”《水经注·阴沟水》曰：“（老君）庙东院中，有九井。”今井已不存，残存的井石圈，有九龙浮雕，为唐代遗物。太清宫于1986年被列为河南省文物保护单位，于2001年又被升格为全国重点文物保护单位。

1997年，河南省文物局、河南省文物考古研究所考古专家在太清宫发掘出含龙山文化遗址、西周墓葬、东周夯土基址和大型马坑、唐宋建筑基址、碑刻及明清建筑的大型文物古迹群。该遗址时代早，跨度大，保存完好，文化内涵丰富，具有很高的历史、科学和艺术价值。考古专家还对太清宫前、后宫周围3300多平方米的地面进行了挖掘，发掘出了清晰的唐、宋、金、元太清宫遗址及大量的祭祀器皿。初步探明，太清宫后宫宋代大殿东西长112米，南北深40米，面积4480平方米左右。墙基、柱础及室内铺地砖保存完好，规模宏大，比北京故宫的太和殿规模还大，是我国目前发现的最大的宋代宫殿建筑。确实如史书记载太清宫建筑“如帝者居”。随后，60余位来自北京大学、国家文物局、中国社科院考古研究所和历史研究所等单位的全国知名的考古专家和老学专家云集鹿邑，研究这次挖掘成果，一致认定,发现的大量祭祀器具证明历代祭老在太清宫、祭李母在后宫,同历代文献记载完全吻合,这些均证明太清宫确为老子生地。

三、老子姓氏考

20 世纪二三十年代的疑古思潮关于老子其人其书问题的大辩论中,涉及老子的姓氏和名字问题。老子是姓“李”还是姓“老”? 一时难辨其是。其实弄清楚老子的姓氏,我们只要考索出李姓的起源就可以明白了。

考索历代关于李姓起源和得姓始祖的记述,归结起来,主要有五种说法①,都与老子有关:

其一,源于老姓说。这种说法认为老子不姓“李”而姓“老”。古文字学家唐兰在《老聃的姓名和时代考》一文中认为,老子姓李名耳的说法不确实,他说据当时人普通的称谓,老聃的“老”字是他的氏族的名称,因为当时称子的,像孔子、曾子、墨子、孟子、庄子、惠子以及其余,都是氏族下面加“子”字的,“老聃在古书中丝毫没有姓李的痕迹”②。唐兰明确地说明:老子并不姓李,而是姓老。郭沫若、马叙伦、陈独秀等人同意唐兰之说。高亨对此说有进一步的考证,他在《老子正诂·前记》中说:“老、李一声之转,老子原姓老,后以音同变为李,非有二也。”他从《老子》一书中引大量语句,证幽部、之部音韵相通:“老、李二字其声皆属来纽(即声母为 L),其韵又属一部,然则

① 王剑:《李姓起源考索》,载《寻根》2003 年第 6 期。

② 唐兰:《老聃的姓名和时代考》,载《古史辨》第四册,上海古籍出版社影印本 1982 年版。

其音相同甚明，唯其音同，故由老而变为李。”[①]依唐兰、高亨等人的说法，李姓源于老姓。

其二，源出理氏说。这是一种流传最广，并写入正史的说法，认为李氏源出嬴姓，血缘先祖为皋陶，先为理氏，后为李氏，得姓始祖为李利贞，李耳为十一世。这种说法最早是由唐朝李延寿提出的，他在《北史·序传》中说：“李氏之先，出自帝颛顼高阳氏。”北宋欧阳修、宋祁等人撰《新唐书》时，又依据此说，并加以充实。《新唐书》中的《宗室世系》和《宰相世系》里，所列李姓的起源、谱系甚为详尽。《新唐书·宗室世系》说，李姓源于嬴姓，是五帝之一颛顼高阳氏的后裔，系出皋陶一脉。皋陶在帝尧时任大理（司法长官），他的子孙世袭大理之职，以官职命族，为理氏。商朝末年，理氏后代有一个叫理徵的，因直谏触怒纣王，得罪被杀。理徵的妻子契和氏是陈国人，契和氏带着儿子理利贞逃回陈国，至伊侯墟，饥饿不堪，靠采食木子（树木果实）得以保全性命。为感激木子，躲避纣王追缉，隐去原姓，因“理”与“李”同音，自利贞起改理氏为李氏，李利贞为李姓得姓始祖。李利贞母子回到陈国，在离陈不远的苦县定居。《元和姓纂》《古今姓氏书辨证》《新唐书》《路史》等典籍记载，李利贞也是娶陈国契和氏之女为妻，生子昌祖，后在陈国任大夫，家在苦县。李昌祖生彤德，彤德曾孙硕宗，被周康王赐采邑于苦县。李硕宗的五世孙为李乾，字元果，在西周任御史大夫，娶益寿氏女婴敷，生李耳。林宝引《秘笈新书》云：“利贞十一代孙老君，名耳，字伯阳，居苦县赖乡曲仁里。”

其三，指李为姓说。这种说法颇具神话色彩，据《史记正义》引《玄妙内篇》云：“李母怀胎八十一载，逍遥李树下，乃割左腋而生。”

---

① 高亨：《老子正诂》，清华大学出版社 2011 年版，第 36 页。

《史记索隐》云:“按:葛玄曰:‘李氏女所生,因母姓也。’又云:‘生而指李树,因以为姓。’”此说以老子为李姓得姓始祖。今鹿邑仍有民间传说,李母怀胎八十一年,在李树下分娩,李耳诞生时已是白发苍苍的老人,李母呼道“我的老儿子”,因而名之“老子”,老子一诞生就用手指着李树,自认李姓。此说甚为离奇,可能是道教神化老子所为,历来被认为荒谬不可信。

其四,李树图腾说。这种说法认为,李姓起源于图腾崇拜,李族的图腾是李树,以图腾为姓,姓李。何光岳《东夷源流史》讲到李氏以李树为图腾树:“李氏因大理之官而得姓为理,后因理徵避难以木子为食而姓李。因其所食为野生李,故由理氏培育成为家生李树,并以李树为神树,亦即图腾树。故凡李氏子孙,常于宅旁种李以为象征,至今还保存这个习惯。如李白家有桃李园,唐朝皇宫苑园多植李树。”[1]但此说的问题在于,李氏崇李树为图腾,是在指李为姓传说之后,所以此说也有待于考证。

其五,源于虎图腾说。此种观点认为李氏图腾不是李树,而是老虎。扬雄《方言》:“虎,陈、魏、宋、楚之间或谓之李父;江淮南楚之间谓之李耳。”方以智《通雅》卷四十六说,虎“或曰狸儿,转为李耳”。“李耳”即“老虎”,是陈楚民间对虎的俗称。今鹿邑民间相传,老子生于庚寅年,属虎。当时苦县一带方言称虎为“狸儿”,故亲邻戏呼老子为狸儿,后渐演变为“李耳”。孙以楷在《庄子通论》一书中推猜:“老子的生年——公元前 571 年,那一年正是庚寅年,即虎年。虎年出生,小名为小老虎,这是很自然的事。而小老虎,在老子故乡又叫狸儿,于是老聃的小名小老虎就成了狸儿,音转为李耳。”[2]按照

① 何光岳:《东夷源流史》,江西教育出版社 1990 年版,第 186 页。

② 孙以楷:《庄子通论》,上海东方出版社 1995 年版,第 28 页。

这种说法,“李耳”的意思是“老虎”,李耳以虎图腾为号,他的后代以祖先的名字为姓氏,姓李氏。

以上关于李姓起源的五种说法,虽有许多传说和附会猜测的成分,但这些说法毕竟反映了从古到今人们对于李姓来源的基本认识,可以作为我们探讨老子李耳姓氏问题的出发点和重要线索。

在以上五种说法中,影响最大的是《北史》李延寿《序传》和《新唐书·宗室世系》所记李姓源于嬴姓理氏之说。这种说法载入正史,流传甚广,几乎成为定论,现在许多新编姓氏书籍多采此说。但是,这种说法在产生之初,就有人提出疑问。疑问的原因主要有三个:一是老子之前的人物,如理徵、李利贞不见于先秦古籍,言之无据。老子李耳是《新唐书》以前正史所载李姓第一人。《史记》为李耳立传,但对李耳的祖辈只字未提。广收博录古代人物的《汉书·古今人表》也没有收录,所以理徵、李利贞是否确有其人值得怀疑。二是《北史·序传》和《新唐书·宗室世系》对于李姓起源于理利贞食木子得生的说法叙述得过于生动而富于传奇色彩,难免引起后人的疑义。郑樵《通志·氏族略》说:“以食木子为氏而取理同音者,无是理也。”但是,郑樵并没有提出有说服力的否定理由,则又说:“今不得其始,姑从理说。”他自己弄不清李姓的来源,所以在《通志》中也只好暂且沿用《新唐书》的说法。三是因为此说起于唐代,有为李唐宗室抬高门第,强为攀附,主观臆测的成分,可信度不高。陈寅恪曾考证李唐宗室的祖先本是西凉李暠之后,不是中原人,也不是陇西李氏,《北史·序传》和《新唐书·宗室世系》所言李氏起于嬴姓说乃刻意攀附皋陶之理和老子之所为。

那么,李姓的真实渊源是什么呢?其实,李姓起源并不复杂,不过与“李树”无关,也与“食木子”的传说无关。“李”通“理”“里”,李氏源于理姓,理即“大理”,以官职为姓。早在隋唐之前,东汉王符的

《潜夫论·志氏姓》和应劭的《风俗通义·姓氏篇》中,就考证了李氏和理氏,但只字未提食木子而改李氏的事,可见东汉的时候还没有这个传说。理、里、李三字代换的原因非常简单,即音同字通。段玉裁在《说文解字注》中说得明白:"古李、理同音通用,故'行李'与'行理'并见,'大李'与'大理'不分。"就字义来说,理(里)氏、李氏与古代刑狱有密切的关系。

我们看看隋唐以前的古籍中对"理"和"李"是怎样解释的:《说文解字·玉部》:"理,治玉也。从玉,里声。"《广雅·释诂》:"理,治也。"《左传·成公二年》杜预注:"理,正也。"《国语·晋语》韦昭注:"理,士官也。"《吕氏春秋·离谓》:"理也者,是非之宗也。"《吕氏春秋·孟秋纪》高诱注:"理,狱官也。"《礼记·月令》郑玄注:"理,治狱官也。有虞氏曰士,夏曰大理,周曰大司寇。"《说文解字·木部》:"李,果也。从木,子声。"《管子·大匡》注:"李,狱官也。李、理同。"《管子·法法》注:"古治狱之官作此李字。"《史记·天官书》索隐:"李即理,法官也。"

古人的解释十分明确,"理"即"大理",是司法官的名称。"李"的本义是果实,因李与理同音相通,也演变为法官的名号。由此看来,李氏"以官为氏"的说法是合乎情理的。

李氏在周代以前并没有出现,所以并不是源于图腾崇拜的上古之姓,而是后起之氏。李氏源于嬴姓,嬴姓的始祖是皋陶。东汉以来的姓氏著作大都将李(理)氏的渊源上溯至皋陶,把皋陶视为李氏的远祖,李氏出自皋陶已成人们的共识。

皋陶是古史传说中的人物。他和许多传说时代的人物一样,既是一个真实的部族首领,也代表了一个部族名号。皋陶主要生活在尧舜时代,《尚书》中有一篇《皋陶谟》,记述了皋陶与舜、禹议政的许多言论。皋陶对中华文化最主要的贡献在于刑狱方面。他是中国刑法的创立者,相传“皋陶作刑”“陶作五刑”。帝舜时,皋陶的官职是“大理”。《史记·夏本纪》记载“皋陶作士以理民”,掌司法之权,断狱公平,朝野咸服。他强调“天讨有罪”,主张“五刑五用”,奠定了中国古代早期刑法的理论基础。

皋陶本姓偃,又姓嬴。《帝王世系》说:“曲阜,偃地,故帝因之而以赐姓曰偃。”皋陶长子伯益“为舜主畜,多,故赐姓嬴氏”。也就是说皋陶本姓偃,其子伯益被赐姓为嬴。皋陶的一支后裔,以皋陶的官职为氏,姓理氏。理氏又通为里氏、李氏。李姓起源于春秋时期,战国时已很普遍。春秋时已有里氏,见于记载的有里克、里革、里析等人。里克是晋献公的重臣,里革是鲁国太史,里析是郑国大夫。战国时的李氏人物有李耳、李离、李悝、李兑、李冰、李同、李牧、李斯等,踪迹遍及列国。特别值得注意的是,李离、李悝、李斯都曾是执法大臣,与“李(理)”氏的含义相同。李离在晋文公时任大理,《新序·节士》载,李离因下属执法失误而引咎自杀。李悝是春秋末战国初时人,古籍中也作里悝、李克、里克,战国初年在魏国主持变法,李悝开战国变法运动之先河,他所制定的《法经》集前代法律之大成,对后世法律有重要影响,《晋书·刑法志》说:“律文起自李悝。”李斯则在秦国曾任廷尉,掌管秦法,“明法度,定律令”,是秦代法制政治的主要策划者。这些早期李姓人物的司法理论和实践,继承了李(理)氏家族的历史传统。

概括以上分析,我们可以清楚地理出李姓的来源:李氏出于理姓,其先祖为大理之官,后代“以官为氏”,为理氏,春秋前作理氏或里氏,因此李、理、里同音相通。李氏的血缘先祖是皋陶,老子李耳是史载第一个以李为姓氏的,所以李氏的得姓始祖为老子李耳。

老子的名字,司马迁说得清楚:“姓李氏,名耳,字聃。”《说文解字》:“聃,耳曼也。”段玉裁《说文解字注》:“曼者,引也。耳曼者,耳引之而大也。”“聃”的意思是“耳长大”。字“聃”与名“耳”相应，是古人取名取字的规矩。

但唐代张守节《史记正义》在《老子列传》中加了个注：“《朱韬玉札》及《神仙传》云：‘老子，楚国苦县濑乡曲仁里人也。姓李，名耳，字伯阳，一名重耳，外字聃。’”同样是唐代的司马贞在《史记索隐》中又说：“今作字伯阳，非正也。然老子号伯阳父，此传不称也。”一个说是字伯阳，一个说是号伯阳父。那么，老子的字或号到底是什么呢？

胡适在《中国哲学史大纲》中说：“今本《史记》作‘姓李氏，名耳。字伯阳，谥曰聃’，乃是后人据《列仙传》妄改。”①今本《列仙传》虽题为汉代刘向著，但《四库全书总目》说此书不像西汉文字，不是刘向所撰，“或魏晋方士为之，托名于向耶”②。不过东汉边韶的《老子铭》中就有“老子，姓李，字伯阳”之说，南北朝时期南朝梁代的刘勰《文心雕龙·诸子》有“及伯阳识礼而仲尼访问，爰序道德，以冠百氏”之语。唐代陆德明《老子道德经释文》中说老子字伯阳来自汉代传授《老子》的河上公：“老子姓李名耳。河上公云名重耳，字伯阳，陈国苦县厉乡人。”可见汉代就已经有了老子字伯阳的传说。

关于“伯阳”，《吕氏春秋·当染》中称：“舜染于许由、伯阳。”东汉高诱在为《吕氏春秋·当染》作注时说：“伯阳盖老子也。舜时师之。”这是一位“伯阳”，时代久远，在舜帝之时。到了西周末年，有一位著名的太史名伯阳父，在《国语·周语》和《史记·周本纪》中都有记载，这是第二位“伯阳”。这位伯阳父是周幽王时的太史，如果活到孔子时至少 250 岁了。另外《左传·昭公十二年》中记载有一位

① 胡适：《中国哲学史大纲》，东方出版社 2003 年版，第 32 页。
② 永瑢等：《四库全书总目》，中华书局 1983 年版，第 1248 页。

"老阳子",与孔子大致同时,今人高亨认为"老阳子"就是"老伯阳"[①],这是第三位"伯阳"。这三位"伯阳"哪个是真哪个是假?谭宝刚在他的博士论文《老子及其遗著研究》[②]中力证伯阳父就是老子,高亨在《老子注释》中说老阳子就是老子,何新在《宇宙之道:老子新考》中甚至说三位都是老子[③]。何新的观点是,"见周之衰而去周之太史,应有三人。一为西周之太史伯阳,见三川震而河竭,遂知西周将亡而去。二为春秋孔子所见之东周太史李耳伯阳。三为战国初年西入秦见秦献公之东周太史儋。三人俱曾为周太史,故皆属于同一世官太史之老氏(李姓)家族。先秦中国命名风俗有父子数代之连名制(后世见不及此,说以同名者皆属一人,遂有长寿八百甚至于千年之传说),又皆长寿,大耳,遂皆称'老子'、'老聃'"。何新的观点可备一说,不为确论。

现在我们认为,老子称"伯阳",最初只是出于汉代神仙家的传说,因而未被《史记》采录,也不可信。但是,这种说法既然始于汉代,也可能是有一定的由来的。甚至还不能排除一种可能,那就是秦汉以来一直有老子本名伯阳的传说,可能正是因为恰与西周末年的史官伯阳父相同,于是到了西汉末年神仙家加以附会,从而把二者搅到了一起。又因为《史记》中已载老子姓李名耳,影响很大,所以就改而称其字"伯阳"或"号伯阳父"。

① 高亨:《老子注释》,河南人民出版社1980年版。

② 谭宝刚:《老子及其遗著研究》,巴蜀书社2009年版,第60—66页。

③ 何新:《宇宙之道:老子新考》,中国民主法制出版社2008年版。

四、老子生平考

司马迁说:“老子,隐君子也”,“其学以自隐无名为务”。所以,关于老子的生平事迹,也如“神龙不见首尾”,不为世人所熟知。司马迁对老子的身世游踪语焉不详,先秦典籍有关老子的记载也相当零散,综合起来,可以勾稽出大致的线索。

老子的生年已经难以确考,目前学界较为普遍的说法是,老子年长于孔子,从《礼记》《史记》《孔子家语》等书所载老、孔交往的情节中可以明显地看出,孔子对老子的态度甚为恭谨,而老子的口吻则俨然如前辈。依《礼记·曲礼上》的说法:“年长以倍,则父事之;十年以长,则兄事之;五年以长,则肩随之。”《孔子家语》记孔子与南宫敬叔适周见老子,这一年是鲁昭公二十年(前522年),孔子生于公元前551年,当时30岁,以此推算,老子比孔子约大20岁,约生于公元前571年。胡适说:“老子比孔子至多不过大二十岁。老子当生于周灵王初年,当西历前570年左右。”[①]至于月、日,道教以二月十五日为“老君诞辰”,可备一说,但也都是推猜。

老子卒于何时呢?太史公说:“盖老子百有六十余岁,或言二百余岁。”语气不怎么肯定,老子由于“修道而养寿”,活到百岁以外是可能的。但能否达到二百余岁?恐怕未必可信。

司马迁记老子官职为“周守藏室之史”,司马贞《索隐》:“按藏史,周藏书室之史也。又《张苍传》:‘老子为柱下史’,盖即藏室之柱下,因以为官名。”相传为刘向所作的《列仙传》亦云:“老子为柱下

---

① 胡适:《中国哲学史大纲》,东方出版社2003年版,第39页。

史。”此外，还有“周之太史”“征藏史”之说，皆为同一官职。按照周代的制度，史官由太史和内史两类组成，“守藏室之史”属于太史类的史官，负责掌管图书文献资料、四方之书，也就是相当于今天所谓的图书档案馆馆长。

司马迁又说，老子“居周久之，见周之衰，乃遂去”。《庄子·天道》也载有此事：“周之征藏史有老聃者，免而归居。”老子离周时间应该是公元前516年前后。《左传》载：鲁昭公二十二年（前520年）四月，周景王突然病死，国人拥立长子猛；六月，景王生前宠爱的庶长子朝（史称王子朝）率部分王族及旧官、百工起事，与猛争夺王位，洛邑大乱；十月，晋国出兵援助猛；十一月，王子朝攻杀猛，而猛之同母弟姬匄即位，是为敬王；晋军班师后，王子朝即入据王城，敬王避居城外狄泉；二王并立，互争雄长，内乱不息。直到鲁昭公二十六年（前516年），晋人再次勤王，出兵击败王子朝，子朝乃席卷周室典册，逃奔楚国。这样一来，藏室空空如也，守藏室之史自然无须做下去，老子也就返回陈国，回老家苦县归隐，从此步入“隐君子”生涯。

老子归隐之后的游踪及活动，由于资料零散，已无从详细推求。我们从这些资料中只能大致了解到，老子一多半时间都住在陈国，此外，还在鲁（今山东曲阜）、沛（今江苏沛县）等地居留过，后西游入秦国。

《史记》载，老子西游“至关，关令尹喜曰：‘子将隐矣，强为我著书。’于是老子乃著书上下篇，言道德之意五千余言而去，莫知所其所终。”这个“关”，一般认为是函谷关。高亨在《老子列传笺证》中说：“盖秦末汉初，关字用为专名，通指函谷关。”汪中在《述学》中说：“秦函谷关在灵宝县，正当周通秦之道。”“关令尹喜”，先秦诸子称“关尹”或“关尹子”，“关尹”为守关之官职名。其人姓名已隐，遂从官职称之，后世也有称“尹喜”的。关尹求老子著书，“老子乃著书上下篇，言道德之意五千余言而去”。关尹对《老子》成书起着关键作用。但从老子“自隐无名”的人格和当时“述而不作”的历史风尚看，我们推猜，老子在这里执笔著书不太可能，而应该是老子在这里将自己大半生的人生经验和哲学见解总结后传授给关尹。宋代的《太平广记》收录了许多汉代至宋初的野史传说及道经、释藏等，《太平广记》对此事是这样记述的：“（尹喜）执弟子之礼，（老子）具以长生之事授喜。喜又请教诫，老子语之五千言。喜退而书之，名曰《道德经》焉。”《老子》分“上下篇”，一篇言“道”，一篇言“德”。不过，《老子》称《道德经》则是汉代以后的事了。

据传，老子死于秦。《庄子·寓言》说：“老聃西游于秦。”《庄子·养生主》亦有“老聃死，秦失吊之，三号而出”的记载。唐释道宣在《广弘明集》中的《辨惑篇序》中说：“李叟生于厉乡，死于槐里。庄生可为实录，秦失诚非妄论。”《水经注》卷十九云：“（渭）水出南山就谷，北径大陵西，世谓之老子陵。”传说中的老子墓在今陕西省周至县楼观台西约 3 公里西楼观西 300 米。此地汉代属槐里，后属周至县。

司马迁在《史记·老子韩非列传》中提到的与孔子同时的老莱子和孔子死后一百二十九年的太史儋两个人，他们是不是老子呢？这里有必要辨别清楚。

老莱子，楚人，“言道家之用”，也曾有教孔子之事，其事载于《战国策·楚策》和《庄子·外物》。因此有人将老子指认为老莱子。细读《史记·老子韩非列传》，司马迁说到老莱子时，言“老莱子亦楚人也”，一个“亦”字，颇可玩味。这说明司马迁是在肯定老子的基础上，提及楚国也有一个讲“道家之用”的学者。司马迁并不认为老子就是老莱子，这里只是一则附传，附于老子传之后。司马迁在《仲尼弟子列传》中载：“孔子之所严事，于周则老子；于卫，蘧伯玉；于齐，晏平仲;于楚,老莱子;于郑,子产;于鲁,孟公绰。"这里将老子与老莱子并举,亦可知司马迁并没有把他们当作一个人。

老子是否就是太史儋,这是从古及今争论最多的问题。清代学者汪中作《老子考异》,曾断言《老子》作者不是老聃,而是太史儋,并据此推断《老子》成书于战国末期,在《论语》之后。后来梁启超重提此观点,钱穆、冯友兰、顾颉刚等著名学者附和此说,胡适、张煦提出异议,两派的争论十分激烈。

其实司马迁在《史记·老子韩非列传》中就提出了老子是不是太史儋的问题,说这一问题"世莫知其然否"。但他知道是"否",他在后面加了一句"老子,隐君子也",老子西出入秦是归隐,"隐君子"是不会入见秦献公的。太史儋入见秦献公说霸王之道,可知他不是"隐君子"。太史儋见秦献公在孔子死后一百二十九年,而老子是孔子之师,年长孔子二十多岁,老子若活到此时,已是二百多岁,这显然是不可能的。如果司马迁承认太史儋就是老子的话,那么老子就不可能是孔子之师。这样,司马迁行文前后是自相矛盾的。所以他在这里只是把一种说法列出来罢了,并没有肯定太史儋就是老子。

第二章 《老子》其书

在讨论了老子其人之后,我们再来讨论《老子》这部书。近代以来,对于《老子》一书的争论,源于学者们对其作者与成书年代的怀疑和对其内容、分篇等问题的不同理解。

一、《老子》的成书过程

关于《老子》的成书过程,司马迁所讲的故事十分明确:老子“居周久之,见周之衰,乃遂去。至关,关令尹喜曰:‘子将隐矣,强为我著书。’于是老子乃著书上下篇,言道德之意五千余言而去,莫知其所终。”这里,司马迁清楚地告诉我们:第一,《老子》之书成于老子之手,老子是《老子》一书的作者,他在离开洛邑走到函谷关的时候,应关令尹喜的要求,写下了《老子》这部书;第二,早在西汉,当时的人所见到的《老子》就分“上下篇”,“言道德之意”,字数共“五千余言”,与今天流行的《老子》篇幅基本相同。

但是,近代梁启超、冯友兰等学者提出怀疑,认为《老子》应是成书于战国之后，晚于《论语》。理由之一是“战国以前无私人著述”①。理由之二是孔、墨、孟没有提及过老子。理由之三是《老子》中有一些战国时的用语和词汇，如“王侯”“侯王”“王公”“万乘之君”“取天下”“仁义”等字样，不像春秋时所有；“偏将军”“上将军”是战国时的官名，春秋时是没有的。理由之四是《老子》中明确提出了反对“尚贤”和“绝仁弃义”“绝圣弃智”的观点，如通行本《老子》中的第十八章云：“大道废，有仁义；智慧出，有大伪；六亲不和，有孝慈；国家混乱，有忠臣。”第十九章云：“绝圣弃智，民利百倍；绝仁弃义，民复孝慈；绝巧弃利，盗贼无有。”“尚贤”和“仁义”是以孔子为代表的儒家的思想，从思想逻辑上说，一般总是先有正命题，再有反命题，如果孔子的思想是正命题的话，老子反对孔子的“仁义”和“尚贤”，就是反命题，反命题是产生于正命题之后的，所以老子的思想应该产生在孔子之后，也就是说《老子》应该晚于《论语》。冯友兰说：“一则孔子之前，无私人著述之事，故《老子》不能早于《论语》。二则《老子》之文体，非问答体，故应在《论语》《孟子》后。三则《老子》之文，为简明之‘经’体，可见其为战国时之作品。”②还有人认为《老子》成书更晚，应在秦汉之间。如顾颉刚认为《老子》成书于《吕氏春秋》和《淮南子》之间③，刘节认为《老子》五千言成书迟在西汉文帝和景帝之间④。

以上这些关于《老子》成书于《论语》之后、战国末期乃至秦汉之际的观点和论据，确实为我们认识《老子》其书带来了疑惑。那么老

① 梁启超：《论〈老子〉书作于战国之末》，载《古史辨》第四册，上海古籍出版社影印本1982年版。

② 冯友兰：《中国哲学史》上册，中华书局1984年版，第210—211页。

③ 顾颉刚：《从〈吕氏春秋〉推测〈老子〉之成书年代》，载《古史辨》第四册，上海古籍出版社1982年版。

④ 刘节：《古史考存·老子考》，人民出版社1958年版，第183页。

子其人与其书《老子》是什么关系？老子是不是《老子》一书的作者？《老子》的成书时间和成书过程是怎样的？这些问题需要讨论清楚。

关于“战国以前无私人著述”和“《老子》之文体，非问答体，故应在《论语》《孟子》后”的观点，冯友兰从分析《老子》的文体中提出此观点，似乎说得有理，但如果考察古代文体的发展线索，冯友兰的论据却又恰恰可以证明《老子》出现绝不会晚于春秋后期。其一，孔子之前虽然没有今日所见到的私人著作，但老子是周守藏史，掌管周朝的图书文件、四方之书，能够遍览王宫典藏、柱下秘籍，他从而吸取上古学问精髓，并加以整理、增饰，甚至再造，以其史官身份，编著出可以口授耳传的箴言，则极为可能。其二，《老子》文体虽然不是《论语》《孟子》那样的问答体，却是比问答体更为古老的、有韵的“箴体”。我们知道，任何民族的文学源流，从形式上看，都必然经历从韵语到散体的发展流变。所以，《老子》的韵文文体，更证明了它比散文文体的《论语》《孟子》要古老。从古代文体发展上说，《老子》带有显著的诗歌的痕迹，可以看作从诗歌到散文过渡发展的桥梁。从诗体形式的箴言体《老子》到问答语录体《论语》，此后经由《墨子》《孟子》而至《庄子》《荀子》等，我国散文文体形式才完成了从诗歌中分化、确立的过程。

当然，我们说老子著书，倒不一定“写”之于竹帛，但老子这位阅历丰富、学识渊博、智慧超群而又内心充满痛苦和矛盾的“诗人哲学家”，以其史官的身份，杂糅世代相传的思想材料，采用便于传习的箴言式的诗体形式，创造出《老子》的基本内容，授之后人，流传千古，即使这部书在后世流传过程中后辈学者根据时代需要、个人理解和学派论争的要求而不断编辑、“修缮”、“校定”，使得《老子》古今版本有差异，但是我们还是不能不承认老子的原创劳动，不能剥夺他的著作权。正如孔子“述而不作”，《论语》这部书并不是孔子所著，是他的弟子或再传弟子整理编纂而成的,但其中孔子的语句内容,我们在引用时,不是也可以认为是孔子所说的吗?

陈鼓应、白奚在《老子评传》一书中列出充分的理由说明《老子》为老聃所著:

> 先秦诸子之多非出自一人之手,也非一时之作。而据新近在湖北荆门郭店出土的战国竹简本《老子》可知,《老子》中虽有一些是战国时人所增改,但主要是出于老聃一人之手笔。主要理由是:第一,全书理论前后一贯,罕有互相抵牾之处。第二,全书体裁一致,为格言体;文体一律,如"夫唯……"、"是以……"等独特的语句结构屡见于全书。第三,先秦子书较早的如《论语》《墨子》中多见"子曰"、"墨子曰"等用法,《老子》中却没有出现"老子曰"、"老聃曰"字样,而是用"吾"、"我"自称,此亦可为旁证。①

关于"孔、墨、孟没有提及过老子"的说法,高亨在《〈史记·老子传〉笺证》中就已经说,在先秦时期,《墨子》《庄子》《文子》《荀子》《韩非子》《吕氏春秋》《战国策》等书都曾引述《老子》原文②,而且《韩非子》中还有《解老》《喻老》两篇专论,可见《老子》成书当在韩非生活的战国中期之前。《论语·述而》篇载:"子曰:述而不作,信而好古,窃比我于老彭。"可见孔子也曾谈到过老子,因而不能说《老子》晚于《论语》。陈鼓应在《老学先于孔学》一文中列举了《论语·

---

① 陈鼓应、白奚:《老子评传》,南京大学出版社 2001 年版,第 6 页。

② 高亨:《〈史记·老子传〉笺证》,载《古史辨》第六册,上海古籍出版社影印本 1982 年版。

宪问》有六处引述《老子》文句,足以证明《老子》成书早于《论语》[①]。

关于《老子》书中出现战国语汇和反对儒家的思想的问题,则涉及古书成书过程问题,需要进一步的扎实论证。

1993 年湖北荆门市郭店楚墓出土的竹简《老子》,为《老子》成书年代和老子生活的年代提供了较为确切的证据。郭店楚墓竹简《老子》是我们目前所见到的时代最早的《老子》文本,抄写年代大致在公元前 4 世纪中期至公元前 3 世纪初,即战国前期,那么《老子》成书年代可以肯定在此之前,应为春秋末年。所以,到郭店楚简本《老子》的出土为止,关于《老子》产生的年代及其真伪问题的谜团,基本已真相大白,"晚出论"的观点不能成立。

但是,我们把郭店楚简本、马王堆汉代帛书甲乙本等简帛古本与今天通行的以王弼本为基础的版本相比较,会发现各个时代的《老子》版本的内容、文字、编排次序都存在较大的差异,这又是什么原因呢? 原来,《老子》一书有一个从战国早期到西汉中期逐渐发展演变,直到基本定型的过程。

郭店楚简本《老子》不是一个完整的古抄本,字数只相当于今本的三分之一,并且其篇章的划分和编排组合与帛书本、今本差异巨大。而且郭店楚简本《老子》甲乙丙三组竹简在内容上也互不相同。从内容上看,楚简本《老子》与今天的通行本有一系列引人瞩目的重大区别,其中最主要的区别是其中没有与儒家学说相抵牾的文字,今本中的"绝仁弃义""绝圣弃智"在楚简本中为"绝伪弃虑""绝智弃辩"。楚简本《老子》展现了与我们过去所认识的迥然不同的另一个老子,即是一个有深刻的人生智慧,而不摈弃"仁义""圣智",不嗜好愚民的阴柔权术的老子。这个老子显得似乎更接近历史上的老子本

① 陈鼓应:《老庄新论》,商务印书馆 2014 年版,第 25 页。

人的原貌，更符合其本人所倡导的“道”的精神。从楚简本《老子》中我们可以看到，早期儒道关系远没有达到冲突尖锐化和激化的程度，或者甚至可以说当时并不一定有儒道学派之分，当然也没有“孔老对立”的情形。

1973 年长沙马王堆汉墓出土的帛书《老子》，有甲乙本之分，抄写时间当在秦汉之际。汉帛书本与今本《老子》虽然都由《道》《德》两篇组成，但是两篇前后次序不同：今本《道经》在前，《德经》在后；而帛书本《德经》在前，《道经》在后，与韩非《解老》《喻老》先解《德经》、后解《道经》的次序一致。与楚简本相比，汉帛书本在文本章句的编排次序上较接近于今本，但与今本也有一定的差异。在语句上，帛书本也存在伪字、脱文、衍误、错位等问题。在内容上，汉帛书本《老子》与今本没有大的不同，楚简本中的“绝伪弃虑”“绝智弃辩”等语句已经修改为“绝仁弃义”“绝圣弃智”了。

北京大学收藏的西汉竹简本《老子》抄录于西汉中期汉武帝时代，是介于帛书本和通行本（王弼、河上公本）之间的一个版本；它的有些特征接近汉帛书本，另一些特征则接近通行本。这种过渡性的特点，也与这个版本所处的时代相符。汉简本的出现，在郭店楚简本、马王堆汉帛书本与今本之间架起了一座桥梁。三种简帛《老子》古本形成了由战国中期到西汉中期、由萌芽到成熟的完整链条，使我们对《老子》文本产生、发展、定型的过程有比较清晰的认识。

从新出土的战国至汉代的简帛文献中，我们可以看到《老子》文本经历了漫长的不断发展更新的演变过程。“古史辨派”抱着“疑古”的观点，认为《老子》中出现了一些战国后期才会有的语汇和思想，就将老子其人的生活年代和《老子》其书的制作时代后移到战国末年或汉初，其偏颇的原因就在于他们没有认识到《老子》文本有一个演变的过程。“古史辨派”和以往的古书辨伪者，主要是根据一种简单的推理：认为古书的题名作者就是古书的唯一作者，古书的内容是其题名作者一次写成并定型的；符合这一点的是真书，不符合这一点的就是伪书。这样，他们往往对古书形成的时间只取其晚而不取其早，从而产生了许多偏颇之处。“古史辨派”的偏颇之处源于他们考辨方法上的错误。对此，曾参加过与“古史辨派”论战的吕思勉批评道：“近二十年来，所谓‘疑古’之风大盛，学者每訾古书之不可信，其实古书自有其读法，今之疑古者，每援后世书籍之体例，訾议古书，适见其卤莽灭裂耳。”①

中国古书的作者与古书的撰述形成过程与我们今天所理解的作者写一部书、出版一部著作不同。西汉时期，在刘向、刘歆父子主持下，曾有一次大规模的古籍整理校定活动，整理的成果体现在《别录》《七略》(《七略》已佚，主要内容保留在《汉书·艺文志》)之中。在刘向、刘歆校定书篇之前，中国古书的形成情况比较复杂。

余嘉锡著有《古书通例》，对古书的作者题名和古书形成及演变作了详尽的说明。他指出，古书之所谓“作者”与今日所谓“作者”概念相差很大。“周秦古书，皆不题撰人。俗本有题者，皆后人所妄增。”“古书之命名，多后人所追题，不皆出于作者之手，故惟官书及不知其学之所自出者，乃别为之名，其他多以人书名。”“古书皆无大题，后世乃以人名其书。古人著书，多单篇别行；及其编次成书，类出于门弟子或后学之手，因推本其学之所自出，以人名其书。”“约而言之，则周、秦人之书，若其中无书疏问答，自称某某，则几全书不见其名，或并姓氏亦不著。门弟子相与编录之，以授之后学，若今之用为讲章；又各以所见，有所增益，而学案、语录、笔记、传状、注释，以渐附入。其中数传以后，不辨其出何人手笔，则推本先师，转相传述曰：此

① 吕思勉：《先秦史》，上海古籍出版社 1982 年版，第 6 页。

某先生之书云耳。既欲明其学有师法，又因书每篇自为起讫，恐简策散乱，不可无大题以为识别，则于篇目之下题曰某子，而后人以为皆撰人姓名矣。”①

余嘉锡20世纪30年代在北京各大学讲授校读古籍时提出以上观点，当时尚未有我们今天所能见到的简帛文献出土，他的这些观点是难能可贵的，可惜并没有引起“古史辨”学派学者们的注意。

近40年来，考古资料发现和学者们所做的文献整理、考辨工作，特别是出土的竹书帛书，对研究古书体例提供了大量有价值的新成果，推动了学术史的研究。李零根据出土简帛文献，在余嘉锡的研究基础上，对古籍形成过程和古书的体例概括为以下几个方面：(1)古书不题撰人；(2)古书多无大题，而以种类名、氏名及篇数字数称之；(3)古书多以单篇流行，篇题本身就是书题；(4)篇数较多的古书多带有丛编性质；(5)古书往往分合无定；(6)古书多经后人整理；(7)古书多经后人附益和增饰；(8)古人著书之义强调“意”胜于“言”，“言”胜于“笔”。② 李学勤也指出，新发现的大量简帛书籍与现存古书相对比，我们不难看到，在古书的产生和流传的过程中，有下列10种情况值得注意：(1)佚失无存；(2)名亡实存；(3)为今本一部；(4)后人增广；(5)后人修改；(6)经过重编；(7)合编成卷；(8)篇章单行；(9)异本并存；(10)改换文字。③

先秦时代，写书不易。当时的知识与思想的传授往往局限于同一门派的师生之间，求学必须亲炙师教，而老师也必须开门授徒才能

---

① 余嘉锡：《目录学发微　古书通例》，商务印书馆2011年版。此书1937—1940年间完成，为作者在北京各大学讲授校读古籍时的讲义，1940年有讲义排印本，1985年正式出版。

② 李零：《出土发现与古书年代的再认识》，载《待兔轩文存》，广西师范大学出版社2011年版，第8页。

③ 李学勤：《李学勤学术文化随笔》，中国青年出版社1999年版，第79页。

传播其思想主张。老师的传授一般都没有“书”，主要是靠口传心授，“述而不作”。这样，一个门派的学生不但要整理和记录老师的言论，注释和阐发老师的思想，而且还往往附以各种参考资料和心得体会，于是将他们的整理和增益统统归于老师名下，时间一长也分不清哪些是老师手撰，哪些是学生记述了。所以，先秦古书，往往是在某一学派学人代代相传的过程中逐渐定型的，在传承和定型时把祖师或某一代宗师称为该书的撰人。

综合以上所述，我们可以对中国古书的成书过程有这样的认识：首先，古人没有著作权概念，也不注意版本问题，古书一般不题书名，作者也不署名，而以种类名、氏名及篇数字数称之，如《尚书》《墨子》《诗三百》等；其次，古书大都是某一学派传习的资料汇编，其中不但有先生的著述、言论，也往往有其门人弟子或后学增益的学案、语录、笔记、传状、注释等内容，这些内容与原作者的原著混杂在一起，分不清哪些是原著哪些是后来的增改；再次，先秦时代并没有我们现在这种装订的书，所谓“书籍”都是“书于简帛”，写在竹木简板或绢帛上，抄写传授时改动是常有的事，因此，如果发现一两个词语、一两句话只能在后代才可出现的，也只能说明那一两个词语、一两句话是后代所增改的，决不能证明全篇或全书都著于后代。

以此而论《老子》的成书过程，我们也可以这样认为：春秋时代，作为周守藏室之史的老子，掌管着前代历史文献，得以从历史变迁中观察历代兴亡成败得失。老子年高寿长，是一个阅历丰富、饱经风霜的老者。他久历世事，明白世道的无常与剧变，熟悉世态的炎凉颓败。他将人生与历史的经验和他作为一个智者老成持重的智慧总结概括，形成自己的学说，然后以箴言的形式记录下来，使之流传下去。老子的后辈学者在对老子学说的学习和传抄过程中不断整理、修订、增益，有时把自己的理解和注释混入原作，甚至以自己思想观点改造原作，从而使《老子》一书形成了不同的面貌、不同的版本系统。

郭沫若在《老聃·关尹·环渊》一文中对《老子》的作者和成书过程作了这样的推断：

> 《老子》书也确是老聃的语录，就和《论语》是孔子的语录，《墨子》是墨翟的语录一样。特集成《老子》这部语录的是楚人环渊。环渊集成这部语录时，没有孔门弟子那样质实，他用自己的文笔来润色了老师的遗说，故尔饱和着他自己时代的色彩。……《论语》虽然不是孔子的手笔，《墨子》虽然不是墨翟的手笔，但其中的主要思想我们不能不说是孔子和墨子的东西。同这一样，《老子》虽然不是老聃的手笔，但其中的主要思想，仍然是老聃子的创见，秦汉以前的人都是我们的证人，汉人所提出来的老莱子和太史儋实在是不能冒牌的。①

郭沫若的这段论述，除了《老子》是由环渊集成的语录的观点尚待商榷之外，我们认为，他对《老子》成书过程这个问题表述得很清楚。

郭沂在《郭店竹简与先秦学术思想》一书中将楚简本与今本对比之后，得出的结论是：郭店楚简本《老子》是老聃所著，而今本《老子》的作者却是太史儋。他认为：楚简本内容少，且皆见于今本，这说明今本将简本全部纳入。这样就存在一个从简本到今本演变的过程。由此，他勾勒出了从楚简本到今本这个演变过程的大致轮廓：

> 简言之，在文本上，今本一是将原来的若干篇改为道经、德

① 郭沫若：《青铜时代》，人民出版社 1954 年版，第 89 页。

经两篇，二是重新调整章次，三是对原有章进行分合，四是更改增删文字，五是将新的文字段落加进原有章，六是增加大量新章。通过最后两种方式，今本扩大到相当于简本大约一点五倍的篇幅。在思想内容上，今本之所为主要表现在：一是理论思维上的玄虚化、思辨化，二是人生和政治学说上的权术化，三是道德理念上的非儒化。此外，它还大大发展和丰富了原有的有、无、道等范畴和宇宙论等学说，并把阴阳等范畴纳入自己体系。①

郭沂指出，从思想上看，楚简本和今本属于不同的体系，二者在宇宙生成论、规律论、人生学说、政治学说以及对传统道德的态度诸多层面皆存在相当大的差异甚至冲突和背离。从语言上看，二者也体现了不同的风格。所以，对于《老子》的著作权问题，他推断：

我的意见是，简本《老子》出自老聃，今本《老子》出自太史儋；按照古书命名的惯例，如果我们将这两部书分别称为《老聃》和《太史儋》以示区别，也未尝不可，当然亦可分别称之为《老子》和《道德经》。

……关于老子其人其书的所有这些混乱，皆源于《老子》书的演变过程。当年太史儋将老聃书纳入自己的著作，将两个人的作品熔为一炉，久而久之，人们便很自然地两书误为一书，把两位作者误为一位作者。鉴于老聃与太史儋的这种关系，很可能在今本《老子》成书时，太史儋就托名于老子了（“老子”本来专指老聃）。另外，太史儋书将老聃书全部纳入，事实上造成了

① 郭沂：《郭店竹简与先秦学术思想》，上海教育出版社2002年版，第511页。

前者为后者的增订本,这就极易导致前者存而后者废。[①]

我们认为,郭沫若将《老子》的整理者说成是楚人环渊,郭沂更直接将今本《老子》的著作权归于太史儋,他们的推断都过于武断。因为我们今天并没有看到直接的论据证明环渊或太史儋在《老子》的成书过程中起到什么作用。

《老子》的演变是一个动态的过程,时间漫长,经手众多。丁四新并没有明确地说哪一位学者在《老子》文本的发展和定型中起到什么作用,他对《老子》文本演变过程的描述是审慎的,也是清晰的。丁四新在《早期〈老子〉文本的演变、成型与定型——以出土简帛本为依据》[②]中对比郭店楚简本、马王堆汉墓帛书本和北大藏汉简本这三种古本在分章和篇序的差异后,揭示了早期《老子》文本演变、成型和定型的过程:郭店楚简本是初本,马王堆汉墓帛书本是成型本,北大藏汉简本是定型本。

丁四新指出:首先,在战国中期以前的楚简本《老子》文本尚处于"自然分章"的阶段,即保持老聃当年写作时的原初状态,一个"思想单位"和"文本单位"是一章,而没有经过人为的再次编合或分解。其次,汉帛书本《老子》开始对各章重新进行人为的分合和编排。再次,《老子》文本的定型开始于西汉初期,尊奉老子学说的汉景帝将《老子》立为经书。北大藏汉简本及《汉志》所载邻氏、傅氏、徐氏三家《老子》传本都是景帝立经本的复抄本。《老子》的定型,与其篇章数的设定关系密切。根据《论衡·正说篇》,一个立经文本的篇数和章数的多少,在汉代经师们看来通常包含着所谓天道观(宇宙论)的

① 郭沂:《郭店竹简与先秦学术思想》,上海教育出版社2002年版,第518、524页。

② 丁四新:《早期〈老子〉文本的演变、成型与定型——以出土简帛本为依据》,《中州学刊》2014年第10期。

"大义"。严遵本、汉简本和刘向本均以"天地—阴阳"的宇宙论对《老子》设定章数。严遵本"以阴行阳"得总章数八九即72章,"以阳行阴"得上下篇章数五八即40章和32章;而刘向则以三统历(或太初历)日法八十一分数将《老子》分为81章,上篇37章、下篇44章。最后,定型并不意味着文本是一成不变的。根据武帝"罢黜百家,表彰《六经》"这一事件,西汉《老子》的定型本应当分为两种类型,即经学化的定型本和子学化的定型本。前者包括景帝立经本及其复抄本,而后者则包括严遵本和刘向本。刘向本对于东汉以来的《老子》诸本产生了深远而巨大的文本影响。随着养生思潮、道教和玄学的兴起,在汉魏之际,这个本子又派生出河上公本、想尔本和王弼本等。在后世,尤其在唐代重新立经及后世在吴澄、姚鼐、马叙伦等人的文本反省意识中,《老子》或者被重新定型,或者按照"文义"的原则而作了章句分解和还原。

为何早期《老子》文本会产生如此复杂的演变过程?原因有多个方面,最主要的是整理者的"思想"因素和时代思想发展的需要,也就是说,《老子》文本和思想的变化,是战国至秦汉年间各个思想学派的分化、形成与诸子"百家争鸣"的形势所造成的。

丁四新在《早期〈老子〉、〈周易〉"文本"的演变及其与"思想"之相互作用》①一文中注重论述了"思想"和"思潮"因素在《老子》文本演变中的作用。首先,楚简本所显示的思想主题与帛书本、汉简本等相比大不一样。楚简本《老子》甲组分为上下篇,上篇以"道恒无为"为纲要,下篇以"返也者,道动也""弱也者,道之用也"为重点。帛书甲乙二本、汉简本在章段构成上不但以"德""道"为核心观念来聚合

① 丁四新:《早期〈老子〉、〈周易〉"文本"的演变及其与"思想"之相互作用》,载《中国社会科学》2013年第2期。

上下篇之文本，而且均以“上德不德”“道可道”二章分居二篇之首，甚至在帛书乙本上下篇末，抄手即直接题署了“德”“道”的篇名。也就是说，楚简本还没有将“道”“德”作为《老子》一书最为基础、实质的两个概念。将“道德”二字作为《老子》的思想主题是从汉代开始的，帛书本是传《老子》者根据“思想”的原则而重新编组和整合《老子》文本的结果。其次，传《老子》者编辑理念的改变及早期《老子》文本的演变思想主题的重新呈现，与从战国至汉初的学术思想运动密切相关。战国时代诸子学说兴起，《庄子·天下》说“道术将为天下裂”，形象而深入地描绘出战国至秦汉学术发展的情形：学术思想由王官之学向诸子之学转化，由“混沌”状态向细化状态的发展进化。到了汉代司马谈《论六家要旨》，将诸家学说概括为道、儒、墨、名、法、阴阳六家；《汉书·艺文志》列为儒家、道家、阴阳家、法家、名家、墨家、纵横家、杂家、农家、小说家。司马迁说：“世之学老子者则绌儒学，儒学亦绌老子。”先秦儒家以“仁义”的价值观念作为实质内容贯穿其学说，道家在对抗儒家仁义学说的过程中也就必须把握和呈现自己的核心观念以与之相抗，于是道家将“道”“德”阐明为核心概念和思想主旨。先秦至汉代，《老子》文本逐步向“道”“德”“无为”等重要思想概念凝聚，并进而凸显这些观念的文本特征。

总之，《老子》在从战国到西汉的演变过程中，传抄者思想的变化会引起《老子》文本的改变。即使在《老子》定型之后，魏晋时代著名的注家王弼通过注解将《老子》的主旨又作了改变，成为当时人们清谈“崇本息末”的话语场所。元代杜道坚在《道德玄经原旨发挥》中说：“道与世降，时有不同，注者多随时代所尚，各自其成心而师之。故汉人注者为‘汉老子’，晋人注者为‘晋老子’，唐人、宋人注者为‘唐老子’‘宋老子’。”结合时代精神对传统经典不断加以诠释，是中国文化传承的一大特点，不同朝代有不同旨意的《老子》，《老子》

文本随着抄写者、注释者视角的不同而产生差异,从而出现了文本的演变。

《老子》起初并无题名,战国初期以降,《老子》被广泛征引。《战国策·齐策》记载齐宣王见颜斶,颜斶以“老子曰”引用了今本《老子》第三十九章。《老子》作为书名出现在《韩非子》中,韩非作《解老》《喻老》就是明证。《老子》称“经”,大概始于西汉文景时期。明代焦竑《老子翼》云:“《老子》之称经,自汉景帝始也。”北大藏汉简本《老子》的抄写时间为武帝时期,是景帝立经时的复抄本,汉简本明确题名为《老子上经》《老子下经》。

《老子》是什么时候称《道德经》的? 史无明载。司马迁较早将“道德”二字与老子著作联系起来,《史记·老子韩非列传》云:“老子修道德,其学以自隐无名为务……老子乃著书上下篇,言道德之意五千余言而去。”汉帛书乙本篇末分别题有“德”“道”二字,表明这是“德”“道”两篇的篇题。汉帛书乙本抄写年代当在汉文帝时期,即公元前 179 年至公元前 157 年间,说明那时已有“德”“道”两篇之分,但并没有称《道德经》,因为抄写于汉武帝时的汉简本还是题名为《老子上经》《老子下经》。班固《汉书·艺文志》记录有《老子邻氏经传》《老子傅氏经说》和《老子徐氏经说》,说明西汉时有“老子经”之称。据谭宝刚考证,《老子》书名演变为《道德经》萌发于汉末三国的边韶、葛玄,形成于魏晋之际的王弼、皇甫谧。① 东汉桓帝时边韶作《老子铭》云:“辟世隐声,见迫遗言,道德之经。”稍后的葛玄《老子序》曰:“作道德二篇五千文上下经焉。”二人已将“道德”二字与“经”联系起来。再后的西晋皇甫谧撰《高士传·老子李耳》云:“作《道德经》五千余言,为道家之宗。以其年老,故号其书为《老子》。”

① 谭宝刚:《老子及其遗著研究》,巴蜀书社 2009 年版,第 143 页。

因此，王弼直接将他所注的《老子》题为《老子道德经注》。

《老子》现存有七十二章本、八十一章本和六十八章本等，而以八十一章本为通行本。通行本《老子》八十一章上下篇各为三十七章和四十四章。这种篇章的裁分和布局，根据南宋谢守灏《混元圣纪》卷三及董思靖《道德经集解・序说》所引刘歆《七略》文，乃是由汉代刘向首先设定的。①

二、《老子》的版本与注家

《老子》问世以来，流传版本众多，各本互有差异。我们今天所能见到的最早的《老子》版本，是 1993 年出土的郭店战国楚竹简本，其次是 1973 年出土的西汉马王堆帛书本和 2009 年收藏于北京大学的汉代竹简本。在历史上流传最广、影响最大的《老子》版本是汉代河上公注本和曹魏时期王弼注本。近人朱谦之在《老子校释・序文》中说："今案老子《道德经》旧本，流传最广者，有河上公、王弼二种。河上本近民间系统，文句简古，其流派为景龙本、遂州本与敦煌本，多古字，亦杂俗俚。王本属文人系统，文笔晓畅，其流派为苏辙、陆希声、吴澄诸本，多善属文，而参错己见，与古《老子》相远。"②后世《老子》版本多依此两大系统。其他重要的版本还有西汉严遵注本、唐代傅奕所注古本、唐代所刻《道德经》石幢、敦煌唐写本以及道教的注释本《老子想尔注》等。版本目录学家王重民于 1927 年著《老子考》，收录敦煌写本、道观碑本及历代刻印本，共存目 450 余种；

① 参见《道藏》第 17 册，第 814 页；第 12 册，第 821 页。

② 朱谦之：《老子校释》，中华书局 1984 年版，第 2 页。

1965年,由严灵峰编纂的《无求备斋老子集成》辑录了各种《老子》版本356种。

下面略述几种有影响的《老子》版本:

王弼《老子道德经注》。王弼(226—249年),字辅嗣,三国时期曹魏山阳(今河南焦作)人,魏晋玄学理论的主要奠基人之一。《三国志·魏志·钟会传》裴注引何劭《王弼传》称:王弼“幼而察慧,年十余,好《老氏》,通辩能言”。他曾与当时的许多清谈名士辩论各种问题,以“当其所得,莫能夺也”,深得当时名士的赏识。《世说新语》载,当时的权臣和名士何晏接触王弼之后说:“仲尼称后生可畏,若斯人者,可与言天人之际乎?”何晏自己也写了一部《老子注》,但是看到小小年纪的王弼对《老子》的见解比自己高明,自愧不如,就把自己的《老子注》,改称《道德论》,谦虚地表示王弼的《老子注》才是对《老子》的最权威注解。正始十年(249年)秋天,王弼以疠疾亡,年仅24岁。王弼史称天纵之才,在他短暂的生命历程中,留下了《老子道德经注》2卷、《老子指略》2卷、《周易注》1卷、《周易略例》1卷、《论语释疑》3卷等一批高水平的著作,在中国学术史上具有深远的影响。他的《周易注》自唐代修订《五经正义》时就被定为官方注释,清代又收入《十三经注疏》,享有“独冠古今”的盛誉。《老子道德经注》作为《老子》的重要注释之一,也一直流传下来,成为历代学者研究《老子》的必读书。

王弼对《老子》文本在汉代河上公本的基础上进行了重新整理编定,语言晓畅,更符合文人风格。因为王弼的《老子道德经注》影响很大,所以这个版本的《老子》成为后世通行的本子。王弼的《老子》注文阐发了他的“以无为本”“崇本息末”的本体论思想以及玄学的认识论、方法论,提出并深入探讨了有无、动静、言意、性情、名教与自然等关系,构建了一个严密、完整的玄学理论体系。陈鼓应在《老子注译及评介》中说:“毫无疑问的,王弼的注是古注中第一流的作品。王弼注很能掌握老子‘自然’的主旨。他扣紧了老子哲学上的几个基本概念,并加以阐释。……不仅精确的解释老子哲学名词的原意,并且也精辟的发挥了老子哲学的义涵。”①王弼注不仅思想上卓然一家,其语言也极富文采,故备受后世文人推崇,所以陈鼓应称他“实为研究老学的第一大功臣”。

在历代流传过程中,王弼本《老子》又衍生了众多版本,主要有《四库》本、《道藏》本、《四部备要》本、浙江书局覆刻华亭张氏本等。北京大学楼宇烈整理王弼现存著作及部分佚文为《王弼集校释》,并加以精湛校勘、注释,该书是目前研究王弼思想较为理想、完备的资料。

河上公《老子章句》。关于此书作者河上公和这部书的成书年代,也是《老子》研究史上的一个疑案。古今中外学者虽已做了大量的考证,却依然聚讼纷纭。关于河上公其人,古文献记载较含糊。就其名称来说,河上公应该是“生活在河边上的老人”,但古籍中传习《老子》的“河边老人”有两个,一个是河上公,一个是河上丈人。

关于河上丈人,史籍上记载为战国时人。《史记·乐毅列传》中曾记载有一个传习《老子》的河上丈人:“乐臣公学黄帝、老子,其本师号曰河上丈人,不知其所出。河上丈人教安期生,安期生教毛翕公,毛翕公教乐瑕公,乐瑕公教乐臣公,乐臣公教盖公。盖公教于齐高密、胶西,为曹相国师。”司马迁在这里列举出《老子》的传承系统,从河上丈人到汉初曹参,传承了七代。这个河上丈人应当生活在战国时代,其传承体系也出自齐地黄老学者。西晋时的皇甫谧《高士传》:“河上丈人者,不知何国人也。明老子之术,自匿姓名,居河之

① 陈鼓应:《老子注译及评介》,中华书局2009年版,第356页。

滨，著《老子章句》，故世号曰河上丈人。当战国之末，诸侯交争，驰说之士咸以权势相倾。唯丈人隐身修道，老而不亏，传业于安期生，为道家之宗焉。”皇甫谧认为写《老子章句》的就是河上丈人。但是，如果战国时的河上丈人就作了《老子章句》，《汉书·艺文志》应该有著录。但《汉书·艺文志》并不见载，可见此书不是成书于战国。

关于河上公，题为东晋道士葛玄所作的《老子道德经序诀》认为是汉文帝时人，《老子道德经序诀》神仙化地描述了河上公的故事：

> 河上公者，莫知其姓名也。汉孝文皇帝时，结草为庵于河之滨，常读《老子道德经》。文帝好《老子》之言，诏命诸王公大臣州牧二千石朝直众官，皆令诵之。有所不解数句，天下莫能通者。闻侍郎说河上公通《老子》，乃遣诏使赍所不了义问之。公曰：道尊德贵，非可遥问也。文帝即驾从诣之。帝曰：普天之下，莫非王土；率土之滨，莫非王臣。域中有四大，王居其一也。子虽有道，犹朕民也，不能自屈，何乃高乎？朕足使人富贵贫贱。须臾，河上公即拊掌坐跃，冉冉在虚空之中，如云之升，去地百余丈，而止于玄虚。良久，而答帝曰：余上不至天，中不累人，下不居地，何民之有？陛下焉能令余富贵贫贱乎？帝乃悟，知是神人，方下辇稽首礼谢，曰：朕以不德，忝统先业，才不任大，忧于不堪，虽治世事，而心敬道德。直以暗昧，多所不了。唯蒙道君弘愍，有以教之，则幽夕睹太阳之耀光。河上公即授素书《老子道德经章句》二卷，谓帝曰：熟研此，则所疑自解。余注是经以来，千七百余年，凡传三人，连子四矣，勿示非其人！文帝跪受经，言毕，失公所在。论者以文帝好老子大道，世人不能尽通其义，而精思遐感，仰彻太上道君，遣神人特下教之便去耳。恐文帝心未纯信，故示神变，以悟帝意，欲成其道真。时人因号曰河上公焉。

这个故事也见于今本《神仙传》，文字大同小异。这个神乎其神的河上公，显然具有道教神仙色彩，应该是东汉道教产生以后构拟出来的人物。

以上这两个"河边老人"，哪一个是《老子章句》的作者呢？

《四库全书总目·子部·道家类》推测两个河上公都写了《老子注》："《老子注》二卷。旧本题河上公撰。晁公武《读书志》曰：太史公谓河上丈人通《老子》，再传而至盖公。盖公即齐相曹参师也。而葛洪谓河上公者莫知其姓名，汉孝文时居河之滨。侍郎裴楷言其通《老子》，孝文诣问之，即授素书道经。两说不同，当从太史公云云。案晁氏所引乃《史记·乐毅列传赞》之文，叙述源流甚悉。然《隋志·道家》载《老子道德经》二卷，汉文帝时河上公注。又载梁有战国时河上丈人注《老子经》二卷，亡。则两河上公各一人，两《老子注》各一书。战国时河上公书在隋已亡。今所传者，实汉河上公书耳。"①

唐代刘知几就已经质疑河上公，认为"《易》无子夏传，《老子》书无河上公注"②。清姚鼐《老子章义序》说："老子书，六朝以前解者甚众，今并不见，独有所谓河上公章句者，盖本流俗人所为，托于神仙之说。其分章尤不当理，而唐宋以来莫敢易。独刘知几识其非耳！"③魏源《老子本义》也说："河上公注不见于《汉志》，隋始有之，唐刘知几即斥其妄。"④

① 永瑢等撰：《四库全书总目》，中华书局1965年版，第1242页。
② 《新唐书·刘知几传》。
③ 姚鼐：《老子章义》，载《新编老子集成》第15卷，宗教文化出版社2011年版，第780页。
④ 魏源：《老子本义》，华东师范大学出版社2010年版，第1页。

严灵峰在《周秦汉魏诸子知见书目·道家·老子》中认为《老子章句》是汉人伪托河上公之作。他说:“河上公,姓氏不详,汉文帝时结草为庵于河滨,尝读《老子》,以章句授文帝,当系隐者。”其书“明治国治身之道,亦颇引吐故纳新按摩导引之术。全书分上、下两篇,每章各有标题。上篇三十七章,法天奇数;下篇四十四章,法地偶数。句下有注,瑕瑜互见。唐释法琳《辩证论》引河上公注,与今本异,疑非原书之旧。宋刊虞氏塾本有葛玄《序》,并河上公事迹。明孙鑛本、归有光注本,俱有河上公《序》。日本庆长活字本,并有葛洪《序》。按此书不见《汉书·艺文志》。唐刘知几称:‘不经之鄙言,流俗之虚语’。疑系伪托”①。

王明的考证较为合理。他认为,战国之末,当有河上丈人,但却不一定有书。汉文帝时,实无河上公其人,更无所谓《老子章句》。西汉文帝好黄老刑名之言,东汉方士于是据此敷衍出河上公传道于汉文帝的一段传说,葛玄《道德经序诀》中的这一传说的定型当在东汉全面神化老子和《老子河上公章句》成书之后,道教创立后的神仙传记大都本此。所以,今天所看到的《老子河上公章句》约作于东汉中叶至末季间,是养生家托名“河上公”所作。其书之行世,当在王弼注之前。② 王卡根据史籍记载及河上公《老子章句》的文风,也将之定为东汉后期的作品。③ 陈丽桂认为《老子章句》的成书年代上限在西汉末,下限在东汉中期。④

根据以上所述,我们推断,河上公是一个伪托的作者,实无其人。

---

① 严灵峰:《周秦汉魏诸子知见书目》,中华书局 1993 年版,第 3 页。

② 王明:《道家与道教思想研究》,中国社会科学出版社 1984 年版,第 303 页。

③ 《老子道德经河上公章句》,王卡点校,中华书局 1993 年版,第 3 页。

④ 陈丽桂:《〈老子河上公章句〉所显现的黄老养生之理》,载《汉代道家思想》,中华书局 2015 年版,第 177 页。

从战国到汉代，有一个传说中道家神仙人物河上公。东汉黄老学者写了《老子章句》一书，因为西汉文帝好黄老，就托名传说中传道于文帝的河上公所作。

河上公注本《老子》二卷，上卷为《道经》，分三十七章；下卷为《德经》，分四十四章，共八十一章。并于每章之首加标题名。如“体道”第一，“养身”第二，“安民”第三，直至“显质”第八十一。河上公注的特点在于它的注文简洁清晰，意境空灵。其注《老子》文，重在解释老子意旨，每每以极简单的语言阐说《老子》义理，没有字词考证，说理透彻，文字简古，朴实流畅，平易近人，接近民间系统。河上公注本承黄老道家，言养生之理，主要内容是汉代流行的黄老学派无为治国、清静养生观点，由于曾受到道教重视，得以广泛流行。今所见是唐代的景龙碑本、遂州碑本与敦煌本，多古字，亦杂有俚俗语。王卡点校的《老子道德经河上公章句》是目前较好的版本。

严遵《老子指归》。严遵也是一个神秘人物。严遵，字君平，生活在西汉成帝时期，蜀郡成都人。据说他原姓庄，叫庄君平，东汉班固著《汉书》，因避汉明帝刘庄讳，改庄为严，称严君平。严遵是一位隐士，他认为，“卜筮者贱业，而可以惠众人”，于是以卜筮为业，常设摊于成都街市，每日看数人，得钱够自养，就闭肆下帘讲授《老子》。他博览群书，广学多识，根据《老》《庄》之旨，著《老子指归》。

《老子指归》先引用老子观点原文，然后阐发分析，条理清晰，文笔优美，义理深邃，使老子及其道家学说更系统和条理化，在汉代以至整个道家思想中有着重要的地位，被认为是与《河上公老子章句》《王弼道德经注》并驾齐驱，诠释《老子》最为准确的注本之一。严遵的哲学思想独具特色，他阐发了《老子》由无生有的宇宙演化论和以无为本的本体论思想，在中国哲学的发展史上具有承前启后的意义。严遵的思想体系经他的学生西汉扬雄继承，后为王弼、成玄英等人所发展,成为魏晋玄学“贵无”“自然为本”的思想萌芽,其后在南北朝和隋唐时期对中国禅学的产生也有相当大的作用。

严遵《老子指归》所据《老子》的版本与诸本不同,《德经》四十章,《道经》三十二章,共七十二章。《老子指归》共十三卷,前七卷注《德经》,后六卷注《道经》。宋代之后只存前七卷,但唐宋诸家《老子》注释中所引的《老子指归》佚文有百余处,加上留存的前七卷,尚可窥见《老子指归》的基本思想。

《隋书·经籍志》著录有严遵《老子注》与《老子指归》二种。樊波成在校订整理《老子指归校笺》时认为严遵关于《老子》的著作其实只有一种,《老子注》和《老子指归》是将严遵整理的《老子》经文与注文分开成了两本书。对严遵《老子指归》的整理,现有王德有《老子指归》点校本,中华书局 1994 年出版;樊波成《老子指归校笺》,上海古籍出版社 2013 年出版。

傅奕《老子古本篇》。傅奕(555—639 年)是唐代人,但傅奕的这个《老子》本子来源较古,据说是出于项羽妾墓冢。北齐武平五年(574 年)彭城人开项羽妾冢,得《老子》抄本。项羽妾冢《老子》抄本时代应与马王堆帛书《老子》甲本相当。至唐初,傅奕根据项羽妾冢《老子》抄本,参考了 9 家注本进行整理,校订为《老子古本篇》。傅奕校《老子古本篇》,共 5556 字,与帛书文字有许多类同之处,但体例同于通行本,《道经》在《德经》之前。此书现存于明代正统《道藏》中。

傅奕本《老子》也是流传较广的一个重要版本,是研究校勘的学者非常重视的一个古本。同其他版本比较,傅奕本有许多优点,此版本保存了较多的古句、古语、古字。但因是根据几个旧本参校的,这些旧本本身就存在不少讹误,且傅奕本在流传过程中被后人改动的地方也很多,因而存在讹文、衍文、脱文、倒置的情况。

北京大学收藏《老子》古本。2009 年 1 月 11 日，北京大学收藏了从海外抢救回归的一批竹简。据介绍，竹简总数达 3300 余枚，估计经过整理拼对后，可复原的完整竹简有 2300 枚以上。从竹简上出现的“孝景元年”字样，可以大致推出这批竹简的年代大约在西汉中期，其中多数可能抄于汉武帝时代。北京大学收藏的西汉竹书，是目前所见战国秦汉古书类竹简中数量最大、保存质量最好的一批。北京大学竹简中最引人注目的文献当首推《老子》，共有 220 余枚竹简，近 5300 字。这是继马王堆帛书甲乙本、郭店楚简本之后，出土的第四个《老子》古本，也是迄今为止保存最为完整的汉代古本，其残缺部分仅占全书篇幅的 1%。竹简背后题有《老子上经》《老子下经》两个篇题，分别对应的是今本的《德经》和《道经》，这也是《老子》书名在简帛文献中的首次发现，同时也证实了《老子》称“经”的古代文献记载。全书保存了完整的篇章结构，共分 77 章，每章前均有分章符号，文字内容和篇章结构也与以往所见各种版本有所不同，可以说是目前研究《老子》分章问题最原始、最齐全的资料。另外，西汉简本《老子》的文句、用字也有很多独到之处，对于《老子》一书的校勘整理极有价值。从战国中期的郭店楚简本，到秦汉之际的马王堆帛书本，再到西汉中期的北大汉简本，《老子》文本的演变形成了比较完整的年代序列，对于探讨古书文本形态的演变规律具有启示意义。

马王堆汉墓帛书甲乙本。1973 年 12 月长沙马王堆汉墓中出土了大批帛书，约有 10 多万字，包括先秦文献多种。其中的《老子》有两种写本，分别称为甲本、乙本。帛书甲本多有破损，文字多有残缺；帛书乙本大体完好，文字大都清晰。甲本字体介于篆书和隶书之间，不避“邦”字，是汉高祖刘邦称帝前的抄本；乙本字体是隶书，讳“邦”字，而不讳“盈”和“恒”字，是刘邦称帝后，汉惠帝刘盈和汉文帝刘恒称帝前的抄本。帛书《老子》独立于河上公本与王弼本两大系统之外,未经后世学者修饰,对《老子》原貌保存较多,所以可以用来校正通行本的错误,澄清许多校勘者长期争论的疑点,因而为学界所珍重。

帛书《老子》甲乙两种写本,只分上下篇,《德经》在前,《道经》在后,不分章。这是与通行本不同之处。这是因为,先秦学者的习惯,著述往往以后为重,将总纲与序言置于书之后部,如《庄子·天下》在最后,古本《吕氏春秋》十二纪在最后。《老子》书将《道经》置于《德经》之后,是由于“道”比“德”更根本。而且《韩非子》解老、喻老所本的顺序,也是《德经》在前,《道经》在后,足见这种版本在韩非时代已经存在了。

帛书甲乙两本有一些明显的不同,说明它们应是两种不同的传本。如帛书乙本上篇尾题为《德》,并注明字数为“三千卌一”,下篇末有尾题《道》,并注明字数为“二千四百廿六”;而甲本篇末无尾题,也没有注明字数。乙本不分章,甲本章末则有圆点符号标识。文字方面,两者之间亦有出入。例如:甲本“故曰为道者非以明民也”,而乙本作“古之为道者非以明□□”;甲本作“夫唯□,故不宵(肖),若宵(肖)细久矣”,乙本作“夫唯不宵(肖)故能大,若宵(肖)久矣亓(其)细矣”,诸如此类的文字差异不少。更为引人注意的是:无论是篇次、章次,还是思想内容,帛书《老子》同其他本子相比,都具有较大的差异。在篇次和章次方面,今本是《道》为上篇,而《德》为下篇;帛书甲乙两本则都是《德》为上、《道》为下。今本第二十四章,在帛书甲乙两本中则皆为第二十二章;今本第八十章及八十一章,在帛书甲乙两本中则为第六十七章及六十八章。在文字内容上也有很多不同。如:通行本第七十五章“民之饥者,以其上食税之多也,是以饥。民之难治者,以其上之有为,是以难治。民之轻死者,以其上求生之厚,是以轻死。夫惟无以生为者,是贤于贵生也”。而帛书甲乙本在“食税”两字之前均无“上”字,“求生之厚”句首亦无“上”字。这样,这两句的意思就与通行本等有着显著的不同。傅奕本等第二十六章的“万乘之主”,帛书甲乙本皆作“万乘之王”,与诸本异。“主”与“王”之意,相差大矣。傅奕本等第十四章皆有“执古之道,可以御今之有,以知古始”句,帛书甲乙本则与此异,作“执今之道,以御今之有,以知古始”。“古”与“今”之别,差距明显。傅奕本、通行本等第一章的“故常无欲以观其妙,常有欲以观其徼”,帛书本则作“故恒无欲也,以观其眇;恒有欲也,以观其噭”,两者的不同显而易见,对如何正确地标点这一章具有重要的启示作用。以上例子表明,帛书《老子》不仅可以帮助我们校正其他本子的一些章次和句读的错误,还可以对其思想内容上的差异之处进行仔细的分析推敲,使我们更准确地把握老子的思想。

帛书《老子》以其时代性、完整性、差异性受到众多学者的重视,并且在很大程度上推进了《老子》研究的发展。但也不能一味地认为帛书本处处优于《老子》的其他传本,毕竟帛书《老子》并不能完全反映《老子》原始本的面貌,先秦古籍中对《老子》的引用可以说明这一点,后来出土的郭店楚简《老子》更是最好的证明;当然也不能因为楚简《老子》的出土而忽略了帛书《老子》的价值。只有以客观的态度对待帛书的优缺点,我们才可以作出更为正确的判断。

1974 年马王堆汉墓帛书整理小组在《文物》上公布帛书《老子》甲乙本。1976 年 3 月,文物出版社出版《马王堆汉墓帛书〈老子〉》,有释文、注释,尽可能地保留了帛书原貌,对阅读、理解都有很大帮助。关于帛书《老子》的研究著作,比较著名的有高明《帛书老子校注》、许抗生《帛书老子注译与研究》等。

郭店战国楚墓竹简《老子》。1993 年 10 月,位于湖北荆门市沙洋区四方乡的郭店楚墓被盗,考古工作人员被迫进行了抢救性的清理发掘,墓内出土了一批竹简。经过5年的整理,郭店楚墓共出土儒道文献18种。这批竹简中有三组与《老子》有关,整理者分别称之为《老子》甲本、乙本、丙本。1998年5月,荆门市博物馆编辑,并经裘锡圭审定的《郭店楚墓竹简》,由文物出版社出版。

郭店楚墓出土的《老子》竹简写本,抄写在三种不同长短的竹简上,甲本(长32.3厘米)、乙本(长30.6厘米)和丙本(长26.5厘米)。甲本现存竹简39枚,1090字;乙本现存竹简18枚,389字;丙本现存14枚,270字。总字数与帛书本或通行本相比,约占三分之一上下。对照通行的王弼本《老子》的分章,楚简甲本为20章,相当于王弼本的十九章、六十六章、四十六章中段和下段、三十章上段的中段、十五章、六十四章下段、三十七章、六十三章、二章、三十二章、二十五章、五章中段、十六章上段、六十四章上段、五十六章、五十七章、五十五章、四十四章、四十章、九章。乙本为8章,相当于王弼本的五十九章、四十八章上段、二十章上段、十三章、四十一章、五十二章中段、四十五章、五十四章。丙本中有一部分内容不见于《老子》,应是一种单独成篇的文献,整理者以其首句编为《天一生水》,其余与《老子》有关的有5章,相当于王弼本的十七章、十八章、三十五章、三十一章中段和下段、六十四章下段。乙丙两本各有1章与甲本相重;剔除重复者,共得31章,与王弼本81章相差50章。各本均不分《德经》《道经》或下经、上经,混合编辑;其章序也和后来的不同。

关于郭店楚简《老子》残缺的原因,目前学界尚无定论。有的学者认为楚简《老子》是全本,有的认为只是摘抄本,也有人认为甲、乙、丙本是在不同时期产生的三种不同的抄本。因为其文本构成的问题涉及《老子》的作者、成书年代以及文本的传承流变等问题,所以必须对这个问题进行长久而细致的研究。

郭店楚墓"具有战国中期偏晚的特点,其下葬年代当在公元前四世纪中期至前三世纪初"[①]。楚简本《老子》的抄写时间不会晚于公元前300年左右,这比马王堆汉墓帛书本的抄写时间提早了约一百年。考虑到《老子》从成书到流传,以至被抄写而成为随葬品,不会是一个很短的过程,所以其书当在战国早期已经存在。郭店楚简本《老子》是我们今天所能见到的最古的本子。楚简《老子》带来了许多非同寻常的信息:第一,《老子》的成书年代可以进一步得以推定,以往的《老子》"晚出说""秦汉说"已不攻自破,甚至一些力主"战国说"者也放弃旧说,归向"春秋末期说"。第二,《老子》书中的一些重要概念和疑问得以澄清,如楚简本《老子》并未反对"仁义"、否定"圣""智"。第三,道家与儒家的关系原初并非尖锐对立、势若冰火,而是平和共处、旨趣融通。第四,道家思想在先秦思想史中的地位、影响和发展线索将进一步得以明晰。

郭店楚简《老子》的出土是学术界的一大幸事,随即受到国内外学术界极大关注,国内外一些知名学者如任继愈、李学勤、庞朴、裘锡圭、李零、陈鼓应、许抗生、张立文、李存山、郭齐勇、李泽厚、杜维明、艾兰、韩禄伯、饶宗颐、丁原植、池田知久、刘笑敢等,对其进行了深入研究,以极大的热情撰写了许多很有影响的论文和专著。一些中青年学者如廖名春、郭沂、王博、白奚、丁四新等也在研究中脱颖而出,发挥了生力军的作用。各种规模的学术研讨会相继召开,其中较有影响的,有美国达慕思大学举办的"郭店《老子》国际学术研讨会"(1998年5月),武汉大学举办的"郭店楚简国际学术研讨会"(1999年10月)。前者的会议论文主要发表在《道家文化研究》第十七辑,后者发表在《人文论丛》特辑《郭店楚简国际学术研讨会论文集》中。

---

① 荆门市博物馆:《荆门郭店一号楚墓》,载《文物》1997年第7期。

目前，对郭店楚简《老子》代表性校释著作主要有：李零《郭店楚简校读记》，中国人民大学出版社 2007 年版；廖名春《郭店楚简老子校释》，清华大学出版社 2003 年版；彭裕商、吴毅强《郭店楚简老子集释》，巴蜀书社 2011 年版；崔仁义《荆门郭店楚简〈老子〉研究》，科学出版社 1998 年版；丁原植《郭店竹简〈老子〉释析与研究》，台湾万卷楼图书有限公司 1998 年版；侯才《郭店楚墓竹简〈老子〉校读》，大连出版社 1999 年版；丁四新《郭店楚墓竹简思想研究》，东方出版社 2000 年版；丁四新《郭店楚竹书〈老子〉校注》，武汉大学出版社 2010 年版；彭浩《郭店〈老子〉校读》，湖北人民出版社 2000 年版；邹安华《楚简与帛书老子》，民族出版社 2000 年版；郭沂《郭店竹简与先秦学术思想》，上海教育出版社 2001 年出版；[美]艾兰、[英]魏克彬主编，邢文编译《郭店老子——东西方学者的对话》，学苑出版社 2002 年版；[美]韩禄伯《简帛老子研究》，学苑出版社 2002 年版；邢文《郭店老子与太一生水》，学苑出版社 2005 年版；李若晖《郭店竹书〈老子〉论考》，齐鲁书社 2004 年版；聂庆中《郭店楚简〈老子〉研究》，中华书局 2004 年版；刘钊《郭店楚简校释》，福建人民出版社 2005 年版；邓各泉《郭店楚简〈老子〉释读》，湖南人民出版社 2005 年版；李健《素朴为王：郭店楚简〈老子〉甲本的思想体系》，中国文史出版社 2014 年版；等等。各主要学术刊物发表的有关郭店楚简研究的学术论文和以郭店楚简《老子》为研究对象的博士、硕士学位论文上千篇。

《老子》全书仅五千言，而千百年来对《老子》的注释则不下几千万言。元代道士张与材序杜道坚《道德经原旨》说："《道德》八十一章，注者三千余家。"可见关于《老子》的典籍在当时已是蔚为大观了。清代学者魏源《老子本义》说："解老自韩非下千百家，老子不复生，谁定之？”[1]极言《老子》注家之多。

先秦有韩非《解老》《喻老》两篇，这是今存最早的研究文章。《汉书·艺文志》著录西汉《老子》经传四种：《老子邻氏经传》四篇、《老子傅氏经说》三十七篇、《老子徐氏经说》六篇、刘向《说老子》四篇。这四种书都是有“经”有“传”，“经”是《老子》文本，“传”或“说”是对“经”的注解，可见当时《老子》流传的不同系统和注解情况，可惜这四种经传都已经亡佚了。现在可以见到的注解本主要有：两汉时期的严遵《老子指归》、河上公《老子章句》，曹魏时期的王弼《老子注》，宋元时期的王安石《老子注》、苏辙《老子解》、范应元《老子道德经古本集注》，明清时期的薛蕙《老子集解》、释德清《老子道德经解》、焦竑《老子翼》、王夫之《老子衍》、俞樾《老子平议》、刘师培《老子斠补》、魏源《老子本义》等。

我国历史上曾有唐宋明清四位皇帝对《道德经》加以注疏和解读。唐玄宗李隆基《御注道德真经》、宋徽宗赵佶《御解道德真经》、明太祖朱元璋《御注道德真经》、清世祖《御注道德经》，这几位皇帝不仅注解，而且都表达出对《道德经》的深入独到的理解。

近现代著名的注校本有罗振玉《老子考异补遗》、马叙伦《老子校诂》、奚侗《老子集解》、高亨《老子正诂》、蒋锡昌《老子校诂》、朱谦之《老子校释》、张松如《老子校读》等。

陈鼓应著《老子注译及评介》由中华书局初版于 1984 年，此书不但是文献整理的杰作，也是中国哲学和哲学史研究的重要著作。此书原为《老子今注今译》，由商务印书馆初版于 1970 年，之后作者继续进行研究，特别是长沙马王堆汉墓出土帛书发表以后，广搜海内外学者专家的意见，作了全面的修订和增补，更名为《老子注译及评

---

① 魏源：《老子本义》，华东师范大学出版社 2010 年版，第 1 页。

介》。此书吸收了历代研究《老子》的成果,对《老子》作了详细的注释与分析,并加以今译,对前人的《老子》注疏也给予了评介。书后附录长沙马王堆汉墓帛书《老子》甲乙本的释文和《老子》校定文以及参考书目等有关资料,是阅读和研究《老子》的重要参考书,是新时期诸子学的经典著作之一。

刘笑敢著《老子古今:五种对勘与析评引论》上下两卷,108 万字,由中国社会科学出版社 2006 年出版。此书突出的特点是将《老子》竹简本、帛书本、傅奕本、河上公本、王弼本按八十一章顺序逐句对照排列,通过对勘,从字词、句式、韵式、修辞、语义、结构等方面着手分析《老子》两千年来的演变,揭示其中版本歧变和文本趋同、古本原貌与理想文本的辩证关系。此书析评引论部分在文献研究的基础上深入开发“天道”“人道”“辅万物之自然”“无为而无不为”等概念和命题的历史意涵与现代形式,对“知雄守雌”“小国寡民”“战胜举丧”“无事取天下”等命题作了新的考辨和诠释,并对老子思想与马斯洛、霍布斯、蒂利希、魁奈等人之学说的微妙关系作了新的探索,所论涉及女性主义、环境保护、宗教信仰、区域冲突、科学与民主等现代问题,发前所未发之言,倡前所未倡之旨。

对《老子》典籍进行系统收集与整理比较突出者,清代有《古今图书集成·老子部汇考》,民国有周云青《〈道德经〉书目考》、王重民《老子考》、谢扶雅《现存〈老子道德经〉注释书目考》,现代则以严灵峰《周秦汉魏诸子知见书目·老子书目》、谢忠正《六十年来之老子学》、朱继武与黄钊《〈老子〉研究参考资料选辑》为著。在西方,法国汉学学者编有《道教研究文献目录》,美籍华人林振述撰有《老子〈道德经〉与王弼注英译本》等。

在国外翻译出版的《老子》版本也很多。从现有资料看,西方人开始真正接触《老子》是 19 世纪。确切的资料表明,西方第一个译本是1842年巴黎出版的儒莲（又译朱利安）《老子道德经》法文本[①]。1870年莱比锡出版了维克多·施特劳斯的《老子道德经》，它是第一个德文译本。1921年出版了卫礼贤《老子道德经》，学者认为它是比较忠于原文的德译本。1884年伦敦出版的鲍尔费的《道书》是最早的英文译本。1891年理雅各的《道书》译本由牛津大学出版社出版。1898年美国芝加哥出版的保罗·卡鲁斯《老子道德经》译本，大家认为这是质量较好的译本。20世纪初，老子思想在西方逐步传开，普及程度较前有所提高。例如老沃尔特·高尔恩《老子》译本1904年出版，后多次重印。1934年伦敦出版的亚琴·章利英译本《道和德：〈道德经〉及其在中国思想中的地位研究》，对《老子》在西方的传播有较大影响，重印过多次。由中国人自己翻译的英文《老子》在西方有一定影响的主要是胡泽龄的译本，1936年在成都出版。林语堂1948年在纽约出版了《老子的智慧》。《老子》译本虽然很多，难以统计，学者认为译文质量较好，有重大影响的本子是詹文锡1963年在纽约出版的《老子之道》，他在书中说："《道德经》已44次被译成英文，特别是在过去的20年里（指1963年以前）几乎每隔一年都有一种新译本出版，其中这些译本的半数是在美国出版的。"还有1977年美国密歇根大学出版社出版的林保罗《老子道德经及王弼注英译》。他在序言中说："各种外文译本已有70种至80种之多，而且至少是世界上每一种语言有一种译本。"自1963年以来，特别是1973年马王堆帛书《老子》甲、乙本出版以后，海外也掀起了一股研究《老子》热，各种注本及英文译本大量出现。

---

① 李世东、陈应发、杨国荣：《老子文化与现代文明》，中国社会出版社2008年版，第57页。

第三章 《老子》的哲学体系

老子是当之无愧的中国哲学之父，他在中国哲学史上的地位，犹如苏格拉底和柏拉图在欧洲哲学史上的地位。中国哲学的一些基本概念，如“道”“德”“有”“无”等等，都由老子提出。《老子》一书虽然只有五千多字，却包含一个较为完整的哲学体系。

一、“道生万物”的本体论

《老子》哲学的最高范畴是“道”。陈鼓应说：“‘道’是老子哲学上的一个最高范畴，在《老子》书上它含有几个意义：一、构成世界的实体。二、创造宇宙的动力。三、促使万物运动的规律。四、作为人类行为的准则。”[①]概而言之，“道”兼具宇宙生成的总根源和运动变化的总规律的双重含义。

“道”作为宇宙生成的总根源，《老子》第四章说：

道冲，而用之或不盈。渊兮，似万物之宗；湛兮，似或存。吾

① 陈鼓应：《老子注译及评介》，中华书局2009年版，第58页。

不知谁之子，象帝之先。①

“道冲”，是说道体虚寂。道虽然是虚寂的，其作用却无穷无尽，它是“万物之宗”，是一切事物的始祖。道先天地而生，比作为天地之祖的“帝”产生得更早，“象帝之先”，比“帝”更根本。世界的一切发生、发展和变化，都是由道决定的。

“道”是超出我们的感觉之外的，是无限定的、永存的，也是变化不息的。《老子》二十五章说：

有物混成，先天地生。寂兮寥兮，独立而不改，周行而不殆，可以为天下母。吾不知其名，强字之曰“道”。

这是说，道是先天地而存在的，是混沌未分的，是世界的本原。道即是“无”，“天下万物生于有，有生于无”（四十章）。“有”是指有形有象的具体存在的事物，“无”是指先于具体事物的无形无象的本原。世界从“无”到“有”，有一个衍生过程。《老子》四十二章这样推演宇宙生成的过程：

道生一，一生二，二生三，三生万物。万物负阴而抱阳，冲气以为和。

“道”是虚无的，“无”生“有”。“一”即是“有”，是一个混沌未分的物质统一体。这个统一体分化为阴阳二气，即“二”。阴阳二气互

① 本书中所引《老子》，均据陈鼓应：《老子注译及评介》修订增补本，中华书局 2009 年版。

相冲激鼓荡,互相发生作用,即"冲"。由此形成"和"气,即"三",由和气而生成万物,这个宇宙生成的过程可以作如下演示:

"道"(无)—"一"(有)—"二"(阴阳)—"三"(阴阳和合)—"万物"

老子认为"道"不仅产生万物,而且决定着天地万物的生存和发展。《老子》三十四章说:"大道氾兮,其可左右。万物恃之以生而不辞,功成而不有。""道"是广泛的、永恒的、无所不在的。万物依恃道而生存,道是万物存在发展变化的根据;"道"成就万物而不自以为功,"道"并不占有或主宰万物。

老子关于"道"的学说包含了"宇宙论"和"本体论"的问题。老子"道"的观念的确立,标志他是第一个摆脱了宗教或神话之网的束缚,从哲学的角度思考世界起源和存在根据问题的伟大思想家。从老子始,"道"成为中国哲学的最基本的概念,道"象帝之先",在老子这里,上帝和天神已降至次要的地位。由此,我们也可以认识到中国历史上为什么没有出现西方中世纪那种神学和宗教世纪,也可以认识到中国为什么没有产生世界上许多地方的那种"政教合一"的现象。

二、"道法自然"的基本理念

"道",原义即是道路。《说文》:"道,所行道也。""道"又引申为人所必经之途,因而也就有了所必须遵循的规律的意思。韩非说:"道者,万物之所然也,万理之所稽也。"这里,"道"便是万物的总规律。在老子这里,"道"不再是作为具体事物的"道路",而是超越了事物的具体形态的一般性,是对于万物本质或本原的哲学抽象。

《老子》开篇一章说：

> 道可道，非常道；名可名，非常名。无，名天地之始；有，名万物之母。故常无，欲以观其妙；常有，欲以观其徼。此两者，同出而异名，同谓之玄。玄之又玄，众妙之门。

“道”是不能用语言描述或命名的，凡是可用语言来描述的，就不是恒常的道；凡是可以用一般概念来命名的，就不是恒常的名。所以，老子的“道”，是一个抽象的概念，它超脱具体的事物，因而具有形而上的品格。老子用“无”和“有”进一步解释“道”。“无”是“万物之始”，“有”是“万物之母”，而“道”则非“无”非“有”，亦“无”亦“有”；“道”的含义衍生出“无”与“有”的概念，是“无”与“有”的统一。“无”“有”同出而异名，都用来指称“道”。

老子强调“道”是“玄而又玄”的，他一方面讲“道”是真实存在的，一方面又讲“道”是无形无象的，是感官所无法把握的。《老子》十四章中说：“视之不见，名曰‘夷’；听之不闻，名曰‘希’；搏之不得，名曰‘微’。此三者不可致诘，故混而为一。其上不皦，其下不昧。绳绳兮不可名，复归于无物。是谓无状之状，无物之象，是谓惚恍。迎之不见其首，随之不见其后。”“道”是超感官的，是人的普通的认识方法所无法把握的，视不可见，听不可闻，触不可得。“道”浑然一体，广袤无边，没有上下之别、前后之分，也没有明暗的不同。这样的“道”无可名状，好像空无一物，但它又是真实存在的。《老子》二十一章中进一步说：“道之为物，惟恍惟惚。惚兮恍兮，其中有象；恍兮惚兮，其中有物。窈兮冥兮，其中有精；其精甚真，其中有信。”这里他一方面说“道”恍恍惚惚，飘飘渺渺，难以测知；另一方面他又强调“道”实有其物，而不是虚幻之事。“其中有象”，“其中有物”。《老子》强调道体无形无象、飘渺不定，是为了说明“道”不是一般的存在之物。它是自生成，自存在，不役于外物的。

《老子》二十五章是最关键的一章，如下：

> 有物混成，先天地生。寂兮寥兮，独立而不改，周行而不殆，可以为天地母。吾不知其名，强字之曰“道”，强为之名曰“大”。大曰逝，逝曰远，远曰反。故道大，天大，地大，人亦大。域中有四大，而人居其一焉。人法地，地法天，天法道，道法自然。

在这里，老子在对“道”进行了颇为混沌和神秘的描述之后，紧接着就指出了道的核心在于“道法自然”。由此，如果我们说“道”是老子思想的核心概念的话，那么“道法自然”则是老子思想的核心精神或基本理念。

“自然”一词，在现代汉语中有两种含义：一是指与“人类社会”对应的“自然界”；二是指与“人为”相对的“自然而然”的状态。然而，在古代汉语中，“自然”其实只有“自然而然”一个含义。“自然”指称“自然界”只是在近代以来，在翻译英语“nature”一词时产生的。《老子》这里的“自然”，显然不是我们今天所常说的“自然界”。考其字源，古代汉语中，“自”的本义是“鼻子”，《说文解字》：“自，鼻也。象鼻形。”鼻子在人脸的正中央，在向他人表达“自己”的时候，人们习惯用手指本人脸部的中央位置，即鼻部位置，于是“自”（即鼻子）渐渐成了第一人称。《康熙字典》释“鼻”说：“又人之胚胎，鼻先受形，故谓始祖为鼻祖。”古人认为人之胚胎，鼻先受形，故鼻为人之始。朱骏声《说文通训定声》说：“自，鼻也。……自之通训当为始，即本义之转注。”就是说，“自”的本义是“鼻”，引申义为本始、本初、本性。“然”，《广雅·释诂》：“然，成也。”因此，从字源学上讲，“自然”是指事物的本性、本真面目、事物的自成,或者说,是万事自己成为的样子。

“自然”在《老子》这里的意思是“自己如此”,本性如此,与“人为”相对,指的是事物生成与发展的本来的样子、自己成为的样子。那么,“道法自然”的意思,则是“道”纯任自然,自己如此。河上公注:“道性自然,无所法也。”①王弼注:“道不违自然,乃得其性,法自然也。法自然者,在方而法方,在圆而法圆,于自然无所违也。自然者,无称之言,穷极之辞也。”②王中江解释说:“‘道法自然’的确切意义是,‘无为’的‘道’遵循万物的‘自然’。”③他认为这里的“自然”是“万物”的自然,而不是“道”的自己如此。万物按照自身的本性自行其是,自行变化,这才是老子所说的“自然”。《老子》六十四章:“是以圣人……辅万物之自然而不敢为。”很显然,这里所说的“自然”被限定为“万物之自然”而不是说“道自己如此”。所以王中江认为,“道法自然”“可以更具体地解释为‘道效法或遵循万物的自然’”。

如此,我们可以这样认识《老子》的“道法自然”:

第一,“道法自然”,大道周行,以世界万物的“自然”为根本宗旨和根本法则,这是道的核心精神、基本理念。《老子》所说的“道”,是指世界万物之大化流行、生生不息的发展演进之道,其发展过程完全是顺应世界万物本身“独立而不改,周行而不殆”的规律而自然而然地发生、发展,不假任何外界强力的干涉,不假人为的矫揉造作。这是“道法自然”的基本内涵。

---

① 《老子道德经河上公章句》,王卡点校,中华书局1993年版,第103页。

② 王弼:《老子道德经注》,载楼宇烈校释:《王弼集校释》上,中华书局2012年版,第65页。

③ 王中江:《“道法自然”本义》,载《寻根》2009年第3期。

第二，天道自然。“天道”就是宇宙天体。在《老子》关于“人法地，地法天，天法道，道法自然”的顺序中，“天”的位置排列于“自然”和“道”之后。“天”是中国哲学思想史上最重要的概念之一。殷商时期，“天”的观念与“帝”紧紧联系在一起，是一个超验的神性的概念。“天”主宰宇宙，生育万民，为民立君，为君立则：“天生烝民，有物有则。民之秉彝，好是懿德。”（《诗经·烝民》）周代提出“皇天无亲，惟德是辅”（《尚书·蔡仲之命》），将“天”与“德”联系在一起，使“天”的意义扩大到社会政治乃至伦理领域，成为人格神。但是老子却并不认为“天”是一种神性的存在，他反对将“天”作为一种神性的信仰，他甚至说：“天地不仁，以万物为刍狗。”（五章）所以，在《老子》二十五章中，“天”被赋予了全新的含义。这里的“天”并不是指高悬在我们头顶上让我们顶礼膜拜的那个浩渺的“悠悠苍天”，而只是宇宙星空的“自然”存在，或者说，“天”就是我们头顶的宇宙天体。老子在“天”之上设置了一个“道”。“天法道”，“天”遵循“道”。“道法自然”，当然“天”也要“法自然”。这样，“天”的“道”也就是“自然之道”。天道自然，即是说，宇宙万物都遵循自然之道。

第三，地道自然。“地道”就是自然生物。《老子》五十一章讲“道”创生万物的过程时说：“道生之，德畜之，物形之，势成之。是以万物莫不尊道而贵德。道之尊，德之贵，夫莫之命而常自然。故道生之，德畜之；长之育之；亭之毒之；养之覆之。生而不有，为而不恃，长而不宰，是谓‘玄德’。”既然“道法自然”，道是自然而然的，那么“道”在创生万物时也是无丝毫意志、无任何目的的，是一种不知其然而然的创生过程。同时，既然在创生过程中是无意志、无目的的，那么“道”对万物也是不加任何干涉的，即“生而不有，为而不恃，长而不宰”。这样，自然生物各循本性自然而然地生长发展，世间万物就是这样处于自然而然地生生不息、大化流行的状态。

第四，人道自然。“人道”就是人类社会。人是宇宙万物的一分子，那么，人当然也应该像地、天和道一样“法自然”。但是，老子忧虑的是，人却在很多时候往往不能像宇宙万物那样遵循着自己的本性自然而然地发展，这是由于人具有主观意志。所以，老子在这里的主要意图是告诫人类，宇宙万物都有一个“独立而不改，周行而不殆”的自然之道，既用不着天来主宰，也用不着人为的安排。所以，人要对自己的主观意志有所约束，“法地”，“法天”，“法道”，“法自然”。

人要“法自然”，就必须约束自己的主观意志和行为，于是，老子提出“无为”的约束原则。“自然”与“无为”是两个联系最为密切的概念。《老子》有一句非常著名的话：“道常无为而无不为。”（三十七章）“无为”就是六十四章所说的“辅万物之自然而不敢为”。所以，“无为”是对“道法自然”的进一步阐发。王弼注“无为”云：“顺自然也。”“无为”并不是不为，而是不妄为，顺其自然而为，不能以外界人为的意志强制而为。“道”是顺应万物的自然去做，按照事物本身的自然规律去做，不强为，不妄为，所以“无不为”，没有一件事物是它所为，但任何事物却又都离不开它的作用。老子进一步说：“侯王若能守之，万物将自化。”（三十七章）又说：“故圣人云：‘我无为而民自化；我好静，而民自正；我无事，而民自富；我无欲，而民自朴。’”（五十七章）好静、无事、无欲，都是无为；自化、自正、自富、自朴，都是自然。圣人无为而民自然、自由。老子把“道法自法”看作人与万物所应遵循的根本法则。只有顺应这一根本法则，才能顺乎人与万物的本性，而得到合理的发展。

“道法自然”是老子哲学的基本精神，是《老子》一书的精华所在，也是以老子为代表的南方哲学与以孔子为代表的北方哲学区别开来的特色。“自然”一词始出于《老子》，大用于《庄子》，亦见于

《楚辞》,在北方著述中却不常见。以孔子为代表的儒家学派理论是建立在宗法思想文化基础上的伦理型学说,以老子为代表的道家学派则是自然型学说。儒家更强调的是后天的教化、“风化”。这是儒、道两家学说的根本差异。

三、“尊道贵德”的体用观

《老子》又称《道德经》,“道”和“德”是全书的中心概念,其哲学体系是以“道”和“德”为中心展开的。在《老子》中,“道”和“德”的关系,是“体”和“用”的关系,形而上的“道”落实到经验上就是“德”,“德”是“道”的作用和体现。在王弼本《老子》中,“道”字有76个用例,“德”字有43个用例。通行本《老子》81章,前37章为《道经》,后44章为《德经》。《道经》讨论的是一般原则的问题,《德经》则是将这一原则应用于社会人生领域,这种对应关系实质上表明《德经》是对《道经》的展开。

《老子》五十一章这样讲到“道”与“德”的关系:

> 道生之,德畜之,物形之,势成之。是以万物莫不尊道而贵德。道之尊,德之贵,夫莫之命而常自然。故道生之,德畜之;长之育之;亭之毒之;养之覆之。生而不有,为而不恃,长而不宰。是谓“玄德”。

冯友兰对这一章的解释较为详尽,他说:“老子认为,万物的形成和发展有四个阶段。首先,万物都由‘道’所构成,依靠道才能生出来(道生之)。其次,生出来以后,万物各得到自己的本性,依靠自己的本性维持自己的存在(德蓄之)。有了自己的本性之后,再有一定的形体,才能成为物(物形之)。最后,物的形成和发展还要受周围环境的培养和限制(势成之)。在这些阶段中,‘道’和‘德’是基本的。没有‘道’,万物无所从出;没有‘德’,万物就没有了自己的本性;所以说:‘万物莫不尊道而贵德’。但是,‘道’生长万物是自然而然的如此的;万物依靠‘道’生长和变化,也是自然如此的;这就是说没有什么主宰使它们如此,所以说:‘莫之命而常自然。’”①

从这里,我们可以看出老子所认为的“道”与“德”的关系。所谓“德”,《庄子·天地》说:“物得以生谓之德。”《管子·心术上》说:“德者,道之舍,物得以生。故德者得也”,“虚无无形谓之道,化育万物谓之德”。王弼对“德”的解释是:“德者,得也。常得而无丧,利而无害,故以德为名焉。何以得德?由乎道也。何以尽德?以无为用。”②从这些解释可以看出:“德”,就是“得”的意思,是万物从“道”那里得到的本质特性。一物得之于“道”而成之于体者,就是“德”。一方面,从“道”与“德”的关系看,“德”得之于“道”,从属于“道”;“道”与“德”的关系是本体与功用的关系,主与从的关系,“德”是“道”的具体表现,是“道”作用于万物所显现的功用,是得之于“道”而内在于物自身的属性。另一方面,从“德”与万物的关系来说,“德”是内在于万物的“道”,是物得以成为物的本质,所以“德”畜养着万物,充实着万物;对于人来说,“德”是人对“道”的特性和原则的体悟、把握和自觉的践行,正如朱熹所说:“德者,得也,行道而有得于心者也。”③

---

① 冯友兰:《中国哲学简史》,北京大学出版社2003年版,第101页。

② 王弼:《老子道德经注》,载楼宇烈校释:《王弼集校释》上,中华书局2012年版,第93页。

③ 朱熹:《四书集注·学而篇》。

“尊道贵德”是老子一个重要的思想观点。对于“尊道而贵德”，王弼注曰：“道者，物之所由也；德者，物之所出也。由之乃得，故不得不尊；失之则害，故不得不贵也。”①为什么要“尊道而贵德”呢？其实老子自己说得明白：“道之尊，德之贵，夫莫之命而常自然。”道和德之所以尊贵，是因为它们不是靠什么主宰者加以命令和安排，而是顺应着自己的规律而自然生长的；没有人命令它，它自己就是这样无为而自然。所以，所谓“尊道”，就是要充分尊重道所体现的自然无为的原则；所谓“贵德”，就是要以道的自然无为的原则为贵。“尊道贵德”和“道法自然”一样，是《老子》修身治国的思想前提和基础。

老子具有与儒家不同的道德观。老子的道家之“德”是指人类效法自然天道的行为品行，是自然规律在人类活动中的体现。而儒家的“德”只是仁、义、礼等社会伦理规范的产物。《老子》三十八章说：

> 上德不德，是以有德；下德不失德，是以无德。上德无为而无以为；上仁为之而无以为；上义为之而有以为。上礼为之而莫之应，则攘臂而扔之。故失道而后德，失德而后仁，失仁而后义，失义而后礼。夫礼者，忠信之薄，而乱之首。前识者，道之华，而愚之始。是以大丈夫处其厚，不居其薄；处其实，不居其华。故去彼取此。

在老子看来，人性本来是朴素自然的，人的思想行为出自朴素自然的本性，与大道自然相合，这才是最道德的。但是，人们却以仁义

---

① 王弼：《老子道德经注》，载楼宇烈校释：《王弼集校释》上，中华书局2012年版，第137页。

礼智等所谓的道德规范来约束人的行为，这样做出来的道德，是不自然的，是人为的道德。老子提出要“尊道而贵德”，这个“德”，应是遵循自然之道的自然之德，而不是人为之德。所以他说，具有“上德”的人，并不刻意地追求所谓的“德”，所以才有德。而那些有“下德”的人，矫揉造作，刻意求德，好像处处符合所谓的“德”，反而无德。因为具有“上德”的人，与道同体，道是无所为而为的，所以上德之人也是无所为而为的。而有“下德”的人，有心为道，但刻意而为，丧失了道的本义，反而在许多地方做不到了。“上仁”的人，虽然有所为，却不是刻意而为。“上义”的人，尽管是为，却是有所为而为。“上礼”的人，就更过分了，他自己先行礼，若得不到对方的回报，便不惜伸出手臂来，强迫人家俯就于礼。所以，在老子看来，“道”“德”“仁”“义”“礼”的次序是，失去了“道”而后才有所谓的“德”，失去了“德”而后才有“仁”，失去了“仁”而后才有“义”，失去了“义”而后才有“礼”。等到步入“礼”的地步的时候，就是表示忠信的不足，祸乱也就随之开始。老子进一步说，至于以智慧去测度未来，不过是道的虚华，是愚昧的开始，更是愚不可及的事。所以大丈夫立身应以敦厚淳朴为要，以忠信为本，而不应重视俗礼；以守道为务，而不任用智巧；务必除去一切浅薄浮华等不合乎道的“礼”，而取用敦厚朴质符合于自然大道的“德”。

四、“福祸相依”的辩证法

中国古代的辩证法思想萌芽很早。在卜筮用的《易》中，阴爻（－ －）阳爻（—）的对立与配合就透露了世界上普遍存在的阴阳两个方面对立而又统一的辩证思想。在《老子》中，这种辩证法思想十分丰富，并形成了一套完整的思想体系。

《老子》以“道”来揭示万物运动发展的总规律。这个总规律，即是“有无相生，难易相成”和“反者道之动”的辩证法。

《老子》中列举了一系列矛盾概念：有无、难易、大小、高下、长短、前后、生死、进退、美丑、刚柔、强弱、福祸、荣辱、胜败、损盈、正反、智愚、巧拙、正奇、利害、阴阳、盈虚、静躁、曲全、枉直、雌雄、贵贱、轻重、攻守等，反映了矛盾存在的普遍性的客观性。

矛盾的两个方面既是对立的，又是相互依存、相反相成的。《老子》第二章云：“天下皆知美之为美，斯恶已；皆知善之为善，斯不善已。有无相生，难易相成，长短相形，高下相盈，音声相和，前后相随，恒也。”天下人都知道美之为美，那么丑的观念就产生了；天下人都知道善之为善，那么恶的观念就产生了。所以有了无，就有了有；有了难，就有了易；……一切矛盾的两个方面都是在对立的关系中相互生成，又相互依存、相互补充的。这是永恒的规律。

“有”和“无”在老子哲学中是一对很重要的概念。老子列举了许多实例说明“有”和“无”相互结合而发生作用。他在十一章中说：“三十辐共一毂，当其无，有车之用。埏埴以为器，当其无，有器之用。凿户牖以为室，当其无，有室之用。故有之以为利，无之以为用。”车轮的轴圈中间是空的，才能穿过车轴形成轮子；陶器的里面是空的，才有陶器的功用；房屋的门窗是空的，才有门窗的作用。人们一般只注意到“有”的作用，而没有注意到“无”的作用，其实“无”的作用才是最根本、最实际的。只有“有”，事物不能发生作用；只有有了“无”，“有”的作用才能发挥出来。“有”依赖于“无”，“无”又离不开“有”。老子在中国哲学史上第一次提出了“有”和“无”这一对哲学概念，不仅用它们指称“道”，而且从辩证法的角度揭示了二者的关系，尤其是“无”的作用，表现了他非凡的思考力。西方哲学从

“原子论”开始，起点是“有”；老子哲学从“道”开始，“道”涵盖“无”和“有”，且“无”中生“有”，比西方哲学的起点高出甚多。

《老子》认为，矛盾的双方总是向相反的方向转化的，“反者道之动”（四十章），向相反的方向转化是“道”自身运动的规律。所以他说：“曲则全，枉则直，洼则盈，敝则新，少则得，多则惑。”（二十二章）委曲反能保全，弯曲反能变直，低洼反能充盈，敝旧反能变新，少取反能多获，多智反会迷惑。又如：“祸兮福之所倚；福兮祸之所伏。”（五十八章）祸和福是相互依存，又相互转化的。老子看到了这种“物极必反”的规律，所以他主张避免极端化，以防止适得其反，走向反面。老子“反者道之动”和“柔弱胜刚强”的原则是一种正中含反、以反求正的方法。老子提出的以反求正的方法是他的辩证法达到纯熟的一个标志，证明他对矛盾的普遍存在和对立面的相互转化有了深刻的理解，并能够运用自如。

老子是中国哲学史上的第一个较为系统、丰富地提出辩证法体系的人，在同时代的世界哲学史上也是无人能比的。老子的辩证法思想对中华民族的思想方法产生了巨大影响。

五、“涤除玄览”的认识论

“道”既然是世界万物的本原，当然也是最高的知识。人只要得道、闻道，认识了道，就是认识了一切，这是认识的最高目的。但是“道可道，非常道”，道是不能用认识普通事物的方法去认知的，那么认识道的途径和方法是什么呢？《老子》十章说：

> 涤除玄览，能无疵乎！

“涤除玄览”是老子认识论哲学的集中体现。老子认为，认识最高本体的“道”，必须从复杂多样、耳闻目见的感觉经验中挣脱出来，站在更高处去认识“道”，从总体上去把握“道”。

其实，世界上的知识有两种：一种是关于本体或总体的知识，即“道”，也就是我们今天所说的“哲学”；另一种是关于部分或具体的知识，也就是我们今天所说的“科学”，用老子的话说就是“学”。这两种知识的获得方式应该是不同的。《老子》四十八章说得明确：“为学日益，为道日损。损之又损，以至于无为。”要获得具体事物的知识，应当采取“益”，即增加和积累的方法，用做“加法”的方法，由不知到知，由知之甚少到知之较多。而要获得关于本体或总体的知识，就不能用积累的方法，因为总体不是部分之和，总体大于部分之和；本体也不是现象的总计，本体与现象属于不同的层次。所以，要把握“道”，就要“损”，用做“减法”的方法，涤除杂念，超越具体的知识，从全局的高度对世界进行直观把握，这种方法即是“涤除玄览”。

什么是“玄览”？“览”，帛书乙本《老子》作“鉴”，也就是“镜子”。“玄鉴”，就是指心灵明澈如镜。高亨注云：“‘览’‘鉴’古通用。……玄者形而上也，鉴者镜也。玄鉴者，内心之光明，为形而上之镜，能照察事物，故谓之玄鉴。《淮南子·修务》篇：‘执玄鉴于心，照物明白。’……‘玄鉴’之名，疑皆本于《老子》。《庄子·天道》篇：‘圣人之心，镜乎天地之鉴，万物之镜也。’亦以心譬镜。”①所以这里《老子》所说的“涤除玄览，能无疵乎”，就是把人的内心比喻成一面最深妙的镜子。如果能够把内心这面镜子打扫得干干净净，即人的

① 高亨：《老子正诂》，载《高亨著作集林》第五卷，清华大学出版社 2004 年版，第 59 页。

心灵不染外物，这样“道”就会自然地呈现在面前，为人所认识。这种认识方式，实质上就是超越感性认识和理性认识，通过“静观”和“直觉”的方式，对于“道”进行总体把握，即所谓直觉认识。

“涤除玄览”是要求人们排除主观欲念和主观成见，达到内心“无疵”的纯净境界。《老子》十二章：“五色令人目盲；五音令人耳聋；五味令人口爽；驰骋畋猎，令人心发狂；难得之货，令人行妨。”因此，必须去除贪欲，不受外界的诱惑，保持无私无欲的自然状态。成见和偏见也是阻碍悟道的因素，《老子》四十七章：“不出户，知天下；不窥牖，见天道。其出弥远，其知弥少。”人的心智如果受到外界干扰，就会思虑纷杂，心灵躁动，世事纷扰，自然也就无法明澈地透视事物的本来面目和本质规律，“其出弥远，其知弥少”。所以应该排除自我中心的主观成见与偏见，从狭隘、封闭的自我局限中解脱出来，以一种超脱的、开放的心灵来观照万物和宇宙的真谛。

“涤除玄览”是一种主客交融的直觉体验。老子用“玄同”来描绘直觉的特征。什么是“玄同”？《老子》五十六章：“知者不言，言者不知。塞其兑，闭其门，挫其锐，解其纷，和其光，同其尘，是谓‘玄同’。”当思维进入直觉的境界之后，便关闭知识的大门，挫损自己的锋芒，消除内心的纷争，蕴藏自己的光彩，混同自己于尘垢之中，达到与道为一体，玄同彼我，消失主客的境界，得到一种难以言传的自我体验。

“涤除玄览”还要求心灵达到和保持一种虚静的境界。《老子》十六章有一段话：“致虚极，守静笃。万物并作，吾以观复。夫物芸芸，各复归其根。归根曰静，静曰复命。”这段话可以看作对于“涤除玄览”的发挥。“观复”，就是观照万物的根源、本原。人心只有“复归其根”，保持虚静的状态，才能观照宇宙万物的变化及其本原。

“涤除玄览”的直觉主义认知方法不仅奠定了老子及其道家学

派认识论的基本特征，而且对于中国古代哲学和文艺理论的形成和发展产生了重要而深远的影响。庄子继承发展了老子的思想，把老子“涤除玄览”的命题发展成为“心斋”“坐忘”的命题，建立了中国古代哲学和文艺理论关于审美心境的理论。庄子所谓“心斋”和“坐忘”，就是以“虚静”的状态来把握人生的本质；把握了人生的本质，也就把握了宇宙万物的本质，从而“独与天地精神往来”，以这种精神状态的绝对自由作为人生目的，进而追求“天地与我并生，万物与我为一”的境界。到了魏晋南北朝时期，魏晋玄学受其影响，王弼提出“得意忘象”的理论。同时，“涤除玄览”的命题被艺术家们引用到了艺术领域，提出“澄怀观道”的命题，认为审美观照的实质是对于宇宙的本体和生命（“道”）的观照和体悟，或者是以生命体悟“道”；为了实现审美观照，观照者必须有一个审美的心灵。“观道”，就是用审美的眼光、感受，深深领悟客体具象中的灵魂、生命，从而完成和凸现一个审美客体。陆机在《文赋》中说：“伫中区以玄览，颐情志于典坟。”也就是说，进行文学创作，首先要以虚静空明的心境观照万物的本体和生命。刘勰在《文心雕龙·神思》篇说：“是以陶钧文思，贵在虚静；疏瀹五藏，澡雪精神。”这里都是强调虚静的心境不仅对实现审美观照是必要的，而且对进行文学构思也是必要的。

第四章　《老子》的人生智慧

西方哲学思想重理性、重逻辑，而中国传统哲学思想则侧重于对社会和人生问题的探讨。从这个意义上讲，中国传统哲学可以说主要是一种人生哲学。老子的哲学思想也是一种人生哲学。徐复观说："老学的动机与目的，并不在于宇宙论的建立，而依然是由人生的要求，逐步向上面推求到作为宇宙根源的处所，以作为人生安顿之地。因此，道家的宇宙论，可以说是他的人生哲学的副产物。"①老子的"道"是其哲学思想的基石，意义当然是广阔而深远的。老子之所以赋予"道"如此丰富的意义，根本目的还是在于用"道"的规律来指导人生。

老子的人生哲学体现在正确处理个人与自己身心的关系、个人与他人的关系等方面。

一、"营魄抱一"的养生之道

先秦时期，诸子百家学说都涉及如何对待自己的身体和生命的

---

① 徐复观：《中国人性论史·先秦篇》，上海三联书店2001年版，第287页。

问题，有些学派还提出了个人身心修炼的方法，但系统探讨养生的则是老子及其道家学派。《老子》中首先提出了“养生”的概念，如第五十章提道：“盖闻善摄生者，陆行不遇兕虎，入军不被甲兵。”“善摄生者”，即是擅长养生的人，他们懂得从根本上强化自己抵御外物侵害的能力，使自己生命强健，不惧虎狼和兵器。第五十九章提到“深根固柢，长生久视之道”，指出养生的根本方法就是强化生命的根基，最终目的就是长生久视，尽其天年。

《老子》中关于养生的理论基础是“营魄抱一”，即形神合一。《老子》十章：

载营魄抱一，能无离乎？

先秦以来的中国人都认为，生命是由形体与精神两部分结合而成的，而且在这一结合体中，人的精神是根本，身体或形体只是生命的依托。河上公在注释《老子》的“营魄抱一”时说：“营魄，魂魄也。人载魂魄之上得以生，当爱养之。喜怒亡魂，卒惊伤魄。魂在肝，魄在肺，美酒甘肴，腐人肝肺。故魂静志道不乱，魄安得寿延年也。”[①]这是说，人的生命是魂与魄的合体、形与神的统一。如果能使精神与形体合一不离，则形神相依，可以获得长寿。

《老子》五十章中说：

出生入死。生之徒，十有三；死之徒，十有三；人之生生，动之于死地，亦十有三。夫何故？以其生生之厚。盖闻善摄生者，陆行不遇兕虎，入军不被甲兵；兕无所投其角，虎无所用其爪，兵

① 《老子道德经河上公章句》，王卡点校，中华书局2014年版，第34页。

无所容其刃。夫何故？以其无死地。

这里的意思是说，人从母体中生下来叫作生，葬入地下则标志着死亡。人出生之后，大约十分之三是能够长寿的，十分之三是短命的，这些都是自然的死亡；另有十分之三的人，本来可以活得长久，但是却早早地死去了，这是什么缘故呢？是因为他们想尽办法延长自己的寿命，贪婪好得，伤残身体，自己糟蹋了自己的生命。只有十分之一的“善摄生者”，善于养护自己的生命，能够做到少私寡欲，过着清静质朴、纯任自然的生活。

老子认为，功名利禄、声色厚味这些东西都是身外之物，如果看得过重，就会成为生命的负担，反而会损害了生命。《老子》第四十四章说：“名与身孰亲？身与货孰多？得与亡孰病？”名利、财产、得失与自己的身体相比，都是微不足道的。真正懂得养生的人，爱自己身体和生命胜过爱任何东西。

一个人懂得了身体和生命的重要，才是养生的开始。因为人的生命是形与神的统一、身与心的统一，那么在形与神、身与心之间，重点养什么呢？老子认为，形神之间神是根本，形是依托，所以他认为养生不应该只是供养身体，不能只满足于口腹之欲、纵情声色。他主张“去甚，去奢，去泰”（二十九章），即在贪迷声色、服饰、饮食和宫室等方面除去奢侈，真正使自己的精神情绪处于安静、乐观、纯净、没有过分欲望的状态，才能达到长寿的目的。

根据“营魄抱一”的养生原则，老子还提出了具体的养生方法。这些方法可以归结为三点：其一，守静。老子认为，生命的源头，是以静态为根本的，只有修养恢复到生命的原始的静态，才能合乎常道。养生者要“致虚极，守静笃”，则“万物并作，吾以观复”，人与天地万物融为一体，那么其神便可以与天地并立，其气可以与万物并作，大道周流于胸中,从而回归生命的本源,“夫物芸芸,各复归其根。归根曰静,静曰复命”(十六章)。其二,啬。《老子》五十九章:“治人事天,莫若啬。夫唯啬,是谓早服;早服谓之重积德;重积德则无不克;无不克则莫知其极;莫知其极,可以有国;有国之母,可以长久;是谓深根固柢,长生久视之道。”“啬”就是爱惜、节省的意思。《韩非子·解老》:“啬之者,爱其精神、啬其智识也。”因为“治人事天”,“极尽则费神多,费神多则盲聋悖狂之祸至”,所以要“啬之”。老子强调的“啬”,就是在精神上注意积蓄、养护、厚藏根基,培植力量。真正做到精神上的“啬”,只有积累雄厚的德,有了德,也就接近了道,所以“啬”是深根固柢、长生久视之道。其三,养气。老子认为,精气有益于养生,因此他特别重视养气,他提出聚气的方法是“绵绵若存,用之不勤”;养气的要领是“专气致柔,能如婴儿乎”(十章)。《老子》五十五章说:“含德之厚,比于赤子。蜂虿虺蛇不螫,攫鸟猛兽不搏。骨弱筋柔而握固。未知牝牡之合而朘作,精之至也。终日号而不嗄,和之至也。”善于养生的人,应该像婴儿一样,毒虫见了不螫他,鸷鸟见了不害他,猛兽见了不伤他。他的筋骨虽很柔弱,但握起小拳来,却是很紧。他并不知雌雄交合的事情,但其小生殖器却常常勃起,这是因为他的精气充足的关系。他终日号哭,嗓子并不沙哑,这是他元气醇和达到了极点。

二、“见素抱朴”的修身之道

养生之道重在人对自己的身体与生命的修炼,修身之道则主要指修炼内在的道德与性情修养,即确立人生的价值、意义和目标,从而为人生提供指导。注重修身是中国古代哲学的一个特色。一般认为儒家最重修身，其实道家也非常重视修身之道。《老子》明确提出了“修身”的概念，而且提出了比儒家更具体的修身方法。《老子》五十四章云：

> 善建者不拔，善抱者不脱，子孙以祭祀不辍。修之于身，其德乃真；修之于家，其德乃余；修之于乡，其德乃长；修之于邦，其德乃丰；修之于天下，其德乃普。故以身观身，以家观家，以乡观乡，以邦观邦，以天下观天下。吾何以知天下然哉？以此。

这里，老子明确提出了比儒家经典《大学》“修身齐家治国平天下”的路径更加具体的价值指向。《老子》说，“修身”犹如巩固根基，是建立自我生存与处世的基点。修身，不是一句空话，而是切切实实的实践功夫。修身要从一己之身做起，只有人人修身养德，才能风被天下。修身不仅是个人立身处世的根本，还能够通过家、乡、邦国以影响天下。“修身”的意义于此可见。

那么，如何修身呢？《老子》依然遵循他的自然之道，提出了他“见素抱朴”的修身原则。

“见素抱朴”语出《老子》十九章。“素”是没有染色的生丝，“朴”是没有加工的原木；“朴素”一词，指的是事物的本来状态与面目。与“朴素”相对的是文饰和雕琢。在老子眼里，文饰和雕琢违反了人性的自然，损害了事物的本性。所以，他提倡“见素抱朴”，即在内心里抱持、守定自己的本真（“抱朴”），外在表现出自己的本性（“见素”）；这里的“本真”“本性”，就是人的自然之性、人类的本性。一个内心“抱朴”的人，外在自然“见素”，比如一个人如果襟怀坦荡，对他人自然也就诚诚恳恳，不会有丝毫虚伪、半点心机，那么这个人就是一个“真人”。

如何修为成这样一个“真人”呢?《老子》十九章紧接着“见素抱朴”提出一个概念:“少私寡欲”。私念和欲望损害人的本性,老子告诫人们:“持而盈之,不如其已;揣而锐之,不可常保。金玉满堂,莫之能守;富贵而骄,自遗其咎。功遂身退,天之道也。”(九章)得到了,满足了,就要适可而止;恃才傲物,锋芒太露,难保长久;金玉满堂的人,虽然富有,但却不能永久守住他的财富;那恃富而骄的人,最后必自取其祸。只有事业成功之后,不贪图功名利禄,收敛欲念,功成身退,才合乎自然之道。老子明确指出:“咎莫大于欲得;祸莫大于不知足。”(四十六章)私欲障蔽心灵,损害本性,是戕害人的恶魔,无休止地追求声色名利,不但会对社会造成危害,而且也戕害了自己淳朴的本性,所以要“少私寡欲”,正确对待自己的欲望,保持内心的宁静恬淡,自守自律,恪守本真,既不要以身徇物,更不能因满足私欲而损害他人、损害社会。不要追求本不属于自己的东西,知足知止。“知足不辱,知止不殆,可以长久。”(四十四章)

老子认为,修身的终极目的是要达到“玄同”的境界,具备“玄德”的品质。“玄同”,《老子》五十六章云:“塞其兑,闭其门,挫其锐,解其纷,和其光,同其尘,是谓‘玄同’。”苏辙对“玄同”的解释是:“默然不言,而与道同矣。”①“玄同”就是自然的境界,也就是说,要摈弃世俗意义上的等级贵贱,将自身置于自然大道之中,与道合一,完全自然化为一体。“玄德”,《老子》五十一章云:“生而不有,为而不恃,长而不宰。是谓‘玄德’。”六十五章又说:“玄德深矣,远矣,与物反矣,然后乃至大顺。”王弼注曰:“凡言玄德,皆有德而不知其主,出乎幽冥。”②这个既深又远的“玄德”,就是事物返璞归真的状态,归

① 苏辙:《老子解》,《三苏全书》第五册,语文出版社2001年版,第459页。
② 王弼:《老子道德经注》,楼宇烈校释:《王弼集校释》上,中华书局2012年版,第139页。

于“玄德”,万物也就回归了自己的本源;归于本源,然后才能完全顺合自然,与道一体。

三、“上善若水”的处世之道

《老子》是柔性的哲学、水边的哲学、诗化的哲学。老子善以水为喻,阐述他的人生策略。

《老子》八章中提出著名的“上善若水”的处世之道:

> 上善若水。水善利万物而不争,处众人之所恶,故几于道。居善地,心善渊,与善仁,言善信,政善治,事善能,动善时。夫唯不争,故无尤。

“上善若水”,河上公注云:“上善之人,如水之性。”[①]水有何特性?陈鼓应对此阐发说:“水最显著的特征和作用是:一、柔。二、停留在卑下的地方。三、滋润万物而不与相争。”[②]水,利泽万物而不与万物相争,而且总是处于卑下潮湿之所,这样的地方是众人所不喜欢的,所以水与“道”最相近。

接下来,老子列举了水的“七善”:“居善地,心善渊,与善仁,言善信,政善治,事善能,动善时。”为人处世像水一样具备这“七善”,就是“上善”之人。所谓“居善地”,就是要具有像水一样避高处下、谦让不争的胸怀,水善居下,唯其卑下,才能百川汇聚,“江海之所以

---

① 《老子道德经河上公章句》,王卡点校,中华书局2014年版,第28页。

② 陈鼓应:《老子注译及评介》,中华书局2009年版,第88页。

能为百谷王者,以其善下之,故能为百谷王”(六十六章)。所谓“心善渊”,就是要有一颗像水一样渊深明澈、清幽虚静的心灵。所谓“与善仁”,就是与人交往要像水一样惠及万物而无私求,辅万物之自然而不自以为功。所谓“言善信”,就是说话要像水一样“内(纳)影照形,不失其情”(河上公注),诚实诚信,言而有征。所谓“政善治”,就是处理政事要像水一样“无有不洗,清且平也”(河上公注),公平公正,清正廉洁。所谓“事善能”,就是做事要像水一样因地制宜,灵活善变,能方能圆,随物赋形。所谓“动善时”,就是行动要像水一样“夏散冬凝,应期而动,不失天时”(河上公注),守时守信,顺应规律。“夫唯不争,故无尤”,人要像水一样“上善”,也要“善利万物而不争”,不争名夺利,利物利他,心底无私,这样则既无过失,也无怨尤。老子以水为喻,教导世人立身处世应该向水学习,学习水的善德,无私利物,处下不争,做一个谦和、诚信、沉静、大度,又能为政、成事、公正、顺时的人,这是一个完善的人格形象。

《老子》七十八章仍然以水为喻,提出了“柔弱胜刚强”的原则:

> 天下莫柔弱于水,而攻坚强者莫之能胜,以其无以易之。弱之胜强,柔之胜刚,天下莫不知,莫能行。是以圣人云:“受国之垢,是谓社稷主;受国不祥,是为天下王。”正言若反。

水是最柔弱的,但却蕴含着巨大的能量,滴水能穿石,洪水能决堤,所以“弱之胜强,柔之胜刚”。这个道理人人都知道,却很少有人能实行。老子尚柔,《老子》通篇都在讲“柔”,而“坚强”在老子语境里却是贬义的。第七十六章里说:“人之生也柔弱,其死也坚强。草木之生也柔脆,其死也枯槁。故坚强者死之徒,柔弱者生之徒。”人活着的时候身体是柔软的,死了以后就变得僵硬了;草木生长的时候也是柔软的,死了以后却变得干枯了。因此老子认为,柔弱是生命的象征,刚强则是死亡的先兆。所以,老子反对逞强,觉得这是“凶德”,所谓“勇于敢则杀,勇于不敢则活”(七十三章)。那么如何实行“柔弱胜刚强”的原则呢?老子认为要“示弱”,即采取正中含反、以反求正的方法。《老子》三十六章说:“将欲歙之,必固张之;将欲弱之,必固强之;将欲废之,必固兴之;将欲取之,必固与之。是谓微明。柔弱胜刚强。”从事物的反面促使事物的变化,欲取先与,从而达到以弱胜强的目的。“反者道之动,弱者道之用”(四十章),老子强调了强弱盛衰相互转换的辩证法。

但是,老子主张像水一样“柔弱”,并不是懦弱、软弱、薄弱、虚弱,而是“守柔曰强”(五十二章)。在现实生活中,柔弱固然能够胜刚强,但是多数情况下还是刚强胜柔弱。水,有柔弱的一面,也有刚强的一面。老子以水为喻,所取的是水能够以其“柔弱”而战胜“刚强”的辩证精神、包容精神、进取精神。

老子教人“守弱”,其实是教人守“道”。因为水“几于道”,“道”像水一样柔弱。道冲虚无形,好像是柔弱的,但是它蕴含着无尽的生命能量。道是柔弱的,因为它无形无名,无私无欲;道也是强大的,因为它化生万物、长育万物。道是弱之强,是强之弱,是包容万物的强大,是生养万有的柔弱。所以,老子说的“柔弱”,是道的自然柔弱,无私无为的柔弱,是具有无穷无尽的生命力和创造力的柔弱,是具有无限的包容性和统摄性的柔弱。这样的柔弱,其实是强大,至柔而至刚,至弱而至强;以这样的柔弱,可以以“天下之至柔,驰骋天下之至坚”(四十三章)。

老子教人“守弱”,其实是教人“不逞强”。老子主张“知其雄,守其雌”(二十八章),虽有雄健之势,却甘居于雌弱之地。也就是说,要自强、知强,却不能“逞强”,因为“坚强者,死之徒;柔弱者,生之徒”,逞强者必然刚愎自用、自以为是,从而导致胡作非为。所以那些自恃刚强的好胜者,滥施暴政的统治者,并不能真正长久地强大,而往往是“其兴也勃焉,其亡也忽焉”。陈鼓应说:“老子‘柔弱’的主张,主要是针对‘逞强’的作为而提出的,逞强者必然刚愎自用,自以为是,也就是老子所说的自衿、自伐、自是、自见、自彰。世间的纷争多半是由这种心理状态和行为样态所产生的,在这种情况下,老子提出‘柔弱’的主张。并提出‘处下’‘不争’的观念。”①因此,老子在这里揭示了从弱到强的发展转变规律和以柔克刚的辩证法,要求人们以发展的眼光看待事物的强弱盛衰。

因此,老子守柔、处弱的思想,并不是弱者面对强者时的懦弱无能,柔弱不等于虚弱、脆弱,而是蕴含着内在生命力的柔韧,具有一种不断发展、生长并能战胜强大力量的盎然生机。

老子崇尚“不争”,“夫唯不争,故无尤”。他认为“不争之德”最符合自然规律,“不争之德……是谓配天,古之极也”(六十八章)。因此《老子》中多次谈到“不争”:“夫唯不争,故天下莫能与之争。”(二十二章、六十六章)“天之道,不争而善胜。”(七十三章)《老子》全书的最后一句是:“圣人之道,为而不争。”(八十一章)。老子处世哲学精义即是“上善若水”,“为而不争”。

在六十七章,《老子》更是提出了“人生三宝”:

> 我有三宝,持而保之。一曰慈,二曰俭,三曰不敢为天下先。慈故能勇;俭故能广;不敢为天下先,故能成器长。今舍慈且勇;舍俭且广;舍后且先;死矣!夫慈,以战则胜,以守则固。天将救之,以慈卫之。

① 陈鼓应:《老子注译及评介》,中华书局2009年版,第42页。

所谓“慈”,就是爱,像父母对子女那样的爱。韩非在《解老》中说:“尽如慈母之为弱子虑也。”因为有了爱,就会千方百计地保护他,并千方百计地为他谋求幸福,消除祸害。所谓“俭”,同于第五十九章中的“啬”,即节俭含藏,收敛行为,积蓄精神,培植力量。所谓“不敢为天下先”,即是在行为上谦退不争,未处先时不争先,已处先时不居先;要顺应天道自然和万物本性,遵循事物发展规律,不妄为,不盲动,不强胜。“慈故能勇;俭故能广;不敢为天下先,故能成器长。”心怀天下,慈爱万物,所以能勇于担当天下命运;少私寡欲,收敛己意,所以能深积广厚;谦下虚柔,清静不争,所以能成为万物之长。如果能够运用“慈”、“俭”和“不敢为天下先”这三宝指导我们对待和处理人生的各种问题,就能够立于不败之地,就能够无往而不利。如果“舍慈且勇;舍俭且广;舍后且先”,对世间万物没有慈爱之心,没有任事担当的勇气;不事节俭,不积蓄精力,不培根固本;不顺应规律,轻举妄动,鲁莽行事,将自己的意志凌驾于客观规律之上;则是自取灭亡,“死矣”!

需要指出的是,老子的“不争”,也并不是取消斗争,消极退缩,泯灭进取之心。老子的思想常常会被人误解,他也因此感到曲高和寡的苦闷和不为人解的感慨,他说:“吾言甚易知,甚易行。天下莫能知,莫能行。言有宗,事有君。夫唯无知,是以不我知。知我者希,则我者贵。是以圣人被褐而怀玉。”(七十章)老子的“不争”,就常常被人误读、曲解。其实老子明确说:“善利万物而不争”“不争而善胜”“夫唯不争,故天下莫能与之争”。可见老子“不争”的同时又要求“善利万物”,老子的“不争”是为了“善胜”,所以老子的“不争”是为了“争”,他的“不争”只不过是为人处世的一种策略而已。

第五章 《老子》的政治思想

班固在《汉书·艺文志》中说,道家“历记成败存亡福祸古今之道,然后知秉要执本,清虚以自守,卑弱以自持,此君人南面之术”。所以,从汉代起,就有人将《老子》看作一部为统治者进言献策的政治权谋之书。我们认为,将老子学说完全看作“君人南面之术”是不符合《老子》一书的整体实际的。但是,对于应该如何治理天下国家,老子又的确发表过精辟的意见,这些内容对中国古代政治的确产生了深远的影响。老子思想博大精深,《老子》一书是老子对长期历史经验和丰富人生阅历的总结和升华,处处放射出智慧的光辉,即使在政治方面,也可以获得启迪。

一、“无为而治”的政治原则

“道法自然”是老子哲学的理论基础。将这一理论运用于社会政治,老子在《老子》三十七章提出了“无为而治”的政治原则。他说:

道常无为而无不为。侯王若能守之,万物将自化。化而欲作，吾将镇之以无名之朴。无名之朴，夫亦将不欲，不欲以静，天下将自正。

“道”是永恒常在的，是“无为”的。但是，从另一方面讲，天地万物都因道而生，无一不是道的产物，那么“道”又是“无不为”的。应用于政治实践，老子认为，作为国家统治者的“侯王”，应谨守自然之道，自然无为，这样，“万物将自化”，百姓就可以自生自化，安宁质朴地生活。所以，老子这里所说的“无为”，乃是指效法道，顺应自然，“辅万物之自然而不敢为”（六十四章）。也就是说，“无为而无不为”的根本含义是，顺应自然规律治国理政，而不是什么事都不做，不是消极而无所作为。

老子接着说，“无为”还应“无欲”，不能以个人私欲骚扰百姓。“化而欲作”，百姓如果产生了不合于“道”的私欲，治国者就应该用“无名之朴”，即“道”的真朴镇住它。治国者如果发生贪欲，同样也要用“无名之朴”来律己、克服。这样，才能达到上下“无欲”的境界。“无欲”的境界也就是“静”的境界。这里的“静”“朴”“无欲”都是“无为”的内涵。治国者如果做到清静、真朴，不以一己之贪欲役使人民，不骚扰百姓，不放纵私欲，社会就会清静安定。《老子》三十二章：“道常无名，朴。虽小，天下莫能臣。侯王若能守之，万物将自宾。”治国者只要遵循“道”，守住“道”的“无名”和质朴，便能为天下百姓做表率，百姓也就自然会宾从于道。

《老子》五十七章是对三十七章的具体阐发：

以正治国，以奇用兵，以无事取天下。吾何以知其然哉？以此：

天下多忌讳，而民弥贫；人多利器，国家滋昏；人多伎巧，奇物滋起;法令滋彰,盗贼多有。

故圣人云:"我无为,而民自化;我好静,而民自正;我无事,而民自富;我无欲,而民自朴。"

老子"无为而无不为"的政治思想,是在对统治者劝诫和批判中提出来的。老子劝为政当国者,"圣人处无为之事,行不言之教"(二章)。但是,老子观察,"不言之教,无为之益,天下希及之"(四十三章)。当时的社会状态是:"天下多忌讳,而民弥贫;人多利器,国家滋昏;人多伎巧,奇物滋起;法令滋彰,盗贼多有。"为政者把持手中的权力,出于一己之私欲,肆意作为,造成人民贫困,国家混乱。这一切祸乱的根源,在于为政者的贪欲和妄为。所以,老子大声疾呼:"爱民治国,能无为乎?"(十章)他批评治国者"有为"的做法:"将欲取天下而为之,吾见其不得已。天下神器,不可为也,不可执也。为者败之,执者失之。"所以,他要求治国者:"是以圣人无为,故无败;无执,故无失。……是以圣人去甚、去奢、去泰"(二十九章)。去除那些极端的、奢侈的、过分的欲念,清静无为,这样才能达到无为而治:"我无为,而民自化;我好静,而民自正;我无事,而民自富;我无欲,而民自朴。"治国者"无为而治",百姓自然富足,民风自然淳朴,社会自然安定。这才是老子政治思想的最高境界。

"无为而无不为"是老子政治思想的总原则,这一原则应用于政治实践,老子在《老子》六十章提出了"治大国若烹小鲜"的著名主张:

治大国,若烹小鲜。以道莅天下,其鬼不神;非其鬼不神,其神不伤人;非其神不伤人,圣人亦不伤人。夫两不相伤,故德交归焉。

对于“治大国若烹小鲜”，历代注家解释得很清楚。《韩非子·解老》云：“故以理观之，事大众而数摇之，则少成功；藏大器而数徙之，则多败伤；烹小鲜而数挠之，则贼其宰；治大国而数变法，则民苦之。是以有道之君贵静，不重变法。故曰：治大国者若烹小鲜。”河上公注：“烹小鱼不去肠，不去鳞，不敢挠，恐其糜也。”[①]王弼则注谓：“不挠也，躁而多害，静则全真。故其国弥大，而其主弥静，然后乃能广得众心矣。”[②]煎小鱼时应掌握好方法，注意掌握好火候，不能过多地翻动，否则只会把好端端的鱼弄得一塌糊涂。治国理政也是同样的道理，治国者政令苛细，多事琐碎，则人民必将不堪其扰，这样，灾祸就会来临。治国者若能“清静无为”，“处无为之事，行不言之教”，使百姓感受不到压迫，人人相安无事，各遂其生，那么一切外在的力量，甚至“鬼神”也不至于伤害人民。

“小鲜”即是小鱼。关于“治大国若烹小鲜”，可以有两种理解：一种认为，治理大国很容易，就像烹小鱼一样，不用多加搅动，多搅则易烂，所以治大国者应当无为，不能扰民，不能政策多变，不能乱折腾。另一种认为，治理大国很难，要认真对待，就好像烹调小鱼，一定要精心，要掌握好火候，要注意佐料，油盐酱醋料要恰到好处，不能过头，也不能缺位。其实治国理政“易”也好，“难”也好，关键在于如何操作，就如同“烹小鲜”一样，关键在于掌握好方法。认识和掌握方法是难的，这是一个态度问题。掌握了方法，操作起来就容易了，这是一个方法技巧问题。方法是什么呢？《老子》六十四章有句话，“辅万物之自然而不敢为”，关键在于一个“辅”字，要辅助万物正常

① 《老子道德经河上公章句》，王卡点校，中华书局2014年版，第235页。

② 王弼：《老子道德经注》，楼宇烈校释：《王弼集校释》上，中华书局2012年版，第158页。

发展、自然发展，万物兴盛，百姓自在。也就是说，要遵循“道法自然”的原则，按照自然规律办事，顺自然而为，不妄动，不折腾。态度要认真，行为要简单。

老子“治大国若烹小鲜”的思想在中国政治史上产生过很大影响。例如汉初文、景二帝，好黄老之学，以清静恭俭安养天下，“扫除烦苛”，使得人民生活安定，经济迅速发展，这就是历史上有名的“文景之治”。即使在当代，“治大国若烹小鲜”这一思想仍具有现实意义，美国前总统里根在1987年的《国情咨文》中就曾引用过这句话说明他的治国理念，可见老子这一至理名言已经成为当代政治家的共识，也可以看出老子的政治思想所产生的巨大影响。

应用于今天的国家社会治理，“治大国若烹小鲜”这句话形象地说明了国家治理应该秉持的理念和精神。领导者要有“治大国若烹小鲜”的态度，丝毫不敢懈怠，丝毫不敢马虎，必须夙夜在公、勤勉工作。而且，“治大国若烹小鲜”实际上反映的是一个“度”的问题，就像做一道新鲜菜肴一样，不要随意翻动，不能煮得太咸，也不能煮得太淡；既不能操之过急，也不能怠慢；油盐酱醋都要恰到好处，火候要适当。所以，为政者做任何决策都需要把握好度，要有专业眼光，要有负责态度，要有科学精神，不能朝令夕改、随意搅动、胡乱折腾，而需要遵从社会的自然秩序和市场规律。

“无为而治”的根本途径是“圣人常无心，以百姓心为心”。《老子》四十九章说：

> 圣人常无心，以百姓心为心。善者，吾善之；不善者，吾亦善之；德善。信者，吾信之；不信者，吾亦信之；德信。圣人在天下，歙歙焉，为天下浑其心，百姓皆注其耳目，圣人皆孩之。

老子所说的“圣人”与孔子所说的“圣人”不同，孔子说的“圣人”是具备仁义礼智信的贤德之人，老子说的“圣人”是得道之人，按道治国之人。治国者要“歙歙焉”，要收敛谨慎，不要张扬自己的个性和欲望，永远不要有自我意志，不能从自我意志出发去决定好恶、判断是非，也不能以自我意志去限定百姓意志。而是要反过来，以百姓意志为主去决定自己的意志。这样，圣人与百姓之间、人与自然之间的隔阂才能打破，距离才能消除，从而达到“为天下浑其心”，人我合一、物我合一。“以百姓心为心”的目的是使天下所有的人都回归到纯朴、混沌的“道”上，要老百姓都专注于自己的视听，让他们返璞归真，都过得像孩童一样淳朴自然。这就是顺应自然、符合大道。这才是真正的“无为而治”。

二、“小国寡民”的社会理想

按照“无为而治”的政治原则，什么样的政治是最好的政治？什么样的统治者是最好的统治者？《老子》十七章中说：

> 太上，下知有之；其次，亲而誉之；其次，畏之；其次，侮之。信不足焉，有不信焉。悠兮其贵言。功成事遂，百姓皆谓：“我自然。”

“太上”，就是最上的、最好的，指最好的时代。在太上之世，人民只是知道统治者的存在；其次一等的世道，人民亲近统治者、赞美统治者；再次一等的，人民畏惧他；最下等的，人民咒骂他。统治者诚信不足，人民自然不相信他。所以，最好的统治者应该是“悠兮其贵言”，悠然自得而不轻易发号施令。他行“无为而无不为”的自然之道，“以百姓心为心”；他“无为”“好静”“无事”“无欲”，对人民的生活和劳作从不横加干涉，没有烦苛的刑罚，没有沉重的赋税劳役，所以，他“功成事遂”，成就了自己的功业，而老百姓感受不到统治者的统治和管理，自由自在地生活，他们都说：“我们本来就是这样的啊！”这就是老子理想的政治。陈鼓应说：“处身于权势的暴虐中，脚踏于酷烈的现实上，老子向往着‘帝力于我何有哉’的时代，向往着在那时代里，没有横暴权力的干扰而人民自由自在的生活情境。老子理想中的情境是：一、统治者具有诚朴信实的素养。二、政府只是服务人民的工具。三、政治权力丝毫不得逼临于人民的身上。”①

《老子》八十章更加具体地描绘出他心目中理想的“小国寡民”的社会图景：

> 小国寡民。使有什伯之器而不用；使民重死而不远徙。虽有舟舆，无所乘之，虽有甲兵，无所陈之。使民复结绳而用之。甘其食，美其服，安其居，乐其俗。邻国相望，鸡犬之声相闻，民至老死，不相往来。

对于“小国寡民”，历来有不同的解释。一种解释是把“小”和“寡”当作形容词，狭小的国家，稀少的人口。如王弼注说：“国既小，民又寡，尚可使反古，况国大民众乎！故举小国而言也。”②严遵注说：“小国之君，地狭民少。”③另一种解释是把“小”和“寡”当作动

---

① 陈鼓应：《老子注译及评介》，中华书局 2009 年版，第 130 页。

② 王弼：《老子道德经注》，楼宇烈校释：《王弼集校释》上，中华书局 2012 年版，第 190 页。

③ 严遵：《老子指归》，王德有点校，中华书局 1994 年版，第 117 页。

词,其中又有两种解释:其一是形容词的意动用法,“小国寡民”即“小其国、寡其民”,意为将国家看得很小,将人民看得很少。河上公注曰:“圣人虽治大国,犹以为小,俭约不奢泰。民虽众,犹若寡少,不敢劳之也。”①其二是形容词的使动用法,任继愈持此说,他将“小国寡民”翻译为“国家要小,人民要少”②。

在这些解释中,河上公的解释为佳,因为按照老子“治大国若烹小鲜”的主张,“小国寡民”也是一种治国方式,即“以大国为小国,以众民为寡民”,尽量不干涉,少控制,勿烦扰,奉行“无为而无不为”的原则。接下来是“使有什伯之器而不用”,“使民重死而不远徙”,“使民复结绳而用之”。虽然有各种各样的先进的器具,却并不使用;人们爱惜自己的生命,不轻易冒险向远方迁徙;虽然有车辆舟船,却没有必要乘坐;虽然有军队有兵器,却派不上用场。人们的生活简朴,不需要高深的文化知识,只用祖先用过的结绳记事的原始方法就足够了。不用器具舟车,不用甲兵,结绳记事,目的是使百姓无机心,无私欲,过一种简单淳朴的生活。“甘其食,美其服,安其居,乐其俗”,并不是吃得很香甜、穿得很漂亮、住得很舒适、过得很安稳的意思,而是使百姓能够自以其食为甘,自以其服为美,自以其居为安,自以其俗为乐,无论吃穿用住的条件如何,都能够满足,不再有过分的欲望。

“邻国相望,鸡犬之声相闻,民至老死,不相往来。”在帛书甲本《老子》中,“小国寡民”和“邻国相望”的“国”均为“邦”,“国”是汉代为避刘邦的名讳而改。在西周文献中,“邦”与“家”常常连用,如《诗经·小雅·瞻彼洛矣》:“君子万年,保其家邦。”“邦实际上是由家组成的,邦就是家所占据的地盘。”③上古时代的“国”与今天不同,

① 《老子道德经河上公章句》,王卡点校,中华书局2014年版,第303页。

② 任继愈:《老子新译》,上海古籍出版社1985年版,第232页。

③ 刘笑敢:《老子古今》,中国社会科学出版社2006年版,第226页。

当时的政治格局是"天下万邦",夏、商、周所统辖的是众多大大小小的以族为单位的族邦、家邦。所以,老子所说的"邦"("国")在今天实际上就相当一个地方行政区,如县、乡、村。那么,这一段的意思就是:邻近的城镇乡村可以互相望见,鸡鸣犬吠之声可以相互听到,但是百姓彼此没有矛盾,不相干涉,相安无事,人人"相忘于江湖",整个世界一片和煦安详。"民至老死,不相往来",在老子看来,人与人之间的交往,常常带来烦扰,而最好的相处方式,应是互相感觉不到彼此的存在,大家共处一个和谐自由的空间中,互不相扰。如同《庄子·大宗师》所比喻的:"泉涸,鱼相与处于陆,相呴以湿,相濡以沫,不如相忘于江湖。"泉水干涸时候,鱼儿困在陆地相互依偎,彼此以唾沫相互湿润求得生存,此时此境却不如鱼儿彼此不相识,各自相忘而畅游于江湖之中。

这就是老子所憧憬的"太上"之治、"道治"社会。这个理想社会,与老子的"治大国若烹小鲜"和"我无为而民自化"等理念相一致,是一个简单的社会,人们生活简单,人际关系简单,政治结构简单,感觉不到政府和强权的存在,"没有兵战的祸难,没有重赋的逼迫,没有暴戾的空气,没有凶悍的作风,民风淳朴真质,文明的污染被隔绝。故而人们没有焦虑、不安的情绪,也没有恐惧、失落的感受"①。这种"小国寡民"的社会理想,在当时的社会现实中,只能是一种"桃花源"式的乌托邦,绝无实现的可能。

① 陈鼓应:《老子注译及评介》,中华书局 2009 年版,第 347 页。

第六章　《老子》的艺术价值

老子不仅是中国最早的哲学家，也是中国最早的文学家、美学家。无论是老子的思想对中国传统文艺的影响，还是《老子》一书本身的艺术成就，都可以说是中国艺术史上的一座里程碑。许多学者认为，老子及道家是中国艺术之源，开启了中国文艺的传统，给予文艺创作与文艺欣赏最深刻的影响。道家哲学成为中国文人人生观的一个重要部分，造成了中国艺术家风流倜傥的独立人格，而且也熔铸了中国文学自然隽永的艺术风范。《老子》也启迪了中国式的文艺理论思维，奠定了中国美学的理论基础。魏晋玄学秉承道家哲学，迎来了一个文学的自觉时代。从陶渊明、李白的诗歌，苏轼的文词，以至曹雪芹的《红楼梦》中，我们都能清晰地看到道家艺术精神的血脉贯穿。

一、《老子》的文体形式

《老子》在文体上与先秦诸子散文相比，形式独特。一般来说，因为《老子》在内容上是一部思想哲学著作，那么在形式上应该是散文文体。但是《老子》一书，结构完整，文辞精练，而且大体有韵，因此许多学者认为《老子》的文体是诗体。朱谦之在《老子校释》中考辨《老子》古音韵，附有专文《老子韵例》，颇有参考价值。他说："余以为《道德》五千言，古之哲学诗也。既曰诗，即必可以歌，可以诵，其疾徐之节，清浊之和，虽不必尽同于《三百篇》，而或韵或否，则固有合于诗之例焉为无疑。"并指出："实则《五千言》与《诗》或异或同，与《易》则几无不同。且以楚人书楚语，作楚音，是又为《骚》韵开其端也。"[①]陈鼓应也认为："《老子》五千言，确是一部辞意锤炼的'哲学诗'。"[②]汤漳平《论〈老子〉在我国文学史上的地位》一文认为，《老子》是一部"具有完整哲学体系的哲理诗"，不但是"继《诗经》之后，《楚辞》之前的一部重要诗作"，而且是"我国诗歌史上的鸿篇巨制"[③]。许结《〈老子〉与中国古代哲理诗》一文从诗学理论的角度谈《老子》的诗学特色，他指出，《老子》五千言作为哲理诗，"处处表现出形象化的情节、抒情性的描写和深婉的理趣美"，"《老子》带着诗意的微笑融自然、人生、艺术于一体的审美意境"，并指出《老子》以诗寓理，于自然中悟道豁情、探索人生哲理，在情景意兴中蕴藏机锋理趣，这些《老子》哲理诗的特点，决定了中国古代哲理诗的基本精神，对后世的哲理诗产生了直接的影响。[④]

《老子》在文体上虽然具有诗的韵味，但是不是诗呢？有的学者发表了不同的看法。陈柱认为："老子多对句矣，多韵语矣，然仍不可便谓之韵文，便谓之骈文也，谓之骈文之祖可耳。"[⑤]张松如说："老子是在做诗吗？以其用韵语，也可以作如是观吧……但一不入乐，二

① 朱谦之：《老子校释》，中华书局1984年版，第166页。

② 陈鼓应：《老子注译及评介》，中华书局2009年版，第15页。

③ 汤漳平：《论〈老子〉在我国文学史上的地位》，载《中州学刊》1981年第2期。

④ 许结：《〈老子〉与中国古代哲理诗》，载《学术月刊》1990年第2期。

⑤ 陈柱：《中国散文史》，商务印书馆1937年版，第32页。

少抒情,吾人只得于惊叹其超凡的智慧中,领悟出丰富的诗的乐趣,难以风雅、骚赋相比附也。”[①]所以,许多学者认为,就整体言,《老子》的文体并不是诗。

综合以上观点,结合《老子》文本,我们看到《老子》的文体或韵或散,亦诗亦文,那么,《老子》究竟是诗歌体,还是散文体呢?刘笑敢的看法是,《老子》“是非诗非文,亦诗亦文,诗文一体的哲理短论。这是相当独特的文体,是在《诗经》风格尚有影响时的自由创作”。他认为这种文体是老子的独创,“前无古人,后无来者,绝非模仿之作”[②]。但是,《老子》所使用的是一种独特的文体,这种文体却不一定是老子的独创,从古代文体的流变来看,《老子》的文体也是有渊源的。

考察中国古代的文体流变,我们认为,《老子》的文体源于一种古老的文体——“箴体”。清代学者赵翼在《陔余丛考》中指出:老子《道德》五千言,大半用韵。如“知其雄,守其雌,为天下溪。知其白,守其辱,为天下谷”之类,不可胜数。然其书自成箴铭一种,非散文也。[③]

箴,即针,古代针用竹制,后用金属,所以“箴”即古“鍼”字。用于文体名称,箴则是由古代用针石治病转喻来的。南朝刘勰的《文心雕龙》在讲古代文体时说:“箴者,所以攻疾防患,喻针石也。”明代徐师曾《文体明辨序说·箴》中也说:“《说文》云:箴者,诫也。盖医者以箴石刺病,故有所讽刺而救其失者谓之箴,喻箴石也。”由此可见,箴是以治病之针石来比喻过失之诫谏。箴的文体功能主要用于提出劝诫、警示,以此提醒人们修正过错,或者预防过失;在形式上是

① 张松如:《〈老子校诂〉商兑》,载《社会科学战线》1992年第4期。
② 刘笑敢:《老子古今》,中国社会科学出版社2006年版,第188页。
③ 赵翼:《陔余丛考》卷二十一,河北人民出版社1990年版。

韵文。

箴是一种十分古老的文体，早在夏商周时期就已经使用了。《文心雕龙·铭箴》中说："斯文之兴，盛于三代。夏商二箴，余句颇存。"夏商时代的箴文我们已经很难见到，但"余句颇存"。这里的"夏商二箴"，即是古籍中流传下来的二则古箴"余句"，如《夏箴》："中不容利，民乃外次。"《商箴》："天降灾布祥，并有其职。"这些古箴因其早佚，具体内容已不得而知，仅吉光片羽传世。《左传·襄公四年》曾引述有《虞人之箴》："芒芒禹迹，画为九州。经启九道，民有寝庙，兽有茂草；各有攸处，德用不扰。在帝夷羿，冒于原兽；忘其国恤，而思其麀牡。武不可重，用不恢于夏家。兽臣司原，敢告仆夫。"劝诫君王不要沉迷于狩猎。这是比较完整的古箴言。

作为一种文体，箴体应成熟于周代初年。周武王灭商之后，见商纣王骄奢淫逸，终因拒不纳谏改过而亡国，因而起警惕之心，便经常要求臣下直言自己的不足。周太史辛甲曾组织过一次集体规谏活动，《左传·襄公四年》记载："昔周辛甲之为大史也，命百官，官箴王阙。"西晋杜预注云："辛甲，周武王太史。阙，过也。使百官各为箴辞，戒王过。"唐人孔颖达疏解说："太史号令百官，每官各为箴辞以戒王，若箴之疗疾，故名箴焉。言官箴者，各以其官所掌而为箴辞。"周太史辛甲为规谏周王，让百官作箴辞以劝诫周王的过失。后来这种行为被制度化，《尚书·胤征》："每岁孟春，遒人以木铎徇于路，官师相规，工执艺事以谏。"每年春天周王都派人拿着木铎在路边收集规谏箴言。而且由于劝谏者官职身份地位不同，劝谏的文体形式也不同。《国语·周语上》云："故天子听政，使公卿至于列士献诗，瞽献曲，史献书，师箴，瞍赋，蒙诵，百工谏，庶人传语，近臣尽规，亲戚补察，瞽史教诲，耆艾修之，而后王斟酌焉。"官师所献的"箴"，与诗、书、赋等一样，演变为一种文体。利用"箴"进行规谏，在春秋时期是一种常见的规谏形式,《左传》等古代典籍中有许多记载。如《左传·宣公十二年》:“箴之曰:‘民生在勤,勤则不匮。’不可谓骄。先大夫子犯有言曰:‘师直谓壮,曲为老。’我则不德,而徼怨于楚,我曲楚直,不可谓老。”等等。

箴主要有以下文体特征:一是以前代的社会经验教训为内容,是上古先民思想智慧的结晶。二是以箴规教劝为目的,带有明显的以哲人智者自居的训诫意味。三是语言简练,句子比较整齐,与诗歌的语言形式颇为相近。① 语言形式可以有韵,也可无韵,与诗相近,但也不完全相同。如《左传·襄公十四年》云:“史为书,瞽为诗,工诵箴谏。”孔颖达对此说得很清楚:诗辞自是箴谏,而箴谏之辞,或有非诗者,如《虞箴》之类,其文似诗而别。②

老子生活在春秋末年,他的官职是“周守藏室之史”,管理着周王室的图书档案资料,并具有王朝顾问的职责。所以老子有条件、有资格、有能力在总结继承历史经验教训和上古先民思想智慧的基础上,采用具有训诫意味的格言化的箴体形式,著书立说,来表达他的思想认识以及对世人的谆谆教诲。老子以箴言体写下《老子》一书,这是与他的宗师身份、以智者自任的顾问角色相匹配的。我们把前文所引上古的“箴言”与《老子》文本加以对照,不难发现它们的高度相似性。如《老子》九章:“持而盈之,不如其已;揣而锐之,不可长保。金玉满堂,莫之能守;富贵而骄,自遗其咎。功遂身退,天之道也。”三十三章:“知人者智,自知者明。胜人者有力,自胜者强。知足者富。强行者有志。不失其所者久。死而不亡者寿。”不难看出,老子的这些言论具备箴的文体特征,具有鲜明的以师者自居的训诫

---

① 韩国良:《三十年来老学研究存在的问题及反思》,载《孔子研究》2010 年第 4 期。
② 孔颖达:《春秋左传正义》,北京大学出版社 1999 年版。

意味。而且，从《老子》看，老子对古语中的箴言十分熟悉，多有引述。如二十二章："夫唯不争，故天下莫能与之争。古之所谓'曲则全'者，岂虚言哉！"四十一章："故建言有之：'明道若昧；进道若退；夷道若类；上德若谷；大白若辱；广德若不足；建德若偷；质真若渝；大方无隅；大器晚成；大音希声；大象无形；道隐无名。夫唯道，善贷且成。'"五十七章："故圣人云：'我无为，而民自化；我好静，而民自正；我无事，而民自富；我无欲，而民自朴。'"等等。将老子引用的箴语与《老子》的文本加以对照，我们不难看出《老子》文体与古箴言体之间的承继关系。据此，我们完全可以得出这样一个结论，即《老子》是源出于古代"官师"的"箴体"，《老子》的文体形式是以上古"箴体"为基础发展起来的。

《老子》的文体是以箴体为基础发展起来的，但《老子》又不完全是箴体，其中以箴体为主，又有诗体，又有散文体。而且，就箴体形式而言，它处于诗与散文之间，体现了古代文体从韵体到散体的发展演变。所以，如果我们把《老子》与《论语》《孟子》《庄子》《韩非子》等先秦诸子散文比较起来，可以看出《老子》文体在文学史上的价值。

任何民族的文学源流，从形式上看，都必然经历从韵语到散体的发展流变。诗歌是一切文学样式中最古老的形式。"歌咏所兴，宜自生民始。"①《管子·山权数》："诗者所以记物也。"原始的诗，当是以记物、记事为功能，以帮助记忆为宗旨的一种有韵、有节奏感的艺术语言。因为原始时代没有文字，口耳相传是很容易忘掉和变样的，所以要用韵语来帮助记忆。章太炎说："古者文学之未兴，口耳之传渐则忘失，缀以韵文，斯便吟咏而易记忆。"②

① 沈约：《宋书·谢灵运传论》。
② 章太炎：《正名杂议》。

随着生产力的发展和人们的经验、知识、思想和情感的丰富，仅靠口耳相传的韵文记录经验、传情达意显然不够了。特别是在文字产生之后，人们便开始较多地使用散文体文字来表达更丰富的思想成果。西周时期是诗歌的时代。这个时代的标志，便是一部《诗经》。《诗经》是我国文学的源头。到了春秋末年，社会发展给文体带来的影响便是散文的兴盛。

《老子》的产生，就处在这个历史演变的过渡时期。《老子》承前启后，因而较多地保存着诗的韵律。邓廷桢云："诸子多有韵文，惟《易》《老子》独密，《易》《诗》而外，斯为最古矣。"①鲁迅说：《老子》"时亦对字协韵，以便记诵"②。他认为《老子》之所以讲究用韵，是为了供人诵读记忆。柳存仁认为"其书为有韵口诀体"③。我们读《老子》的语言，可以感受到章句整齐，音韵和谐，读之朗朗上口，韵味无穷。

但是，《老子》的语言并非全是有韵的箴体，它里边也有散文语体的成分。它利用了箴体，但又不局限于箴体。如第七十四章："民不畏死，奈何以死惧之？若使民常畏死，而为奇者，吾得而杀之，孰敢？常有司杀者杀。夫代司杀者杀，是谓代大匠斫。夫代大匠斫者，希有不伤其手矣！"语言如此通俗，如此活泼，显然已经不是句读整严的"箴体"，而是明白如话的散文体了。

从这里可以看出《老子》从带有短歌小诗形式的箴言体发展到皇皇散文的辙迹。因而从文体演变过程上看，《老子》处于文学文体从韵体到散体的过渡阶段，带有明显的时代演进的痕迹。

我们将《老子》与《论语》相比，也可以看出古代文体的演变过程

① 邓廷桢：《双砚斋笔记》。
② 鲁迅：《汉文学史纲要》，人民文学出版社 2006 年版，第 22 页。
③ 柳存仁：《上古秦汉文学史》，商务印书馆 1948 年版，第 64 页。

及其内在原因。《老子》在文体上属于“箴”,《论语》在文体上属于“语”。从句式相对严整、内容为自上而下的规谏格言的箴体,到师生之间以质朴明白的口语答问交流的语录体,这之间显然不只是一个文体风格的变易问题。因为,“箴”的制作者是官师,“语”的传播者是庶民。前引《国语·周语上》中所述:“故天子听政,使公卿至于列士献诗,瞽献曲,史献书,师箴,瞍赋,蒙诵,百工谏,庶人传语。”对“箴”与“语”的区别展示得很清楚。先秦诸子散文的文体也正是这样由官方之“箴”下移为庶民之“语”,然后才渐次发展起来的。老子是官吏,孔子是布衣;老子说的是官话,孔子说的是俗语。春秋以前,学在官府,官师合一,无私人之师;春秋以后王道衰微,王官之学始向民间传播。所以《老子》虽然是私人著述,但仍具官方性质和“官师”的口气。随着王道的衰微,官学沦落,私学兴起,文化下移,学术繁荣,才有了孔子师徒间这种带有民间性质的形式自由的答难问疑。这才是诸子散文由箴体向语体转变的最关键最根本的原因。

从箴体的《老子》到语录体的《论语》,这一时期是散文的草创时期。《论语》是孔子的弟子或再传弟子笔录的孔子讲习时的言行,语言质朴平实而缺乏诗歌的韵致,已是纯散文的形式了。此后经由《墨子》,到《孟子》《庄子》而至《荀子》《韩非子》,散文开始以专题论文、论著为主,结构也圆合完整了。我国散文形式才完成了从诗中分化而确立的过程。

二、《老子》的艺术表现

刘勰在《文心雕龙·情采》中指出:“老子疾伪,故称‘美言不信’;而五千精妙,则非弃美矣。”《老子》是精妙的美文,在艺术表现的内容和形式上具有较高的价值。

首先，从内容上看，《老子》具有深刻的现实性和强烈的抒情性。老子阅历甚广，学识极博。他生逢乱世，身处弱国。作为被楚灭国的贵族，他亲身经历了楚国数度灭陈，对诸侯兼并战争给社会生活带来的动荡不安，以及当时阶级分化和阶级斗争的尖锐激烈，具有深切的体察。老子疾伪求真，所著《老子》对当时不合理的社会现实进行了真实的反映，对统治者的罪恶进行了深刻的批判。

老子反对大国贪得无厌，向外扩张，对小国进行侵略。他说："无下无道，戎马生于郊。咎莫大于欲得；祸莫大于不知足。"（四十六章）他深刻揭露当时贫富不均的社会现实，并对统治者压榨劳动人民的倒行逆施予以强烈抨击。"朝甚除，田甚芜，仓甚虚；服文采，带利剑，厌饮食，财货有余，是谓盗夸。非道也哉！"（五十三章）他从统治者对人民的残酷剥削中，看到了"仁"与"礼"的虚伪性和欺骗性，因而指出："大道废，有仁义；六亲不和，有孝慈；国家昏乱，有忠臣。"（十八章）

对黑暗的社会现实的不满，对残暴和伪善的统治者的憎恶，使得老子不能不愤世嫉俗，因而在文章中自然流露出强烈的抒情色彩。如七十四章："民不畏死，奈何以死惧之？若使民常畏死，而为奇者，吾将得而杀之，孰敢？"这愤激的语言，活画出老子的音容表情。再如二十章，简直是一首美轮美奂的绝妙楚歌，又是一幅安贫乐道、超凡脱俗、淡泊守志、独善其身的作者自画像。《老子》率真的感情，使它具有了鲜明的个性，从而使这部哲学著作具有了浓厚的文学色彩。

其次，从表现形式上，《老子》在诸子文学中色彩独异，对后世文学产生了巨大的影响。其主要特色表现在以下几个方面：

以箴为文，辞约义丰。前文已经论及，《老子》较多地保留了箴言的文体形式。将玄奥深邃的哲理与韵味悠长的诗律结合在一起，是《老子》的最大特色。《老子》是哲学,也是诗。哲理与诗的结合使《老子》语言具有两个方面的显著特色。其一,由于《老子》运用音乐的旋律、诙谐的笔调来阐发玄妙的哲理,读之朗朗上口,悦耳动听,因而比《论语》式的说教更能激发起人们的兴趣。其二,箴体格言的凝练精粹,使得《老子》言辞简要,旨深意远,包蕴丰厚,处处闪烁着智慧的火花。许多句子成为千百年来流传于人们口头的格言警句。如:“知人者智,自知者明。”(三十三章)“祸兮福之所倚;福兮祸之所伏。”(五十八章)“合抱之木,生于毫末;九层之台,起于累土;千里之行,始于足下。”(六十四章)等等。

手法多变,形象鲜明。《老子》并不抽象地谈哲理,而是调动了丰富的想象,运用多种修辞手法,寓哲理于形象之中。这又是《老子》的一大艺术特色。

首先是比喻手法的运用。《老子》的比喻具体生动,而且饶有风趣。如对“治大国”这么严肃的问题,他以“若烹小鲜”作比。又如第八章以水的特性比喻有上德的人的品格。再如第五十五章,讲“无为”的处世哲学,老子认为道德涵养深厚的人,具有“真朴”的生命力。用了“未知牝牡之合”的“赤子”(婴儿),竟然有时也会“朘作”(幼小的生殖器勃勃欲举)这样貌似不雅但却富有情趣的比喻。

排比也是《老子》运用得较多也较为成功的修辞手法。如“合抱之木,生于毫末;九层之台,起于累土;千里之行,始于足下”,把几个形象的比喻排比在一起,说明事物的发展必然遵循由小到大的客观规律。这段话已成为千古名言,激励弱小者发奋图强,有志者奋斗不息,其客观意义已超越了老子的原意。

《老子》中还有一种独特的修辞手法,即“反显法”。如在论述其哲学的根本范畴——“玄而又玄”的“道”时,由于“道”是不可言说的、不可概念化的东西,他就使用反显法。“道可道,非常道;名可名，非常名。”陈鼓应说：“老子说到‘道’体时，惯用反显法。他用了许多经验世界的名词去说明，然后又一一打掉，表示这些经验世界的名词都不足以形容，由此反显出‘道’的精深的奥妙性。”①

多种修辞手法的运用，使得《老子》形象具体鲜明，生动传神。如第二十章中，有比喻，有对比，有排比，有叠词形容，有情绪的描写，有心理的描写，有神态的描写，勾勒出了世俗的人和老子自我两种人物形象，表现出老子飘逸超脱的自我个性，显示了作者的艺术天才。

《老子》作为陈楚地区春秋时期最有代表性的著作，从内容上说，一方面继承和发扬了以《诗经》为代表的中原文学的写实精神，另一方面又在一个新的高度上继承和发扬了楚地民歌的抒情性、浪漫性传统；从语言上说，《老子》用韵既有与《诗经》相同之处，又有和《楚辞》近似的地方，如六章：

谷神不死，是谓玄牝。玄牝之门，是谓天地根。绵绵若存，用之不勤。

这显然是《诗经》的余韵。又如二十章：

绝学无忧。唯之与阿，相去几何？美之与恶，相去若何？人之所畏，不可不畏。荒兮，其未央哉！众人熙熙，如享太牢，如春登台。我独泊兮，其未兆，如婴儿之未孩；累累兮，若无所归。众人皆有余，而我独若遗。我愚人之心也哉！沌沌兮！俗人昭昭，我独昏昏。俗人察察，我独闷闷。惚兮其若海，飂兮，若无止。众人皆有以，而我独顽且鄙。我独异于人，而贵食母。

① 陈鼓应：《老子注译及评介》，中华书局2009年版，第59页。

这又是《楚辞》的先声。所以,可以说它展现南北文学艺术融合发展的风貌,代表了春秋时代楚文学和中原文学的最高成就。

三、《老子》的美学贡献

中国古代哲学理论基础的奠定,应该说与老子有更大的关系。同样,中国古代美学理论基础的奠定,也与老子哲学有更大的关系。黑格尔在《哲学史讲演录》中说,孔子只是“一个实际的世间智者”,“讲的是一种常识道理”,而老子哲学则是一种真正的哲学。[①] 同样的道理,儒家注重美和艺术的外在功利和实用性,而道家突出的是美和艺术的独立性和超越性。所以,与儒家相比,老子及道家美学更接近于美的本质,对中国古代美学的影响更大。

老子把“道”作为宇宙万物生命的本原,认为“道”是自然的,同时又处于永恒的生长变化和运动之中。这里的“道”已上升到哲学宇宙论和本体论的高度,成为一个根本性的哲学范畴。老子“道”的概念的提出,标志着中国古代哲学思维的成熟和理性意识的觉醒,同时也奠定了中国美学思想的基础。

老子把“道”看成宇宙万物生命的本原,看成无限生成、永恒运动的东西,这实际上成就了一种形而上的超越思想。用这一观点来解释“美”,“美”就不再是经验现象世界的东西,而是形而上、永恒的生命存在,是生生不息、永恒运动的东西,这正是中国古代艺术审美的根本精神所在。

① [德]黑格尔:《哲学史讲演录》第一卷,商务印书馆 2009 年版,第 130 页。

由“道”的超越精神，老子否定批判了一切人为的美，如他所说的“五色令人目盲；五音令人耳聋；五味令人口爽”（十二章）等，而建立起理想的美的价值目标，即追求天道自然和天然境界的美。老子所言“道法自然”“道常无为而无不为”的观点，对中国古典美学的影响是巨大的。从此出发，庄子提出“朴素而天下莫能与之争美”，刘勰“标自然为宗”，司空图倡“妙造自然”，苏轼言“文理自然、姿态横生”，等等，中国古典美学从此引申出了崇尚自然、含蓄、冲淡、质朴的审美价值。

在《老子》开篇一章，老子就提出了“道”与“语言”之间的关系问题：“道可道，非常道；名可名，非常名。”在老子看来，“道”是形而上的存在，超越一切知识、概念和语言。“道”不可言说、难以用语言来表达，因为凡可言者，都是具有“一定之义”的，而“道”包容一切义，无处不在，无所不化，超越一切概念和语言；任何概念化的语言、任何“名”，在面对形而上的“道”时，都是无能为力的。“道至难言也”，不能用客观的、知性的和逻辑的语言来硬性规定、阐释，但是我们又必须阐释它、言说它，那么，怎么办？我们可以通过直观体验来认识和把握“道”。理解了这一点，对认识老子美学思想也十分重要。老子言“道之为物，惟恍惟惚，惚兮恍兮，其中有象；恍兮惚兮，其中有物”，“大音希声，大象无形，道隐无名”。“道”虚空无名，超出人的各种感官和语言世界之外，不能用逻辑、理性、语言传达，而只能凭借意象表达人的感悟和体验。所以，《老子》一书充满了这种意象感悟的符号，如“水”“谷”“母”“玄牝”“赤子”等等，它们均通过人的感悟、借助人的想象，指向不可言说的、难以穷尽的“道”。老子这种独特的认识理论和思维方式，使人的感悟力和想象突破了概念的僵化、固定化，而把人的思考引向一个杳渺而深远的世界，对中国古代美学重感悟、重意象的审美方式的形成有重大意义。不仅如此，老子以“道”为本,重象轻言,进一步提出了有关中国古代艺术创造和鉴赏的一系列范畴,如“有”“无”“虚”“静”“妙”“味”等等,并为后世重视整体意象、重视直觉感悟的诗学理论和无言独化、求解言外的审美趣味开启了先河。

第七章 《老子》的文化渊源

道家以老子为创始者，但道家文化并不是老子的凭空创制，而是对上古文化的继承和发展。魏源在《老子本义》中说："删书断自唐虞，而老子专述皇坟以上。"[①]《老子》的思想，来自上古思想文化，如果我们探寻它的源头的话，可以追溯到老子的母国陈国及楚国的文化渊源和他作为周朝史官所获得的帝王经验，甚至可以上溯到上古时期的女性生殖崇拜和巫史文化。

一、老子思想的陈楚地域文化渊源

关于老子学说及其道家思想的起源，班固在《汉书·艺文志·诸子略》中考察诸子各派源流时指出："道家者流，盖出史官。历纪成败祸福古今之道，然后知秉要执本，清虚以自守，卑弱以自持。此君人南面之术也。"认为老子及其道家思想源于史官和帝王经验。朱熹也说："盖老聃，周之史官，掌国之典籍，三皇五帝之书，故能述

① 魏源：《老子本义》，华东师范大学出版社2010年版，第3页。

古事而倍好之。如五千言,亦或古有是语而老子传之,未可知也。"[①] 史载老子曾居于周、仕于周,官职为"周守藏室之史"(一说"柱下史"),掌管周朝的图书文件、四方之书,于是班固等认为老子学说出于史官。但也有一些学者不同意老子及其道家思想出于王家和史官的说法,胡适就认为:诸子之学,较为精湛。王官所守,较为浅薄,并无可出之理。姑不论先秦显学,自儒道与墨之外,自余皆无附庸,九流之目,乃汉人所追加,并非当时之实在。[②] 他认为简单地说老子学说出于王官或不出于王官都是片面的。

事实上,老子思想具有很强的包容性、复杂性。老子所生活的春秋末年,正是中华主体文化形成和发展的"轴心时代",与博大而丰富的中华文化一样,老子思想也是春秋及其更早时代多方文化相融合形成的结果。老子曾做周史官,其思想当然会有周代史官文化的影响。但是,我们看到,老子思想的理论重心、思维方式和风格特征明显不同于尚礼乐、崇人伦、重实际的北方文化传统,而带有更浓重的南方文化特色。

范文澜曾经把中国上古文化划分为"巫官文化"与"史官文化",他说,重人事的、现实主义的、黄河流域的"史官文化主要凝合体是儒学"[③]。他又说:"战国时期北方史官文化、南方巫官文化都达到成熟期,屈原创《楚辞》作为媒介,在文学上使两种文化合流。"而我们认为,比屈原时代早得多的老子则在哲学上使北方丰富的政治—军事经验跟南方所特有的那种浪漫、优游、柔静、华美的精神特质结合起来,并得到思辨性的升华。或者说,老子思想是南北文化耦合的产

---

① 朱熹:《朱子文集·卷三·答汪尚书》。

② 胡适:《诸子不出于王官论》,载《胡适文存》卷二,亚东图书馆 1930 年版,第 23 页。

③ 范文澜:《中国通史简编》,人民出版社 1955 年版,第 241、288 页。

物。

老子思想形成于春秋时期南北文化的交流融合,而其基础和主体则是老子生地——陈楚地区自古以来深厚的文化积淀。

老子并非周人,其生地为今河南鹿邑,这里春秋时属陈国,后归楚国。老子故里所在的陈地位于以今河南淮阳为中心的豫东一带,地跨黄河、淮河两大流域,春秋时期,这里正是多方文化交会的中心地带。

一般认为,中华文化由三大主体文化融会而成,这三大主体文化分别是以黄帝、炎帝为代表的华夏文化,以太昊、少昊为代表的东夷文化和以女娲、伏羲为代表的楚文化。陈地正处于三大主体文化相交流、融会的区域,它的西面毗邻夏、周的起源地,夏、周是在进入中原后才真正发展壮大起来的;它的东面是夷人的发祥地,夷人进入中原,建立了殷商王朝;楚文化滥觞于中原,承受了多方文化的滋养后,南迁江汉,与苗蛮文化融合,并发展壮大、孕育成熟之后,又挺进中原,驻足陈地,加入民族大混血、文化大融合的洪流之中。特殊的地理区域,使得陈地文化兼具南北之长,在多方文化的交流、融会中形成了独具特质的地域文化,此之谓"陈楚文化"①。

陈楚文化是一种多元复合型文化。其原生土著文化为太昊氏为代表的东夷文化。《左传·昭公十七年》载:"陈,太昊之虚。"今淮阳有太昊陵墓。周初陈地融入华夏文化因子,西周分封诸侯,武王封舜后妫满于此,建立陈国,陈为周首封十大诸侯国之一。

周代的诸侯分封实际上是一种文化分封。《史记·周本纪》载,周"武王追思先圣王,乃褒封神农之后于焦,黄帝之后于祝,帝尧之后于蓟,帝舜之后于陈,大禹之后于杞。"这种对"先圣王"后裔的分

① 参见邹文生、王剑等:《陈楚文化》,辽宁教育出版社1998年版。

封，与将周公旦、召公等分封于鲁、燕有实质性的不同。宗周姬姓亲戚和功臣在受封地必须按照周天子的礼乐文化规范进行统治，而这些先圣后裔，可以在各自的封地上按照自己祖先以来的部族文化体系来进行祭祀及文化活动。他们在周的文化圈内另辟一块小天地，继续保持着其先人的文化体系（主要是祭祀礼乐）“以奉先祀”。这种国中之国的文化，相对于占统治地位的宗周大文化，就是一个“文化岛”。而陈地就属于这样的“文化岛”之一。《左传·襄公二十五年》载：“昔虞阏父为周陶正，以服事我先王。我先王赖其利器用，与其神明之后，庸以元女大姬配胡公，而封诸陈，以备三恪。”陈地在商代即为虞舜的后代世居之地，周朝建立后，因虞舜的后代阏父（或作遏父）投靠于周，任陶正之官，周武王将长女大姬嫁与阏父之子胡公妫满，封妫满于陈，以奉舜帝之祀。

陈国积弱，政治上常依附于周围强国，尤其是春秋中晚期，陈多次受其南方近邻楚国的侵扰和征服，最后为楚所灭。陈与楚不但政治上关系密切，而且在文化渊源上也有十分相近的关系。陈地是以太昊氏为首领的东夷部族的世居之地，这里与楚族的孕育和楚文化的形成与发展有着十分密切的渊源关系。

楚族先祖是颛顼高阳氏，屈原《离骚》：“帝高阳之苗裔兮，朕皇考曰伯庸。”《史记·楚世家》：“楚之先祖出自颛顼高阳。”楚王族最早是从黄河流域的中原地区迁徙到南方江汉一带的。屈原《湘君》和《湘夫人》中的神游路线是自洞庭湖而北上，《九歌》中所娱之神有河伯等北方诸神，也表明楚王室非楚地土著而源出中原。楚族的祖居之地在今河南濮阳。《左传·昭公十七年》：“卫，颛顼之虚也。故曰帝丘。”杜预注：“卫，今濮阳县。昔颛顼氏居之，其城内有颛顼冢。”在这里，楚族是一个弱小民族，为求生存，或依附于华夏集团，或依附于东夷集团。而事实上，楚族文化与东夷文化的关系更为密切。颛顼高阳氏或太昊氏一样，即使从名号上也可以看出，都是日神，都属于东夷日神崇拜的神话系统。《左传》不仅说陈为“太昊之虚”，而且还明确说：“陈，颛顼之族也。”《孟子》：“舜生于诸冯，迁于负夏，卒于鸣条。东夷之人也。”所以陈与楚从祖源上看，本为东夷一系，关系极为密切。

夏王朝时，楚族祝融臣服于夏，《国语·周语》：“昔夏之兴也，融降于崇。”韦昭注：“融，祝融也。楚族南迁，崇，崇山也。”崇山即今之嵩山。夏亡后，楚族迫于商的威慑，南迁到江汉流域，与三苗之民相结合，这就是古代文献中所称的“荆楚”“楚蛮”。楚族南迁后，与南方土著居民苗、黎等民族融合、同化。这样，它承受商文化的恩惠、周文化的浸润，集中交融三代文化的精华，南迁后又吸收苗蛮文化的营养，从而滋长为具有鲜明特色和强大生命力的楚文化，并成为中华文明的一个活水源头。

春秋中晚期，楚国逐渐强大，国势已堪与中原诸大国相抗衡，便急剧北上，向中原扩张，势力达到陈地。在这里，陈地文化和楚文化固有的东夷文化因子，为两种文化的融合提供了基础。

作为一个生于陈地的哲学家、思想家，老子的思想形成自然得益于陈地多元化、复合性的文化滋养。因而，《老子》中所包含的丰富的文化意蕴也是由老子原居地——陈楚地区的生活背景和文化背景决定的。

夷族崇巫，所以楚、陈等受东夷文化影响的地区也巫风极盛。从古籍所载看，楚人是十分崇信鬼神的。如《吕氏春秋·异宝》说：“楚人信鬼。”《汉书·地理志》：“楚人信巫鬼，重淫祀。”楚地巫觋活跃，凡事皆由巫觋祈祷鬼神。《国语·楚语下》：“民之精爽不携贰者，而又能齐肃衷正，其智能上下比义，其圣能光远宣朗，其明能光照之，其聪能听彻之，如是则明神降之，在男曰觋，在女曰巫。”

陈地巫风在《诗经·陈风》也有充分的反映,《陈风》中最著名的一首诗《宛丘》所描绘的即是一个典型的祭祀歌舞场景。《汉书·地理志》:“陈风好巫”,“周武王封舜后妫满于陈,是为胡公,妻以元女大姬,妇人尊贵,好祭祀用巫,故其俗好巫鬼也。诗称击鼓于宛丘之上,婆娑于枌栩之下,是有大姬歌舞之遗风也”。郑玄《诗谱》称:“大姬无子,好巫觋,祷祈鬼神歌舞之乐,民俗化而为之。”说陈地好巫源于武王之女、胡公之妻大姬,其实未必。陈地巫风主要的还是其原生土著文化的影响。

陈楚地区的巫觋之风和原始崇拜的民间背景,对老子哲学思想和他的“道”的观念的产生,无疑具有深刻的影响和必然的联系。

闻一多先生早就谈到过道家的原始崇拜和“巫教”的文化背景:“我常疑心这哲学或玄学的道家思想必有一个前身,而这个前身很可能是某种富有神秘思想的原始宗教,或具体点讲,一种巫教。”①

西方哲学家说,任何神话中的诸神都不过是客观地或实质地直观到的哲学理论。马克思也曾指出,哲学原是形成于自然宗教之中,他说:“哲学最初在意识的宗教形式中形成,从而一方面它消灭宗教本身,另一方面从它的积极内容说来,它自己还只在这个理想化的、化为思想的宗教领域内活动。”②

我们说《老子》是一部“哲学诗”,不仅仅是说这部书节奏整齐、音韵和谐。在《老子》一书中,有许多比喻形象,如以“谷神”“玄牝”等喻“道”。但对此并不能仅从纯粹修辞意义上的比喻去认识,它是一种意象思维或者说是诗性思维,有着原始神话性思维的特质。人类早期的思维形式总是形象化的、感性的。维柯《新科学》指出神话

① 闻一多:《神话与诗·道教的精神》,古籍出版社1956年版,第143页。
② 《马克思恩格斯全集》第26卷第1册,人民出版社1972年版,第26页。

思维方式是人类思维发展的一个必经的初期阶段，并认为这种“诗的形而上学”“诗的智慧”是人类通过感觉和想象能力所达到的认知水平，它虽然同哲学、科学的抽象理智水平有别，却又是它们的基础和来源。

老子“道”的概念即脱胎于神话观念。《老子》言“道”为化生万物的幽渺的门户：“玄之又玄，众妙之门。”（一章）“谷神不死，是谓玄牝。玄牝之门，是谓天地根。绵绵若存，用之不勤。”（六章）“玄牝”即是幽深玄秘而又无边无涯的女性阴器。老子的“道”最初建立在对女性生殖力的认识之上，以此上升到哲学高度，成为一个最重要的哲学概念，并将女性崇拜作为一种原型意象贯穿于其哲学思想之中。

再者，《老子》二十五章说：

> 有物混成……吾不知其名，强字之曰“道”。强为之名曰“大”。

在这里，老子又将“道”名为“大”。这个“大”，同于“太一”。《庄子》和《吕氏春秋》中则将“道”名为“大一”。《庄子·天下》说：“以本为精，以物为粗，以有积为不足，澹然独与神明居，古之道术有在于是者。关尹、老聃闻其风而悦之。建之以常无有，主之以太一。”《吕氏春秋·大乐》说：“万物所出，造于太一，化于阴阳。”下文语句则近于《老子》，下文说：“道也者，视之不见，听之不闻，不可为状，有知不见之见、不闻之闻、无状之状，则几于知之矣。道也者，至精也，不可为形，不可为名，强为之谓之太一。”据此，可以认为《老子》第二十五章有脱落，应校补为“吾强为之名曰大(一)”。

“太一”是楚人尊奉的“东皇太一”，《楚辞·九歌》中的“东皇太一”是从太阳神升格而来的天神、帝星、上帝。这又和陈地人尊奉的

“昊天上帝”——“太昊”相同。涂又光先生认为:“这个太一,是从楚人崇奉的太一脱胎而来的。楚人崇奉的太一,即《九歌》所谓‘东皇太一’,是全天的神。老子所做的工作,是把太一抽象化、理念化,把它当作宇宙的本体了。”①

老子处于神话思维向理论思维、原始思维向哲学抽象思维的过渡阶段的独特地位,他的关于“道”的观念是从神话思维的具体表象中抽象出来的,是把巫觋的宇宙观抽象化、逻辑化的结果。老子从陈楚地区丰厚的地域文化中汲取材料,在陈楚地区原始宗教神话和巫觋观念基础上建立起他的思辨性概念、范畴体系,因而,其学说始终还黏附着或依托在巫学核心的“神话意象”和陈楚地区的民俗观念之上,带有鲜明的陈楚文化特色。这也是老子学说不同于以北方“史官文化”为渊源和核心的儒家学说的原因。

除了这些陈楚地域的原始文化渊源之外,老子的思想还深受其故国陈国的社会现实的影响。老子出身于陈国贵族,他生活于春秋末年,正是陈国历经内忧外患,走向没落衰亡的时期。他的政治思想正是根植于春秋末年陈国的社会现实而产生的。这种思想的产生又与楚国有极其密切的,甚至是直接的关系。春秋时期,由于周王室的衰微,各诸侯国经济的发展,晋、楚、齐、秦等大国利用自己的实力,疯狂地向外扩张,开拓疆域,并开始了长达200多年的争霸战争。这个时期,楚国在江汉流域崛起,统一了江汉平原,开始了激烈的灭国活动。楚在灭了申、息、吕、江、黄、柏等小国以后,自然地把进攻的矛头指向了中原的陈、蔡诸国。

在楚国势力日益强大并向北扩张的时候,原为中原大国的陈国却因为君臣荒淫、政治不修而日趋衰弱。春秋时代,楚、晋、齐交争于

① 张正明:《楚文化史》,上海人民出版社1987年版,第242页。

中原,陈国处于四战之域,无日不处于战争的气氛之中。加之国内多次发生争夺君位的内乱和残杀,国势不振,只得朝齐暮楚,依附于楚、晋、齐之间以求生存。

楚国随着疆域扩大,为了与中原诸国争雄,多次对陈用兵,灭而又复。史载楚庄王、楚灵王和楚惠王时,先后三度灭陈。《左传》载,陈灵公与大夫孔宁、仪行父不问国事,终日与夏姬饮酒作乐。大夫泄治进谏说,君臣淫乱,人民效仿。陈灵公便告诉孔、仪两人,两人杀害了忠臣泄治。夏姬之子夏徵舒很气愤,射杀陈灵公。夏徵舒自立为陈侯。公元前 598 年,楚庄王借口要平定陈的叛乱,出兵攻入陈国,把夏徵舒车裂于陈都城的栗门之地,把陈国建为楚的一个县。后楚国大臣申叔时以“蹊田夺牛”的故事劝楚王:有人牵牛践踏了别人的田,这是有错的,但因此把他的牛也夺走,就太过分了;陈国的臣子叛乱,楚国借口平乱把人家的国灭亡,也是不对的。楚庄王听了申叔时之言,立陈灵公之子午为成公,陈国复国。这一年,老子还未出生。公元前 533 年,陈国又发生了诸公子争夺王位的内乱,楚灵公派楚公子弃疾乘陈内乱再次灭陈。这一年,孔子 19 岁,老子约 39 岁。到了公元前 528 年,弃疾弑王登位,是为楚平王,他为了笼络人心,求得各国的和好,便兴灭国,继绝祀,陈国又复国。其后吴、楚交争,陈首鼠两端,惶惶不可终日,陈趁楚内乱,结好于吴。公元前 479 年,当时的楚惠王已经没有了祖先的耐心,最终灭掉了陈国。陈国的故地,成了楚国的一个县。这一年,孔子已经去世,老子约 93 岁。

老子正是这样一个产生于弱小国家中的思想家。他亲眼看到诸侯争霸战争给弱国及其人民带来的危害,因而强烈反对大国贪得无厌,向外扩张,对小国进行侵略。他说:“天下无道,戎马生于郊。咎莫大于欲得;祸莫大于不知足。”(四十六章)认为大国统治者无休止的贪欲,不修内政各求其外是引起战争的根源。老子希望统治者不要打仗。“以道佐人主者,不以兵强天下。”(三十章)“兵者,不祥之器,非君子之器,不得已而用之,恬淡为上。胜而不美,而美之者,是乐杀人。夫乐杀人者,则不可以得志于天下矣。”(三十一章)军队只是用以救难而已,不得已而为之,决不能以兵力取强于天下。他奉劝统治者要“不尚贤”、“不贵难得之货”(三章),这样就可以杜绝机巧,使有才能的人没有施展的机会,从而避免导致残酷的战争。

老子作为一个小国的贵族,面对强大的霸主国的侵略,只能是一种无能为力的心理。因此他一方面对小国提出“柔弱胜刚强”的策略,一方面劝大国知雄守雌,不能恃强凌弱。他说:“大邦者下流,天下之交,天下之牝。牝常以静胜牡,以静为下。故大邦以下小邦,则取小邦;小邦以下大邦,则取大邦。故或下以取,或下而取。大邦不过欲兼畜人,小邦不过欲入事人。夫两者各得所欲,大者宜为下。”(六十一章)无论是大国还是小国,都应该以谦下自守为原则。尤其是大国,首先应该谦下,应该像江海那样,自居于下流,因为“江海之所以能为百谷王者,以其善下之,故能为百谷王”(六十六章)。大国应该贵柔守雌,因为“牝常以静胜牡”,“清静为天下正”(四十五章)。大国率先谦让不争,就能以“柔弱”“清静”胜于他邦,小国自然乐从。这样,各国之间和平相处,平等相待,互相谦让,不以兵戎相见,那么大国根本用不着借口“尊王攘夷”谋求霸业,就已经具有号召力,赢得众多小国的拥戴;小国也根本用不着“欲入事人”而仰人鼻息,就已经蒙受大国的友好相待。这样,天下自然就大道融融了。

老子的政治思想产生于春秋时期诸侯争霸战争频仍的特定历史环境中,代表着弱小国家的愿望和利益,反映了当时社会政治的残酷现实和小国贵族的苦闷而又无奈的心理。

二、老子思想的女性生殖崇拜渊源

哲学脱胎于宗教,老子哲学脱胎于母系氏族的宗教崇拜,特别是女性生殖崇拜。

《老子》首章言“道”,先从“无”和“有”这一世界起源的根本问题入手讨论。我们注意到老子对“无”和“有”的解释:“无名,天地之始。”“始”的本义是少女,《说文解字》:“始,女之初也。”“有名,万物之母。”“母”《说文解字》:“从女。象褱子形,一曰象乳子也。”从“无”到“有”的生成过程,即是从少女演化为孕妇的过程。“天下有始,以为天下母。”(五十二章)老子说“无”和“有”“同出而异名”,即两者的本源是同一的,这个本源即是“道”。“道”是“万物之宗”,是世界的本体和本原。“道”又谓之“玄”,玄即是“元”,“玄之又玄,众妙之门”,它是化生万物的幽渺的门户。

老子对这个“众妙之门”在六章又做了进一步的解释:

> 谷神不死,是谓玄牝。玄牝之门,是谓天地根。绵绵若存,用之不勤。

“谷”是虚空的意思。老子说,这个虚空而神妙的所在是永恒存在的,它就是“玄牝”。那个化生万物的“众妙之门”即是这里所说的“玄牝之门”。

“玄牝”为何物?郭沫若《甲骨文字研究·释祖妣》言“且”和“匕”为“牡”“牝”的初文,“盖以牝器(女阴)似匕,故以匕为妣若牝也”。明确指出“牝”是女性生殖器。[①] 以此而论，老子所谓“道”——这“以为天下母”而化生物的“玄牝之门”，即是幽深玄秘而又无边无涯的母体阴器。

生殖崇拜是一个重要的文化现象。从考古发现、文献记载和人类学的论证来看，远古时代，世界各地的人类都经历了一个从女性生殖崇拜到创世母神崇拜的发展过渡阶段。在远古洪荒时代，人口平均寿命极低，所以人类的繁殖活动就成了保存自己种族免遭绝灭的重要手段。但是，母系氏族社会时期，“天设地而民生之。当此时也，民知其母，而不知其父”[②]。初民习见妇女怀孕生育做母亲，因而崇拜生育他们的女性生殖器。从考古发现的远古崇拜偶像来看，最早的女体石雕都十分突出地夸张了乳房、腹部和阴部，显然是为了强调母体的生殖功能。在有些女体石雕像的阴部，还刻有▽形符号，这种▽形符号还多见于先民留下的岩画上和我国彩陶器具上。有人认为，这种▽形符号即是女阴的象征，并进而指出甲骨文和金文中的“帝”字即源于此。“帝之用为天帝义者，亦生殖器崇拜之一例也。”“在初意本尊严，并无丝毫猥亵之义。”[③]

妇女怀孕分娩，是客观实际，人们在生活中习见。先民们观察了自己的身躯，又观察大千世界。万物从大地上生长出来，于是他们探询，难道大地也和具有生殖功能的母亲一样能怀孕吗？这样，凭借直观思维，先民很自然地把宇宙拟人化，把宇宙万物和人类自身等量齐观。《老子》说的“玄牝”由此产生。女性的生殖功能被神化为创生

---

① 郭沫若：《甲骨文研究·释祖妣》，载《郭沫若全集（考古）》第一卷，科学出版社 1982 年版。

② 《商君书·开塞》。

③ 郭沫若：《甲骨文研究·释祖妣》，载《郭沫若全集（考古）》第一卷，科学出版社 1982 年版。

万物的功能，氏族传说中创造人类的始祖母神化为创造世界的创世母神。

老子生活的陈楚地区留有丰富的原始生殖崇拜和创世母神崇拜的遗迹[①]，这对老子"道"的观念的产生和他的哲学思想的形成，无疑具有深刻的影响和必然的联系。老子的"道"，最初是建立在对女性生殖力的认识之上，然后将这种女性生殖作用扩而充之，用来观察整个宇宙创生过程，以此而上升到哲学高度，形成了"道"这一哲学范畴。

《老子》在说理时运用了许多生动形象的比喻。但是，以女性生殖论"道"，绝非简单的比喻。在《老子》中，不仅女性生殖崇拜与"道"的生成有直接的联系，而且老子还提出"食母""守雌""好静""善下""牝常以静胜牡"等母性原则作为他的人生观和方法论。女性精神是作为"道"的直观形象和整体象征贯穿于老子哲学之中的。

老子学说主阴贵柔，最富女性特征。我们知道，女性的生理特征是温顺柔和，谦虚文静，慈爱多情，同时又坚忍耐劳，生命力顽强。老子在其学说中将女性的这些品质哲理化，升华为一般性的人生原则。他在二十八章说："知其雄，守其雌，为天下溪。"老子深知雄强的表面力量，却安于雌柔。因为雌柔的地位低，却可以像涧谷一样而有不尽的含藏，从而在实际上比雄强更富有生命力。这是从女性的伟大力量中得到的启悟。正因为如此，可以说老子及道家学说承袭的是母系氏族文化，是母系氏族文化的升华。

"道"的观念，是老子对世界本根本始问题的哲学求索。"道"固然是老子哲学的逻辑抽象，但它却是以女性生殖和创世母神这种原始宗教和神话内容为基础的。西方哲学家说，任何神话中的诸神都

① 王剑：《老子与创世母神崇拜》，载《周口师范学院学报》1994 年第 3 期。

不过是客观地或者实在地直观到的哲学理论。黑格尔也有一个著名的论断:哲学理论亦即哲学的历史。在《老子》中,女性生殖器直观地象征为“道”的理念,显示了从原始宗教崇拜(包括神话)到哲学的演进历程,实现了哲学思维形式的重大飞跃。这正是老子对中国哲学的最伟大的贡献,也是以母论“道”的意义所在。

三、老子思想的上古巫史文化渊源

如此博大精深的老子学说,绝不会横空出世、突然产生,必有其思想前驱。《庄子·天下》云:“以本为精,以物为粗,以有积为不足,澹然独神明居。古之道术有在于是者,关尹、老聃闻其风而悦之。”可知老子之学来自“古之道术”。老子自己也指明道家传统渊源甚古,他说:“执古之道,以御今之有。能知古始,是谓道纪。”(十四章)所谓“古始”,实为中国古代文明之始。

按照司马迁的记载,老子曾为周守藏室之史,是一位掌管王朝典籍的史官。所以,班固在《汉书·艺文志·诸子略》中考察诸子各派源流时指出:“道家者流,盖出于史官。历纪成败存亡祸福古今之道,然后知秉要执本,清虚以自守,卑弱以自持。此君人南面之术也。”这段话简练概要地说明了老子思想同古代史官和帝王经验的关系。

原始宗教文化,实际上是一种巫史文化。上古巫史不分,政教合一。“巫”是巫术的掌管者、实施者。巫在施行巫术时,要祈祷、歌唱、舞蹈、占卜,并将占卜结果记录下来。这样“巫”便和“史”合而为一,巫文化和史文化合而为一,形成了巫史文化。中国在夏商时期就有了史官制度,史官便是巫师。史官记言载事,管理典籍,其活动都是以王事为中心，记载的内容主要是王事。《汉书・艺文志》："古之王者，世有史官。君举必书，所以慎言行，昭法式也。"例如我们现在所能见到的殷商时期的甲骨卜辞，大多是殷代王室祭仪、田猎、农耕、畜牧、气象、历法、战争等方面的内容。巫史活动带有浓厚的原始教色彩，保留了古代宗教文化的许多内容。

周代官师合一，学在官府，典籍皆由史官掌握。老聃既为周守藏室之史，掌学库之管钥，"近水楼台"，得以阅读大量古代典籍，所以由他将古代帝王的政治经验和原始宗教文化传统继承下来，著成道家经典著作，当是情理之中的事。朱熹说："盖老聃，周之史官，掌国之典籍，三皇五帝之书，故能述古事而倍好之。如五千言，亦或古有是语而老子传之，未可知也。"[①]朱子说，《老子》中的思想内容"古有是语而老子传之"，是从古代经典中传承下来的。魏源《老子本义》论老子思想之源，推之于上古，他说："有黄老之学，有老庄之学。黄老之学出于上古，故五千言中动称经言及太上有言，又多引礼家之言、兵家之言。"[②]又说："老子道太古道，书太古书也。曷征乎？征诸柱下史也。国史掌三皇、五帝之书，故左史在楚，能读《坟》《索》；尼山适周，亦问老聃。今考《老子》书《谷神不死章》，列子引为黄帝书，而或以五千言皆容成氏书。至经中称古之所谓，称建言有之，称圣人云，称用兵有言，故班固谓道家出于史官，庄周亦谓古之道术有在于是者，关尹、老聃闻其风而悦之，斯述而不作之明征哉！……老氏书赅古今，通上下。"[③]近代严复在点评《道德经》时，也曾经说过："吾尝谓老子为柱下史，又享高年，故其得道，全由历史之术。读执古御

① 朱熹：《答汪尚书》，载《朱子全书》第 21 册，上海古籍出版社 2002 年版，第 1299 页。

② 魏源：《老子本义》，华东师范大学出版社 2010 年版，第 1 页。

③ 魏源：《老子本义》，华东师范大学出版社 2010 年版，第 3 页。

今二语,益信。"①

《老子》与古之圣人。诚如朱熹和魏源所说,《老子》书中引用了诸多前人古语,从中可透露其学说思想源自古代"圣人"。查《老子》全书81章,有22章26处提到古之"圣人",这里的"圣人"应是指具有原始道家思想的古代圣人,他们多是具有治国经验的"社稷王""天下王",实则是古代原始社会的部落酋长。道家出于史官,原始道家学说本为上古社会治国的政治传统,是对遥远的古代原始社会祖祖辈辈流传积累下来的从政、立身、处世经验的总结;历史的福祸兴亡给予了老子以启迪和思考,培养了道家的智慧。

在《老子》一书中,对前贤之言有的是直接引用,如:

> 曲则全,枉则直……古之所谓"曲则全"者,岂虚言哉!(二十二章)

> 故建言有之:明道若昧;进道若退;夷道若纇;上德若谷;大白若辱;广德若不足;建德若偷;质真若渝;大方无隅;大器晚成;大音希声;大象无形。(四十一章)

> 故圣人云:"我无为,而民自化;我好静,而民自正;我无事,而民自富;我无欲,而民自朴。"(五十七章)

> 用兵有言:"吾不敢为主,而为客,不敢进寸,而退尺。"(六十九章)

---

① 《严复集》第四卷,中华书局1986年版,第1081页。

是以圣人云："受国之垢，是谓社稷主；受国不祥；是为天下王。"（七十八章）

在这些章节中所说的"古之所谓""圣人云""用兵有言"，可知是引用前人所言。四十一章所谓"建言"所指不明，可能指书名，但也可能指铭文、箴言之类。

《老子》与《金人铭》。《老子》中还有一些语句为暗引，即未说明引言来源。如四十二章：

人之所教，我亦教之，强梁者不得其死，吾将以为教父。

高亨在《老子正诂》中说："'强梁者不得其死'句，见于《说苑·敬慎篇》所载《金人铭》，当是古代遗言。"①《金人铭》据说是镌刻在东周太庙古陛之前的金人后背上的铭文，是周王室对后代子孙的教诫之言，寓意深刻，故老子称之"教父"，即教诫后人的最重要的箴言。

《金人铭》全文二百余字，今存于刘向《说苑·敬慎篇》，有"孔子之周，观于太庙。左陛之前，有金人焉。三缄其口，而名其背曰"云云，其文为：

古之慎言人也，戒之哉！戒之哉！无多言，多言多败；无多事，多事多患。安乐以戒，无行所悔。勿谓何伤，其祸将长；勿谓何害，其祸将大；勿谓何残，其祸将然。勿谓莫闻，天妖伺人。荧

① 高亨：《老子正诂》，载《高亨著作集林》第五卷，清华大学出版社 2004 年版，第 137 页。

> 荧不灭，炎炎奈何；涓涓不壅，将成江河；绵绵不绝，将成网罗；青青不伐，将寻斧柯。诚不能慎之，祸之根也。曰是何伤，祸之门也。强梁者不得其死，好胜者必遇其敌。盗怨主人，民害其贵。君子知天下之不可盖也，故后之、下之，使人慕之。执雌持下，莫能与之争者。人皆趋彼，我独守此。众人惑惑，我独不徙。内藏我知，不与人论技。我虽尊高，人莫害我。夫江河长百谷者，以其卑下也。天道无亲，常与善人。戒之哉！戒之哉！

孔子见到这篇《金人铭》后，告诉他的弟子说："记之！其言虽鄙，而中事情。《诗》曰：'战战兢兢，如临深渊，如履薄冰。'行身如此，岂以口遇祸哉！"《金人铭》亦见于《荀子》佚文、《孔子家语·观周》、《金楼子·戒子篇》等。

我们将《金人铭》与《老子》相对照，会惊奇地发现，一方面《老子》中许多语句与《金人铭》惊人地相同或相似，另一方面从《老子》一书的内容来看，几乎整部《老子》都是在阐述和演绎《金人铭》的思想。《金人铭》与《老子》在年代上孰先孰后，是一个有待于考证的问题。如果《金人铭》早于《老子》，那么此铭应为《老子》思想的一个主要源头。

已经有一些学者研究了《金人铭》与《老子》的关系。如向宗鲁的《说苑校证》①、魏源的《老子本义》②、日本学者武内义雄的《老子原始》③、黄方刚的《老子年代之考证》④、杨义的《老子还原》、王中江

① 向宗鲁：《说苑校证》，中华书局1987年版。

② 魏源：《老子本义》，华东师范大学出版社2010年版。

③ 武内义雄：《老子原始》，载《先秦经籍考》，上海文艺出版社1990年影印版。

④ 黄方刚：《老子年代之考证》，载《古史辨》第4辑，上海古籍出版社1982年影印版。

的《根源、制度和秩序:从老子到黄老》[1]等。

郑良树的《〈金人铭〉与〈老子〉》一文,将《金人铭》在文本上与《大戴礼记》卷六《武王践阼》所引的《席铭》和《太公兵法》中所引的《黄帝语》等其他古籍比较考察之后,得出结论说:"《金人铭》的时代应该在《语》及《席》等之前,它甚至于是它们所依据者。"[2]郑良树认为《金人铭》的产生在《黄帝语》《席铭》等古籍之前,后两者参照利用了《金人铭》中的语句。据此,他明确指出《金人铭》的产生时代"应该在春秋之季",也就是说,《金人铭》在《老子》之前。

杨义指出:"《金人铭》的思想,起码有三点与《老子》相通。一是'慎言'。二是'卑下'。三是'守雌'。"[3]他和郑良树都列出了《老子》与《金人铭》相同或相似的语句。比如《金人铭》:"无多言,多言多败。"《老子》第五章:"多言数穷,不如守中。"《金人铭》:"强梁者不得其死,好胜者必遇其敌。"《老子》四十二章:"人之所教,我亦教之。强梁者不得其死,吾将以为教父。"《金人铭》:"君子知天下之不可盖也,故后之、下之。"《老子》七章:"是以圣人后其身而身先;外其身而身存。"六十六章:"是以圣人欲上民,必以言下之;欲先民,必以身后之。"《金人铭》:"执雌持下,莫能与之争者。"《老子》二十八章:"知其雄,守其雌。"《金人铭》:"夫江河长百谷者,以其卑下也。"《老子》六十六章:"江海之所以能为百谷王者,以其善下之,故能为百谷王。"《金人铭》:"天道无亲,常与善人。"《老子》七十九章:"天道无亲,常与善人。"《老子》与《金人铭》的渊源关系,是一个非常值得深入研究的课题。

---

① 王中江:《根源、制度和秩序:从老子到黄老》,中国人民大学出版社 2018 年版,第 54 页。

② 郑良树:《诸子著作年代考》,北京图书馆出版社 2001 年版,第 12 页。

③ 杨义:《老子还原》,中华书局 2011 年版,第 39 页。

《老子》与《尚书》。《尚书》是记载君臣谈话和君王文诰的史书,是一部自尧舜到夏商周,跨越两千余年的历史文献。今天所见的《尚书》相传由孔子编撰而成,有些篇目是后来儒家补充进去的。但是在此之前,这些记录唐虞夏商周帝王的言行的文献资料是以档案的形式保存在"守藏室"中的,所以《尚书》一定是"守藏室之史"老子的必读书目,因而在《老子》书中,也必定有对《尚书》的继承。

《老子》十二章:"五色令人目盲;五音令人耳聋;五味令人口爽;驰骋畋猎,令人心发狂;难得之货,令人行妨。是以圣人为腹不为目,故去彼取此。"我们可以从《尚书》找到同样的古训。《尚书·五子之歌》曰:"训有之:'内作色荒,外作禽荒,甘酒嗜音,峻宇雕墙,有一于此,未或不亡。'"此是夏朝的古训。《尚书·无逸》说:"呜呼!继自今嗣王,则其无淫于观、于逸、于游、于田,以万民惟正之供。无皇曰:'今日耽乐。'乃非民攸训,非天攸若,时人丕则有愆。无若殷王受之迷乱,酗于酒德哉!"这是周公旦对嗣王的训诫。

《老子》六十四章:"慎终如始,则无败事。"我们也可以在《尚书》中找到商、周传统思想的继承与表述。《尚书·太甲下》:"慎终于始。"《尚书·仲虺之诰》:"慎厥终,惟其始。"

《老子》反对自矜、自骄、自满,而主张谦让、不争、不盈、卑下而居后。如九章:"持而盈之,不如其已;揣而锐之,不可长保。金玉满堂,莫之能守;富贵而骄,自遗其咎。功遂身退,天之道也。"二十二章:"不自见,故明;不自是,故彰;不自伐,故有功;不自矜,故能长。夫唯不争,故天下莫能与之争。"老子的这一思想在《尚书》中亦有渊源。《尚书·大禹谟》:"满招损,谦受益,时乃天道。""汝惟不矜,天下莫与汝争能。汝惟不伐,天下莫与汝争功。"《尚书·仲虺之诰》:"谓人莫己若者亡,好问则裕,自用则小。""志自满,九族乃离。"《尚书·毕命》:"骄淫矜夸,将由恶终。"

《老子》四十九章："圣人常无心，以百姓心为心。"这是老子宝贵的民本思想。这一思想，也是源于《尚书》中皋陶和周公的思想。《尚书·皋陶谟》曰："天聪明，自我民聪明。天明畏，自我民明威。达于上下，敬哉有土。"皋陶这段话的意思是说："上天的视听依从臣民的视听，上天的赏罚依从臣民的赏罚，天意和民意是相通的，要谨慎啊，有国土的君王！"《尚书·酒诰》曰："古人有言曰：'人无于水监，当于民监。'"在这里，周公要求为政者不要用水做镜子，而是要把人民当作镜子，时时对照检查自己，反省为政的得失。

《老子》与《易经》。《老子》与《易经》渊源甚深。《易经》被《汉书·艺文志》推尊为"群经之首"，是中国传统文化最重要的元典。无论道家或儒家，都与《易经》有着密切的渊源关系。

"易"是上古筮书的泛称。据载上古共有三《易》，夏曰《连山》，商曰《归藏》，周曰《周易》。其中《归藏》以坤为首卦，"坤，阴物也"，"坤道成女"，万物都归藏于地。地、女相对于天、男来说，属于阴性；相对于天、男的刚健来说，属于柔顺。《周易》以乾为首卦。《易传》云："天行健，君子以自强不息；地势坤，君子以厚德载物。"乾、坤两卦所代表的精神，正合乎儒、道两家思想的特点。

老子及道家思想源于《易》，这已是许多学者所认同的观点。老子受《归藏》阴柔文化传统的启迪，发挥贵柔尊阴思想，从女性生殖崇拜而推演天地万物的产生、成长。将"玄牝"的形状和生育功能，扩展和规定为"道"的性质，从而建构了以"道"为万物存在普遍根据的本体论。

老子推演宇宙万物的生成程序为："道生一，一生二，二生三，三生万物。"这是对《易》深切的体悟。在《易》中，宇宙之初为混沌未分的"一"，"分而为二以象两"，两即阴阳，亦即卦画的阴爻与阳爻。老子诠释万物都"负阴而抱阳"，都蕴涵着阴阳二性。卦画由阴阳两爻而有三爻即老子所言“二生三”；画卦三爻而成八卦，八种象征物相互作用而成六十四卦，以象万物，即老子所言“三生万物”。所以，老子的宇宙生成论是从《易》的成卦程序和《易》有两仪、四象、八卦的启示下衍生出来的。

《易经》以阴阳二爻表示阴阳消长、奇偶相反相成之象。六十四卦在排列中两两对立，如“乾”和“坤”，“否”和“泰”，“既济”和“未济”等等，都体现了矛盾或对立的辩证性质。《老子》也论证阴阳消长、相反相成之理，提出有无、难易、静躁、雄雌、祸福之类的对立统一的概念。

《易》讲变易，其基本精神之一是对立和谐，其有丰富的矛盾、对立和转化发展的观念。无变不成易，在变易中组合六十四卦。老子也认为矛盾的对立和相互转化是自然、社会中普遍存在的。根本的原则，“反者道之动”。《老子》丰富的辩证法思想是对于《易》文化的继承和发挥。

老子的师承。老子也是有老师的，他的老师据说是常枞。《文子·上德》中说：

> 老子学于常枞，见舌而守柔，仰视屋树，退而因川，观影而知持后，故圣人虚无因循，常后而不先，譬若积薪燎，后者处上。

文子是老子的弟子后学，也是道家的一个代表人物，所以文子所言，应该是有所依据的。对于老子师从常枞，刘向《说苑·敬慎》中讲过一个“见舌而守柔”的故事：

> 常枞有疾，老子往问焉，曰：“先生疾甚矣，无遗教可以语诸弟子者乎？”常枞曰：“子虽不问，吾将语子。”常枞曰：“过故乡而

下车，子知之乎？”老子曰：“过故乡而下车，非谓其不忘故耶？”常枞曰：“嘻，是已。”常枞曰：“过乔木而趋，子知之乎？”老子曰：“过乔木而趋，非谓敬老耶？”常枞曰：“嘻，是已。”张其口而示老子曰：“吾舌存乎？”老子曰：“然。”“吾齿存乎？”老子曰：“亡。”常枞曰：“子知之乎？”老子曰：“夫舌之存也，岂非以其柔耶？齿之亡也，岂非以其刚耶？”常枞曰：“嘻，是已。天下之事已尽矣，无以复语子哉！”

这个有意思的故事流传很广，在汉代的《淮南子》和晋代的《高士传》中也有记载。不过在这两部典籍中，老子的老师记作商容。《淮南子·缪称训》中说：

老子学商容，见舌而知守柔；列子学壶子，观景柱而知持后矣。故圣人不为物先，而常制之，其类若积薪樵，后者在上。

至于皇甫谧的《高士传》，则把《说苑》里的故事又讲了一遍，只是常枞的名字也换作了“商容”。商容是谁？查古籍所载，以“商容”为名者竟有三人。第一个是商末殷纣王时期主掌礼乐的大臣，著名贤者，因为不满纣王的荒唐暴虐，多次进谏而被黜，逃入太行山隐居。周武王胜殷之后，欲封其为三公，辞不受，武王遂表商容之闾，优待他的乡邻，以示对忠臣贤者的尊敬。《史记·殷本纪》有载：“商容贤者，百姓爱之，纣废之。”《荀子·大略》中说：“武王始入殷，表商容之闾，释箕子之囚，哭比干之墓，天下乡（向）善矣。”这个商容与老子时代相距甚远，不会是老子之师。第二个就是《淮南子·缪称训》所记的“老子学商容”的商容。第三个是春秋时期齐国人，为齐桓公大臣，齐桓公图谋霸业时被管仲派遣居住于宋以奉劝宋国归附齐国。

《管子·小匡》中讲:“桓公曰:‘甲兵大足矣,吾欲从事于诸侯。可乎?’管仲对曰:‘未可,治内者未具也,为外者未备也。’故使鲍叔牙为大谏,王子城父为将,弦子旗为理,宁戚为田,隰朋为行;曹孙宿处楚,商容处宋,季劳处鲁,徐开封处卫,晏尚处燕,审友处晋。”“商容处宋”,被管仲派驻到宋国。宋国离老子故乡陈国不远,这个从齐国来的商容是不是老子的老师呢?管仲是春秋时人,生卒年是公元前719—前645年,孔子生卒年是公元前551—前479年,按照老子年长孔子20岁的说法,老子约生活于公元前571—前471年之间,老子比管仲晚生148年。齐国的这个商容与管仲同时,假使商容比管仲年轻50岁,老子出生时商容已经98岁了,所以老子遇不上商容,因而齐国的这个商容也不会是老子的老师。商容,从读音上考证,应该就是常枞。从各书所载“见舌而守柔”的故事来看,二者也是同一个人。

第八章　老子学说的发展及影响

《老子》五千言，博大精深，犹如大江浩海，任人取酌。陆游有《读〈老子〉》诗云："《道德》五千言，巍巍众妙门。管窥那见豹，指染仅尝鼋。"老子之后，诸子百家各取所需，均或多或少受其影响。老子学说中的天道观、宇宙观发展为庄子哲学，以及后世魏晋玄学、宋明理学，以老子学说为主流，推动了中国哲学史上的三次高潮；老子无为论在战国时期发展为黄老学说，应用为西汉的政治实施，为"君人南面之术"；老子无名论发展为名家辩学。一源百流，各蔚奇观。

一、老子之弟子后学

老子之后，以老子学说为核心，发展了道家学派的代表人物当推杨朱、列子、文子和庄子，但直接向老子受学的人却寥寥可数。相传孔子弟子三千、贤徒七十余人，墨子门徒"百八十人"，而老子则只有关尹、文子等少数几个门徒，原因大概是老子"以自隐无名为务"，当然不会像孔子那样有教无类、广收门徒，也没有像墨子那样形成一个有严密组织的墨者集团。

关尹等老子的弟子是老子与战国时期的庄子和稷下黄老道家的

中间环节,对老子学说的传播和发展起到了重要作用。

关尹。按照《史记》记载,老子著书名世,与关尹其人有极大关系。老子"至关,关令尹喜曰:'子将隐矣,强为我著书。'于是老子乃著书上下篇。"老子是应关尹的要求留下了《老子》一书。《庄子·天下》在划分当时的学术流派时,把关尹、老聃归为一派,并称赞他们是"古之博大真人"。关尹也曾著书留世,《汉书·艺文志》列有《关尹子》九篇,班固注曰:"名喜,为关吏。老子过关,喜去吏而从之。"将关尹视作老子之弟子,并说他辞官跟随老子而去。

关于关尹之名,后世有诸多猜疑,对《史记》中记载老子出关一段话中"关令尹喜"四字争论颇多。有人认为守关之令名叫"尹喜";有人认为关尹名喜,"令"乃后人妄加,因为周代守关之令即称"关尹"①;有人认为"喜"为动词,作"欢喜"解。这几种说法难以定于一尊,但《庄子》等先秦文献中多以"关尹"称之,故从。

关于关尹的事迹,《史记》除了说关尹强令老子为其著书外,没有其他记载。汉魏间文士托名刘向所作的《列仙传》中有《关令尹》:"关令尹喜者,周大夫也。善内学,常服精华,隐德修行,时人莫知。老子西游,喜先见其气,知有真人当过,物色而遮之,果得老子。老子亦知其奇,为著书授之。后与老子俱游流沙,化胡,服苣胜实,莫知其所终。尹喜亦自著书九篇,号曰《关令子》。尹喜抱关,含德为务。挹漱日华,仰玩玄度。候气真人,介焉独悟。俱济流沙,同归妙处。"关尹跟从老子西游,可能真有其事,也可能是神仙家的附会。《关令子》其书亡佚,其思想片断,保留在《吕氏春秋》和《庄子》中。今本《关尹子》一卷,收入《道藏》,其实是唐宋间道士托名而作的伪书。

---

① 据《国语·周语》:周之秩官有之曰:"敌国宾至,关尹以告",可知周代守关官员称关尹。

另有元代道士杜道坚所著《关尹子阐玄》三卷，阐发《关尹子》要义，收录于《续修四库全书》中。

关尹之学源出老子。其学以“太一”（道）为核心，以“常无”“常有”为理论基础，而又具有自己的特色。《吕氏春秋·不二》称“老聃贵柔”，“关尹贵清”。《庄子·天下》载：“关尹曰：‘在己无居，形物自著。其动若水，其静若镜，其应若响。芴乎若亡，寂乎若清。同焉者和，得焉者失。未尝先人而常随人。’”大意是要使心灵保持自然清寂的状态，才可能认识万事万物的本来面目。关尹“贵清”的思想是与老子尚静的思想一脉相承的。

道教兴起后，关尹子被封为“文始真人”，所以其书《关令子》也改称《文始真经》。“文始真人”关尹子也是道教中的一个重要人物。所谓“文始”，因为他最先接受了老子的教诲，从而开发智慧，修证大道，得到成就，可以理解为文明之始。

列子。列子是老子之后、庄子之前的道家代表人物。关于列子的生平事迹，史载甚少。列子最早见于《庄子》，名列御寇，但《庄子》一方面将他描述成一位御风而行的神仙：“列子御风而行，泠然善也，旬有五日而后反。”（《庄子·逍遥游》）另一方面又说他是一个穷困潦倒的凡人：“子列子穷，容貌有饥色。”（《庄子·让王》）《战国策》和《韩非子》《尸子》《吕氏春秋》等书对列子事迹也有零星记载。东汉高诱注《吕氏春秋》时有几处说明：“子列子，贤人，体道者，请问其射所以中于关尹喜。”“子列子，御寇，体道人也，著书八篇，在庄子前，庄子称之也。”据《列子·天瑞》载：“子列子居郑圃，四十年无人识者。”可见他是郑国的一名隐士。列子活动年代大约在战国早中期，略早于庄子。

列子死后，他的弟子可能追记先师言行而编纂过一本《列子》。古本《列子》在先秦曾有人研习过，但是经过秦祸，其书残缺不全。

西汉时刘向编校整理古代典籍，收集公私所藏《列子》二十篇，去除重复篇章，定为八篇。刘向编定后，写了一篇《列子书录》，文中说：“列子者，郑人也。与郑缪公同时，盖有道者也。其学本于黄帝、老子，号曰道家。”①刘向把列子归入道家。刘向编定的《列子》在汉代流行。《汉书·艺文志》列有《列子》八篇，班固自注云：“名圄寇，先庄子，庄子称之。”班固所见，就是这部书。但是，此后数百年，特别是经西晋永嘉之乱，《列子》又流散残缺。东晋玄学家张湛搜罗整理加以补全，恢复八篇之数，为之作注，并著有《列子序》一文，讲述了此书失而复得的过程。现在所看到的《列子》八篇即为张湛所校定。

因为《列子》几经流散，加之整理者加进了一些后世的思想内容，所以后人多怀疑今本《列子》是魏晋人或者就是张湛本人伪造的。对《列子》真伪的怀疑、争论从唐宋开始一直延续到 20 世纪二三十年代，怀疑和争论的焦点在三个方面：一是列子的时代，刘向《列子书录》称列子为郑人，与郑缪公同时，然而郑缪公比孔子还早近百年，列子不可能是老子以后的人；二是《列子》书中有一些先秦与西汉书籍的资料和语言词汇，如太初、太始、太素说出自《易纬》，周穆王驾八骏西游出自汲冢书《穆天子传》；三是书中有明显的魏晋玄学甚至佛教影响，如“西方之人有圣者”指佛等。

目前学界对列子其人其书的认识是：因列子在《庄子》《韩非子》《吕氏春秋》《战国策》等书中都有不同程度的记载，因此多数学者认为其人应该是存在的，其生活年代也大体在郑繻公（约前 423 年—前 396 年在位）之时。刘向《列子书录》中所说“郑缪公”应是“郑繻公”之误。《列子》古有所本，但几散几聚，刘向和张湛都是搜罗散本而后重新编定的，至于书中有后世的语言词汇和思想内容，那是在重新

① 刘向：《列子书录》，载杨伯峻：《列子集释》，中华书局 2010 年版，第 292 页。

整理补全编定的过程中羼入的。

今本《列子》一书，共有《天瑞》《黄帝》《周穆王》《仲尼》《汤问》《力命》《杨朱》《说符》八篇，载有哲理散文、寓言故事、神话故事、历史故事等134章，旨意同于道家黄老之学。《列子》文辞优美，书中名言及寓言故事，体现了道家对精神自由的心驰神往，其宏阔的视野、精当的议论和优美的文笔，使人领略到隽秀、凝练而劲拔的散文之美。刘勰《文心雕龙》对《列子》给予很高的文学评价："列御寇之书，气伟而采奇。"

列子的思想学说，受到老子的重大影响。如他的天道观，认为不生不死的道生成万物；他的处世思想，认为应顺物之自然等，基本上与老子相同。刘向认为："其学本于黄帝老子，号曰道家。道家者，秉要执本，清虚无为，及其治身接物，务崇不竞，合于六经。"[①]《吕氏春秋·不二》称列子之学"贵虚"，"虚"即是道家的"清虚自守"。《列子·天瑞》篇中说："或谓子列子曰：'子奚贵虚？'列子曰：'虚者无贵也。'子列子曰：'非其名也，莫如静，莫如虚，静也虚也。得其居矣，取也与也，失其所矣。事之破碼而后有舞仁义者，弗能复也。'"这与《老子》所谓"致虚极，守静笃万物并作，吾以观复"（十六章）的思想是一致的。

列子与老子、庄子并称为道家三大代表人物。先秦道家创始于老子，发展于列子，而大成于庄子，所以列子是介于老子与庄子之间的道家学派重要传承人物。道教兴起后，列子也被尊为道教人物。唐代时唐玄宗下旨称列子为"冲虚真人"，《列子》也被列为道家经典，称为《冲虚真经》，与《道德经》《庄子》《文子》并列为道教四部经典。

---

① 刘向：《列子书录》，载杨伯峻：《列子集释》，中华书局2010年版，第292页。

文子。关于文子其人,史籍中所记甚少。《汉书·艺文志》录有《文子》九篇,班固简单地介绍了文子其人:“老子弟子,与孔子并时,而称周平王问,似依托者也。”但是这段话中,一是时间上有矛盾,二是班固自己也含糊不清。因为周平王比孔子年代早,并不是一个时代的人,所以班固说可能是文子“依托”周平王。《隋书·经籍志》著录《文子》十二篇,与班固所见的版本不同,今天我们所看到的《文子》就是这部有十二篇的书。今本《文子》内容中有一些与《淮南子》相同的内容,因此有人怀疑是抄《淮南子》的伪书。唐代柳宗元写了一篇《辨文子》,认为《文子》是一部“驳书”:“《文子》书十二篇,其传曰:‘老子弟子’,其辞有若可取,其旨意皆本老子。然考其书,盖驳书也。其浑而类者少,窃取它书以合之者多。凡《孟子》辈数家皆见剽窃,哓然而出其类,其意绪文辞,叉牙相抵而不合,不知人之增益之欤?或者众为聚敛以成其书欤?”[①]柳宗元以后,大多数研究者都认为今本《文子》是汉唐之间的伪书,或认为是抄袭《淮南子》的西汉后期作品。但是,1973 年河北定县八角廊 40 号汉墓出土了一批竹简,其中有《文子》残简 277 枚、2790 余字,与今本《文子》相同的文字有 6 章,不见于今本的还有一些内容,应是《文子》的佚文,八角廊汉墓《文子》简的出土推翻了《文子》为伪书的论断,确证了《文子》是西汉时已有的先秦古书。

竹简本《文子》与今本《文子》都是问答体,不同的是,竹简本《文子》是平王问、文子答,而今本是文子问、老子答。《定县 40 号汉墓出土竹简简介》说:“从几个与今本相同的章节证明,凡简文中的文子,今本都改成了老子,并从答问的先生变成了提问的学生。平王被取消,新添了一个老子。……证明《文子》本非伪本,今本《文子》实

① 柳宗元:《柳河东集》,上海人民出版社 1974 年版,第 68 页。

经后人窜乱。”[①]李学勤《试论八角廊简〈文子〉》一文，考证《文子》其书的演变和文子其人的年代，认为书中的“平王”不是班固所记的“周平王”，而应是“楚平王”。楚平王与孔子同时，“据此，文子是老子弟子，与孔子并时，是没有矛盾的。”[②]但是关于文子是谁，历代学者们提出了几个人，如计然、文种、田文、尹文子等，莫衷一是，都缺乏确凿论据，难以定论。

无论是竹简本《文子》或今本《文子》，在思想体系上都承袭《老子》，而且都较多地引用了《老子》原文。但是竹简本《文子》并没有明确说文子是老子弟子，而今本《文子》将竹简本《文子》中平王与文子答问改为老子与文子师生答问，明确了老子和文子是师生关系。今本《文子》中的《道德》篇说：“平王问文子曰：‘吾闻子得道于老聃，今贤人虽有道，而遭淫乱之世，以一人之权，而欲化久乱之民，其庸能乎？”[③]明确说文子是老子的学生。

《文子》不是成书于一人之手，柳宗元在《辨文子》中就已经指出《文子》内容驳杂，“不知人之增益之欤？或者众为聚敛以成其书欤？”这也说明从竹简本《文子》到今本《文子》成书有一个较长的演变过程，在这个过程中，今本《文子》的编者增加老子答问的内容，借老子以壮大文子的声势。

宁镇疆在《从出土材料再论〈文子〉及相关问题》一文中，用定县八角廊汉墓出土的竹简《文子》与郭店楚墓出土的竹简本《老子》和马王堆汉墓帛书本《老子》相对照，从简本《文子》引用《老子》看其时间上限，从今本《文子》引用《老子》定其时间下限，证明简本《文

① 国家文物局古文献研究室、河北省博物馆、河北省文物研究所定县汉墓竹简整理组：《定县40号汉墓出土竹简简介》，载《文物》1981年第8期。
② 李学勤：《试论八角廊简〈文子〉》，载《文物》1996年第1期。
③ 王利器：《文子疏义》，中华书局2012年版，第255页。

子》当成书于战国晚期："从公元前 300 年到公元前 223 年，应该是古本《文子》撰成的时间范围。"[①]张丰乾在《试论竹简〈文子〉与今本〈文子〉的关系》一文中，通过今本《文子》与《淮南子》的比较，认为今本《文子》成书不会早于东汉早期。[②] 王利器则推断今本《文子》，当成书于汉惠帝之时。[③] 综合判断，从竹简本《文子》到今本《文子》成书这个过程，应该处于战国末年或秦末汉初黄老学说盛行之时。

《文子》对于《老子》的传播影响很大。《文子》成书的时间，处于郭店楚简本《老子》和马王堆汉墓帛书本《老子》之间，正是《老子》流传范围扩大的时期。无论是简本还是今本《文子》，对《老子》一书的引用都占到了相当大的篇幅，这表明《文子》一书的作者非常熟悉《老子》，而且在论证某个问题时，对《老子》书中语句的引证几乎做到了穷尽式的列举。这也可以看出当时的学者对《老子》研究的深入和传播的广泛。刘笑敢在《一条断定〈老子〉年代问题的新途径》一文中说，《老子》产生于公元前 6 世纪的春秋末年，但"在公元前 4 世纪以前，它的学说发展缓慢"[④]。到了战国后期和西汉初年，学者们开始研老、解老，并将老子的学说运用于政治实践，于是黄老学说开始发展，《文子》就是这一时代的产物。王利器《文子疏义·序》中说："予尝谓黄老之学，萌芽于战国，特至汉初，始有治黄老之学者最录而笔之于书，是为《文子》。"[⑤]

《文子》在思想内容上主要是解说老子之言，阐发老子思想，继

---

① 宁镇疆：《从出土材料再论〈文子〉及相关问题》，载《华东师范大学学报》2002 年第 2 期。

② 张丰乾：《试论竹简〈文子〉与今本〈文子〉的关系》，载《中国社会科学》1998 年第 2 期。

③ 王利器：《文子疏义》，中华书局 2012 年版，第 6 页。

④ 刘笑敢：《一条断定〈老子〉年代问题的新途径》，载《黄淮学刊》1998 年第 4 期。

⑤ 王利器：《文子疏义》，中华书局 2012 年版，第 6 页。

承和发展了老子的学说。所以许多学者认为,《文子》就是《老子》的疏义和解说。王利器在《文子疏义·序》中引用宋代杜道坚《文子缵义》和清代马骕《绎史》说:"《文子》,《道德》之疏义,语必称《老子》,尊所闻以立言也。"①江世荣认为,《文子》是《老子》古注之一,比《韩非子》中的《解老》《喻老》还要早一些。② 熊铁基在《中国老学史》中说,《文子》是"最早的老学著作",是在老学发展史上应该特别注意的一部书。③

《文子》一书的价值在于:一是保存和继承了《老子》的思想学说。《文子》既是《老子》流传范围扩大的产物,又在很大程度上促进了《老子》的流传。我们注意到楚简本《老子》和汉帛书本《老子》之间有较大的差异,而古本《文子》恰形成于简、帛之间,从《文子》所引《老子》的内容来看,《文子》在保存和传习《老子》的同时,还影响和改变着《老子》,所以《文子》对《老子》的演变所起的作用,应该得到充分的研究。二是阐释和发展了《老子》的思想学说。无论是竹简本《文子》还是今本《文子》,都保存有对《老子》经文的阐释。从《文子》对《老子》经文解释中,可以发现它对于《老子》经文有所改动,并提出创造性的阐发。这表明先秦时代的《老子》传本,经过各种方式的传抄和解释,在各地有不同的抄本,而《文子》所保留的资料,表明是《老子》思想学说发展线索中重要的一脉。

《文子》产生于黄老学说兴起的时期,上承《老子》哲学,下启黄老道家,思想体系上以老子道家思想为中心,兼有部分儒家、法家思想,是老子道家向黄老道家发展过渡的桥梁。孙星衍在《文子序》中说:"黄老之学存于《文子》,西汉用以治世,当时诸臣皆能称道其说,

---

① 王利器:《文子疏义》,中华书局2012年版,第3页。

② 江世荣:《〈老子〉古注之一〈文子〉述略》,载《道家文化研究》第18辑。

③ 熊铁基:《中国老学史》,福建人民出版社2005年版,第128页。

故其书最显。”[1]《文子》的思想不是单纯继承老子，而是在继承的基础上体现了创新，后来的黄老思想应该发端于此，在先秦和汉代黄老思想的发展过程中产生了巨大的影响。

《文子》在唐代备受关注。李唐王朝在很长时期内以道教为国教，唐太宗尊老子为李氏始祖，唐玄宗诏封文子为“通玄真人”，改称《文子》为《通玄真经》，把《文子》和《老子》《庄子》《列子》并列为道教四部经典。

杨朱。杨朱之名，史载多异。《庄子》作“阳子居”或“阳子”，《孟子》《韩非子》作“杨子”。古代“阳”“杨”通假，所以“杨朱”和“阳子居”是同一个人。古代文献中关于杨朱的记载散见于《庄子》《孟子》《荀子》《韩非子》《吕氏春秋》诸书中。

《庄子·应帝王》记载，杨朱曾见过老子，向老子讨教“明王之道”。《庄子·寓言》又说杨朱追随老子，执弟子之礼，“进盥漱巾栉，脱履户外，膝行而前”。老子教导他：“大白若辱，盛德若不足。”具有谦弱卑下、不骄不矜的态度，方可修习大道。

杨朱开一派学说，其学说曾为战国显学。《孟子·滕文公下》说：“杨朱、墨翟之言盈天下；天下之言，不归杨，则归墨。”可见杨朱学说在当时有相当大的影响。杨朱并没有留下著作，即使曾有著述，而《汉书·艺文志》已不见著录，说明早已亡佚。他的思想言论散见于《庄子》中的《缮性》《让王》等篇，《吕氏春秋》中之《贵生》《不二》《执一》等篇，《淮南子》中《精神训》《道应训》《诠言训》《泛论训》等篇，以及《韩非子》《说苑》《法言》等古籍中。《列子》中有《杨朱》篇，也可视为杨朱学派的作品。

杨朱思想的主要内容是“贵己”“重生”。《吕氏春秋·不二》

---

① 孙星衍：《文子序》，载《问字堂集》，中华书局1996年版，第88页。

云："阳生贵己。"孟子认为杨朱"贵己"即是"为我"，他在《孟子·尽心上》中对杨朱大加挞伐，说："杨子取为我，拔一毛而利天下，不为也。墨子兼爱，摩顶放踵，利天下，为之。"将杨朱与墨子对比，把杨朱说成一个极端利己主义者，这其实是有失公允的。《韩非子·显学》称杨朱是"轻物重生之士"，《淮南子·泛论训》说杨朱之学的核心是"全性保真，不以物累形"。他的"贵己"之说颇得老子思想之精髓。"拔一毛以利天下而不为"语出《列子·杨朱》，原话为："损一毫利天下不与也，悉天下奉一人不取也；人人不损一毫，人人不利天下，天下治矣。"对这段话正确的理解应该是：杨朱之学，贵己则重生，重生则轻利。用以治身，则任性纵情，全生远害；用以治国，则行自然无为之治，为无损无益之政。如果"拔一毛以利天下"，则违背了自然无为的原则，行扰民之政，反而有害天下，所以杨朱不做"拔毛"之事。由此观之，将杨朱说成是自私自利的个人主义者，是没有全面理解杨朱的思想。

一般认为，杨朱"贵己""重生"的思想，源出《老子》。《老子》第十三章："贵以身为天下，若可寄天下；爱以身为天下，若可托天下。"因而将杨朱归于道家。但是在《庄子》中，杨朱常常是庄子辩难的对象，为庄周所斥，不归入道家。其实杨朱起于老、儒、墨之后，其思想独树一帜，乃自成一家。

庄子。庄子，名周，战国时宋国人，生卒年与孟子相近。《史记·老子韩非列传》载："庄子者，蒙人也，名周。周尝为蒙漆园吏，与梁惠王、齐宣王同时。其学无所不窥，然其要本归于老子之言。故其著书十余万言，大抵率寓言也。作《渔父》《盗跖》《胠箧》，以诋訾孔子之徒，以明老子之术。"庄子是老子之后道家学派的主要代表人物，与老子并称"老庄"，后世常以"老庄"代指道家。

庄子的身世可以考证的不多，他可能是宋国贵族的后代，从其姓氏渊源上可以看出：庄氏出自子姓，是春秋宋国公族的后裔。宋国第十一代国君宋戴公，名武庄，后代以庄为姓。但是，庄周的家世没落，只做了一个漆园吏的小官，他一生没有与政治发生关系，据说楚国国王听说他很有才说，派人带厚礼聘他为国相，但他置之不理，他有意与主流社会相疏离，安心做一个隐士。

《史记》言庄子为蒙人，蒙在何处？一说在今河南商丘东北，古属宋国。《淮南子·修务训》注中说："庄子名周，宋蒙县人。"这是比较通行的说法。一说在今安徽蒙城，古属楚。我们认为这种说法有一定的道理。朱熹、王国维都认为庄子是楚人。王国维说："庄子楚人，虽生于宋，而钓于濮水。陆德明《经典释文》曰'陈地水也'，此时陈已为楚灭，则亦楚也，故楚王欲以为相。"[①]不论庄子是宋之蒙人还是楚之蒙人，都与老子故里陈地相近。

司马迁说"庄子著书十万余言"，但今本《庄子》只有三十三篇，共六万五千多字；《汉书·艺文志》说"《庄子》五十二篇"，可能是在晋代郭象注《庄子》时删去了。《庄子》分内篇、外篇、杂篇三部分，一般认为内篇为庄子本人所著，而外篇和杂篇成书较晚，多为庄子的弟子后学所作。

庄子的思想主要体现在《庄子》内七篇中。庄子继承了老子的"道"，但他很少论述"道"的本体，而是重点论述如何"体道"，即将"道"运用到人生体验上。在《逍遥游》《齐物论》《应帝王》等名篇中，庄子借他笔下的寓言人物的体验和修养来阐发"道"的境界，这种"与天地精神相往来"的"体道"境界和自由精神，其实也就是他的人生态度。在庄子笔下，那些得道人物多是面貌残畸而心灵世界丰富，可见庄子所关心的不是外在的有形生命，而是内在的心灵世界。

---

① 王国维：《王国维遗书》第5册，上海古籍书店1983年影印版，第80页。

从根本上讲，老子并没有脱离政治，《老子》哲学针对的是社会，是“君人南面之术”；而庄子是真正出世的，他对政治是排斥的，《庄子》书中有许多对政治的冷嘲热讽，更没有什么积极的治世方案；他的哲学则是对个人，是面对浊世的自我解脱与心灵救赎之道。这是老、庄的最大区别。

庄子集先秦道家之大成，继承并丰富和发展了老子学说，且自成机杼。他将老子思想中关于政治权变的治国之策、为政之术去除，而专注于《老子》人生哲学中崇尚自然的内容，把提高自身的心灵境界作为第一要义，从而将老子学说推向一个更高的境界。陈鼓应说：“庄子对老子思想的最大发展，是他把老子那里主要是宇宙论及本体论意义的道转化为心灵的境界，从而使庄子哲学主要成为一个境界哲学。庄子最关注的是人体道之后的境界及达到此种境界的门径，而不是客观、实际的道。因而庄子对老子所特别强调的道的‘反’的规律以及道的无为、不争、柔弱、处后、谦下等特性，加以全面的扬弃。在自然说方面，庄子更为深广地发挥了人的自由性与自在性。世人虽以老、庄并称，然而进入到他们的世界中，立刻就感受到老子的机警和庄子的豁达，形成鲜明的对比。”①老子的学说之所以能够在中国传统思想文化史上源远流长，产生重大影响，庄子对老子道论的转化可谓厥功至伟。

庄子不但是中国哲学史上一位著名的思想家，同时也是中国文学史上一位杰出的文学家。庄子散文想象瑰丽，形象丰富，文势滔滔，汪洋恣肆，是我国浪漫主义文学之源。无论在哲学思想方面，还是文学语言方面，他都给予了中国历代的思想家和文学家以深刻的、巨大的影响，在中国思想史、文学史上都有极重要的地位。

---

① 陈鼓应：《老庄新论》，商务印书馆 2014 年版，第 172 页。

二、“黄老”与《黄帝四经》

老子的学说，在先秦时期大致沿着两个方向发展：一是以庄子为代表的学派，关注于阐发《老子》中关于人生哲学的内容，关切自我、自由与生命本真，追求内在的精神生命的体验，从而在形而上的层面建构起纯粹的哲学。二是以稷下学者为代表的黄老学派，关注于《老子》中的政治内容，以社会政治为中心，将《老子》中关于政治的思想运用于政治实践，从形而上的追求转化到形而下的操作层面，形成一套治国安邦、争夺霸权的治国理论。

黄老道家，“黄”是指黄帝，“老”是指老子。《史记·外戚世家》曰：“窦太后好黄帝、老子言，帝及太子诸窦不得不读《黄帝》《老子》，尊其术。”《论衡·自然》对“黄老”有明确的界定：“贤之纯者，黄老是也。黄者，黄帝也；老者，老子也。”“黄老”之称，黄帝摆在老子之前，但事实上《黄帝书》比《老子》书晚出，《黄帝书》是后人依托的。道家尊崇老子，是很自然的事情，但为什么还要把黄帝的名号冠在前面呢？这与战国时期流行的所谓“黄帝之言”和当时学术界的托古风尚有很大关系。

黄帝作为古史传说中的人物，最早见于《左传》《国语》和《逸周书》。考察古籍所载，可以看出大致在周代以前，黄帝只是一个神话人物；到了周代，黄帝被推为周族的祖先；到战国以至秦汉之际，黄帝又被尊为古帝王世系中的“五帝”之首，成为中原各族的共同始祖和中华大一统的象征。[①]

---

① 王剑：《论中华民族共同先祖的确认》，载《中南民族大学学报》2003 年第 6 期。

黄帝由神话传说到进入历史，成为中原各族的共同始祖和上古帝王，是出于战国时期统一天下的政治需要。实际上在上古时期，分布中原的各族各有其祖、各有其姓，各族姓之间是不相隶属的横的关系，而不是血脉相承的纵的关系。生活和发展于黄土高原上的姬姓周族认为黄帝是他们的始祖，黄帝姬姓。周人在取代商人之后，姬姓的发展蔚为大观，周武王大举分封同姓弟子为诸侯，建立了以姬周宗族体系为主干，并融合了异姓诸侯的周王朝，姬周一脉成为中原主流。为了在政治上一统天下，周代在祖源上建立了以黄帝为始祖的帝王谱系，把中原各族各国始祖统归于黄帝世系之下，黄帝被推为“五帝”之首，成了中原各族的共同始祖。《国语·晋语四》中说：“凡黄帝之子二十五人，其同姓者二人而已。……其得姓者十四人，为十二姓。……昔少典取于有蟜氏，生黄帝、炎帝。黄帝以姬水成，炎帝以姜水成。成而异德，故黄帝为姬，炎帝为姜。”把黄帝、炎帝说成是兄弟关系，把血统统一起来。《国语·鲁语上》说：“黄帝能成命百物，以明民共财，颛顼能修之。……故有虞氏禘黄帝而祖颛顼，郊尧而宗舜；夏后氏禘黄帝而祖颛顼，郊鲧而宗禹；商人禘舜而祖契，郊冥而宗汤；周人禘喾而郊稷，祖文王而宗武王。……凡禘、郊、祖、宗、报，此五者国之典祀也。”黄帝被尊奉为各族共同崇祭的祖先。所以到了汉代，司马迁在《史记·五帝本纪》中，综合春秋战国时期的《世本》等帝王世系史料，列出上古帝王谱系：“自黄帝至舜、禹，皆同姓而异其国号，以章明德。”而且颛顼、帝喾、帝尧、帝舜、帝禹和商的始祖契、周的始祖弃，都成了黄帝的裔孙，一脉同源，各族间横的关系变成了同宗一脉前后相承的纵的关系。于是，黄帝成了政治一统的象征。

与此同时，在思想文化上，黄帝作为先圣王与神明的代表，人们把各种德行功业加在他身上，黄帝也成为中华文明的创始者。李零指出,战国时期将方技术数之书和诸子之学依托黄帝之名,“其来源是《世本·作篇》这样的东西”。“本来每一族姓都有自己的‘帝’(‘帝’是‘嫡’的本字,是嫡出的始祖),但由于黄帝族的后裔特别发达,故很多‘帝系’都是以黄帝为中心。《世本·作篇》把大多数发明都归于黄帝君臣名下,与此是同步现象。”①

战国中期,百家争鸣进入高潮,各学派为了在论战中处于有利地位,纷纷打出了远古帝王的招牌,以示源远流长并试图以此声势压倒其他学派。黄帝在古史传说中本来已经取得了相当高的地位,其万姓同根的始祖地位、创育万物的神明睿智和孔武有力的战神形象也十分符合战国时代各国君主的争霸需要。于是诸子百家竞相托言,竞相追捧,以自家理论特色改造黄帝面目,假托黄帝之言以伸张自己的学说。《淮南子·修务训》云:“世俗之人,多尊古而贱今,故为道者必托之于神农、黄帝而后能入说。”一时间,各家各派都在打造属于自己的黄帝形象,各家黄帝呈现出各家的特色,儒家黄帝勤政爱民,道家黄帝清静无为,兵家黄帝骁勇善战,阴阳家黄帝深明阴阳,数术家、方技家黄帝不但通晓天文历谱五行之术,而且本身就是长生久视的典范,这就形成了战国中后期百家言黄帝的盛况。所以司马迁在《史记·五帝本纪》中说:“学者多称五帝,尚矣。然《尚书》独载尧以来,而百家言黄帝,其文不雅驯,荐绅先生难言之。”意思是说,当时的学者们喜欢谈论上古时期的五帝,其实《尚书》也只是从尧帝开始记载,尧以前的事很难说。百家所说的黄帝,各种说法不一,各说各的,有知识的人很难弄清楚,但大家还都要研究它,这是当时的风气。在后来的《汉书·艺文志》中,著录了汉代还能见到的托名黄帝

① 李零:《说“黄老”》,载《李零自选集》,广西师范大学出版社 1998 年版,第 281 页。

的书籍有数十种之多，分散在道家、阴阳家、小说家和兵书、术数、方技等类中，足见战国时黄帝之言的盛行。

在这样的形势下，道家仅凭借老子的声望已显然不足以与其他学派抗衡，于是，一部分有志于政治权力的道家学者受当时流行的黄帝之言的启发，打起了人文始祖黄帝的大旗，声称自己的学派直接继承了黄帝的统绪，渊源久远，道术高明。运用这样的策略，道家就一举在竞争中取得了明显的优势。

道家祖述黄帝，借黄帝之名改造道家思想，也是道家学派自身理论发展的需要。战国中后期，各国之间的政治和军事竞争日益加剧，君主们对人才和治国方略的需求激增，这就为知识阶层参与政治提供了更多的机会，于是各个学派的知识者积极入世，参与政治。但是以老子思想为代表的道家学派从一开始就具有一种对政治权力持疏离和批判态度的倾向，在变法图强、富国强兵成为最迫切需要的战国时代，道家学者们清静无为的价值取向，在政治权力上柔退不争的疏离心态，对财富和仁智的轻漠，对武力、权威和法令的排斥态度，都很难适应当时各国君主的现实需要。于是，一部分热衷于从政之道的道家学者认识到需要改造原始道家思想，以主动适应变革中的社会需求。为求变革，他们转而积极地向政治权力中心靠拢，把人文始祖黄帝和古代智者老子的形象结合起来，用虚设的黄帝之言改造老子之学，借用黄帝的名义为道家学派开辟了新的发展方向，把原本与社会政治疏离的原始道家，改造为积极探讨富国强兵之道和治国方略的黄老之学。而且在这个改革过程中，《老子》中的哲学思想、理论思维，尤其是其道论宇宙观和自然无为的方法论，成为这种新的政治学说的哲学基础。这样，黄老道家与法家、儒家和墨家等相比又具有了较为深厚的理论基础。由此，我们不难看出，正是黄老之学的出现使得道家学说在现实政治生活中从边缘走向了中心。

《汉书·艺文志》中著录的托名黄帝之书共有十二类二十六种数百卷篇。其中道家类五种:《黄帝四经》四篇,《黄帝铭》六篇,《黄帝君臣》十篇,《杂黄帝》五十八篇,《力牧》二十二篇。另有阴阳家类一种,小说家类一种,兵阴阳类五种,天文类二种,历谱类一种,五行类二种,杂占类一种,医经类一种,经方类二种,房中类一种,神仙类四种。[①] 在著录这些书目时,班固往往在书名后自注"起六国时""六国时贤者作""依托也"等,可见当时已明确是托名黄帝之书。这些黄帝之书,从思想体系上,道家占主流;而从具体内容上,阴阳方技术数之书占多数。但是,除了我们今天耳熟能详的《黄帝内经》之外,这些黄帝之书大都已亡佚,难以见到真实的面目。

1973 年,长沙马王堆汉墓出土《老子》帛书甲乙本,其中《老子》乙本卷前有四篇古佚书,分别标名为《经法》、《十六经》(或释读为《十大经》)、《称》和《道原》。由于这四篇古佚书抄在道家重要典籍《老子》的前面,且内容不见于传世文献,因此一经出土,便立刻引起了学术界的广泛关注。

四篇古佚书出土后,文本的复原整理与考释工作主要由马王堆汉墓帛书整理小组进行,从 1974 年到 1980 年,整理小组先后发表了四种释文与注释。著名学者唐兰在《考古学报》1975 年第 1 期上发表了《马王堆出土〈老子〉乙本卷前古佚书的研究》,认为《老子》乙本卷前四篇古佚书就是《汉书·艺文志》中有记载,但是后来失传的《黄帝四经》。对于唐兰先生的这个观点,学界中有支持者,也有持异议者。余明光著《黄帝四经与黄老思想》一书,直接沿袭了唐兰的观点,将四篇古佚书名为《黄帝四经》。陈鼓应也认同唐兰的观点,他在后来收入《黄帝四经今注今译——马王堆汉墓出土帛书》一书

① 余明光:《黄帝四经与黄老思想》,黑龙江人民出版社 1989 年版,第 11 页。

中的《关于帛书〈黄帝四经〉成书年代等问题的研究》一文中曾有过专门的讨论。但也有些学者抱着审慎的态度，认为《老子》帛书乙本卷前这四篇古佚书虽然与黄老之学有关，但不能确证就是《黄帝四经》，所以吴光的《老之学通论》和丁原明的《黄老学论纲》，都将其称为《黄老帛书》，李学勤则将其称为《黄帝书》，魏启鹏也以《黄帝书》称之，并将他研究古佚书的专著命名为《马王堆汉墓帛书〈黄帝书〉》。但是，从目前看，认为《老子》乙本卷前四篇古佚书就是《汉书·艺文志》记载的《黄帝四经》的观点已为多数研究者所接受。

《黄帝四经》最早见著录于《汉书·艺文志》，班固将其归纳为道家文献，《隋书·经籍志》不见著录，可知亡佚应在千年以上。《隋书·经籍志·道经部》曰："汉时诸子道书之流有三十七家……其黄帝四篇、老子两篇最得深旨。"很显然，这里的"黄帝四篇"就是《汉书·艺文志》里的《黄帝四经》。马王堆汉墓出土的这四篇托言黄帝的古佚文，抄在《老子》之前，是《黄帝四经》的可能性很大。

《黄帝四经》的出土，意义重大。西汉时期流行的黄老思想，在中国思想史上一直是个谜。《黄帝四经》的出土，为我们研究这个学派在历史上的地位，重新认识黄老思想，提供了可靠的史料依据。陈鼓应说："《黄帝四经》是现存最早也最完整的黄老道家的作品，它的出土，使我们对于在战国百家争鸣中取得思想界主导地位的黄老学派的发展线索，有一个重新的认识与评估。可以说，由于它的问世，不仅丰富了中国古代思想史，也使得我们对先秦各学派之间的流脉关系需要做一番重新的省察与探索。"①

关于《黄帝四经》的成书时代，陈鼓应认为"至迟作成于战国中期"，早于《孟子》和《庄子》《管子》。关于《黄帝四经》产生的地域和

① 陈鼓应：《黄帝四经今注今译》，商务印书馆 2013 年版，第 1 页。

作者,学术界争议颇大,主要有郑国或韩国、楚国、齐国、越国等说法。这说明了《黄帝四经》的学术渊源复杂,且在当时影响甚广。陈鼓应通过《黄帝四经》中的一些概念与齐文化和《管子》一书的比较研究,认为是“稷下之作”,出自齐国学者之手。[①]

《黄帝四经》全文11064字。第一篇《经法》主要论述自然和社会中所存在的恒定的法则,治国必须依靠法制。此篇开首便提出“道生法”,概括出道的本质特征,并为法的实施提供一种自然的根据,强调君主依法治国的必要性,制定政策要法天法地、考虑民心;并论述如何掌握君臣之道以及控制臣下,如何总结历史经验、分析国家兴亡的教训等。

第二篇《十六经》主要讲形名、刑德、阴阳、雌雄等对立统一及相互转化的关系,通过黄帝君臣的问答,论述政治、军事斗争的策略,阐明“正名施刑”的思想主张,同时论述了黄学“无为”“不争”的特点,强调了“刑德”“慎伐”的思想。

第三篇《称》主要通过对阴阳、雌雄、动静、取予、屈伸、隐显、实华、强弱等矛盾对立转化的辩证法的论述,强调施政行法必须权衡度量,区分轻重缓急;指出君主的“取予”对国家安危关系重大,“取予当,立为王。取予不当,流之死亡”。取予必须合乎“度”,过极失度就会导致败亡。

第四篇《道原》则是《黄帝四经》的哲学基础,此篇系统阐述了“道”的本体和功用。《道原》认为:“道”兼具事物本原和主宰的作用,即“小以成小,大以成大”,“鸟得而蜚,鱼得而流,兽得而走。万物得之以生,百事得之以成”,“万物莫之能令”,它具有无名、无形、无为而不为的特点,“人皆以之,莫知其名。人皆用之,莫见其形”。

---

① 陈鼓应:《黄帝四经今注今译》,商务印书馆2013年版,第41页。

《黄帝四经》是老子思想的继承、发展和改造，《黄帝四经》中的许多语句明显来自《老子》。据艾畦考证，《黄帝四经》和《老子》主要的相同用语有28处[①]；陈鼓应则说《黄帝四经》一书引用《老子》的词字、概念，多达170余见，处处流溢着《老子》思想观念的影子[②]。由此可以看出《黄帝四经》是在《老子》的基础上形成的。

《黄帝四经》中有关"道"的论述，完全是在用与《老子》大体相似的语言阐述与《老子》完全一样的意思。《黄帝四经》继承老子的"道"论，并向社会性倾斜。《道原》篇认为"道"是宇宙的本原，同时又是世界的主宰。它宰制自然和人类，是统治者经营天下的基本原则；掌握住"道"的规律，就可以统率、支配万物。"得道之本，握少以知多；得事之要，操正以正奇"，"圣王用此，天下服"。《十六经·成法》中也说："万物之多，皆阅一空。……操正以正奇，握一以知多。"这一认识显然源自《老子》第二十二章"是以圣人执一以为天下式"和第三十五章"执大象，天下往"。这样，《黄帝四经》继承了老子的"道"的本体论，同时又从"道"的社会功用上重新整合和发展了老子"道"的本体论，为人们有效地掌握"道"并以之最大限度地创造社会功用提供了前提。

《黄帝四经》中对"道"的社会性的显现和强调社会政治的依道而为，是黄老道家对老子思想的突出发展，也是区分黄老道家与老庄道家这两个流派的标志之一。陈鼓应指出，在关于"无为"与"无不为"（有为）的论述中，老子的治国次序是"无为而无不为"，"无为"是手段，"无不为"是目的。而《黄帝四经》的治国次序则是"有为"—"无为"，"有为"是手段，"无为"是目的。《道原》中说："太上

① 艾畦：《〈黄帝四经〉对老子思想的吸收和继承》，载《中国哲学史》1997年第1期。
② 陈鼓应：《黄帝四经今注今译》，商务印书馆2013年版，第5页。

无刑，其次（正法），其下斗果讼果……太上争于（化），其次争于明，其下求患祸。”因而，陈鼓应说：“老子道家与黄老道家在‘道’的本体论方面的差异，就构成了道家的两个不同的走向：高深造诣与易简世俗，正与禅宗之北宗与南宗之分化相似。”①

黄老之学的特点是道法结合，理论基础是“道生法”。《黄帝四经》的出发点是教导君主如何用“道法”统治百姓，其内容主要是出于君主统治术总结经验的目的，因此，其思想以治术为中心。黄老之学在以道、法为主，倡导文武并用，刑德兼行的道法思想，主张恩威并施以巩固政权的同时，又兼采阴阳家、儒家、墨家、名家，因而成为一种广为流传的社会思潮，影响了战国时期的法家思想和战国以至秦汉时期的政治历史走向。李学勤指出：“在《黄帝书》公布以后，学术界为‘黄老之学’面貌的揭示而振奋。原来文献艳称的‘黄老之学’，其思想富于积极色彩，与庄列一派的引退截然有别。后来的若干法家人物，都曾于此取义，如慎到、申不害以至韩非之流，殊不足怪。”②

三、稷下黄老道家

应该指出的是，虽然黄老之学祖述黄帝，托名黄帝来阐释和发展老子的思想，但却并没有为自己的学派冠以“黄老”之名。“黄老”一词，未见于先秦文献，而是始见于汉代司马迁《史记》。司马迁在追述“稷下之学”时，多次指出稷下学者与“黄老”的关系。《史记·老子韩非列传》云：“申子之学本于黄老。”《史记·孟子荀卿列传》云：

① 陈鼓应：《黄帝四经今注今译》，商务印书馆2013年版，第6页。

② 李学勤：《孔孟之间与老庄之间》，载《李学勤讲演录》，长春出版社2012年版。

“慎到，赵人。田骈、接子，齐人。环渊，楚人。皆学黄老道德之术，因发明序其指意。”这说明，一方面虽然在先秦文献中并没有出现“黄老”之名，但是黄老之学的传播事实上已经开始了；另一方面黄老之学是在齐国的稷下学宫发展兴盛，并建立起理论体系的。

稷下学宫。稷下学宫是战国时期齐国的官办高等学府或学术研究机构，位于齐国国都临淄（今山东淄博市）稷门附近。齐国在西周时期，本来是吕尚的封国，吕氏姜姓，所以西周和春秋时期的齐国为“姜齐”。春秋中期，陈国发生内乱，公子陈完（田敬仲）亡命逃到齐国，陈完为避祸改陈氏为田氏。田氏子孙在齐国世代为官宦，权势倾国，终于在战国时取代姜姓，夺取齐国政权，史称“田齐”。田氏在齐国政治舞台上取得胜利之后，为适应新政权的需要，实行了一系列招贤纳士、鼓励言论的做法，于是在齐国集中了一大批文人学士。齐国统治者在国都临淄西门（即稷门）外建立了著名的“稷下学宫”。

稷下学宫开创于齐桓公田午之时（前375年），至齐威王、宣王时达到鼎盛。《史记·田敬仲完世家》载：“（齐）宣王喜文学游说之士，自如驺衍、淳于髡、田骈、接子、慎到、环渊之徒七十六人，皆赐列第，为上大夫，不治而议论，是以齐稷下学士复盛，且数百千人。”可以想象当时齐国稷下学宫的繁荣景象。稷下学宫前后历时一百五十多年，贯穿战国时齐国的全部历史，对当时政治、学术影响甚大，成为当时全国的学术文化中心。

稷下学宫延揽各国智士，对诸子百家采取兼容并包的态度。儒、道、法、名、墨、阴阳等各流派代表人物都曾汇集到这里讲学论辩、著书立说。道家学说在这里广纳博采众家之所长，如司马谈《论六家要旨》所言：“道家使人精神专一，动合无形，赡足万物。其为术也，因阴阳之大顺，采儒墨之善，撮名法之要，与时迁移，应物变化，立俗施事，无所不宜，指约而易操，事少而功多。”道家以老子学说为本，杂糅诸家学术，从而发展成为一种新的思想体系。这个新的思想体系，就是司马迁多次谈到的“黄老”道家。

黄老之学在战国时的齐国兴起，与田氏齐国的文化背景和政治需要有很大关系。首先，田氏齐王的远祖是陈国贵族，老子是陈国人，《老子》之学可能是田氏引进到齐国的。田氏在齐国夺得政权后，自然把老子看作自己故国的学者，并给以特殊的优势加以尊崇。其次，田氏源于陈氏，而陈氏本来是舜帝的后裔，妫姓。田氏代齐，本来是篡位，为了给自己的政权寻找理论依据，替自己正名，田氏便把自己说成黄帝后裔，目的是借黄帝战胜炎帝而取天下的历史传说，打着黄帝的正宗旗号来取代炎帝姜氏后裔的齐国王位，并在诸侯争雄中建立霸业。战国时代齐威王的《陈侯因齐敦》铭文记载：“其惟因齐，扬皇考昭统，高祖黄帝，迩嗣桓文。朝问诸侯，合扬厥德。”[1]大意是齐威王（即因齐）要发扬他父亲桓公田午的光荣传统，远要以黄帝为祖宗，近要继承齐桓公、晋文公的事业，成就霸业。齐威王在铭文中宣扬田氏的祖先是黄帝，目的是为田氏建立的政权进行辩护，造成“田代齐姜”的合理观念。在这一政治需要的推动下，齐国上下掀起了尊黄帝的热潮，大大促进了黄帝之言的传播和流行。正是由于这一原因，齐国尊崇黄帝的文化氛围最为浓厚，黄老之学便首先在齐国出现并发展起来。《史记·孟子荀卿列传》中说：“慎到，赵人。田骈、接子，齐人。环渊，楚人。皆学黄老道德之术，因发明序其指意。”黄老道家是稷下之学中影响最大的一派。

如前所述，黄老学说不同于庄子学说，如果说庄子之学是将老子宇宙论及本体论意义的“道”沿着纯粹哲学的道路推向一种更高的

---

① 郭沫若：《十批判书》，载《郭沫若全集·历史编（二）》，人民出版社 1982 年版，第 15 页。

人生境界,那么黄老道家则是将老子学说中深藏的“君人南面之术”加以发挥,使道家哲学与政治权术相结合,正如司马迁在《史记·孟子荀卿列传》中所说:“著书言治乱之事。”所以,黄老道家可以认为是“因道全法”,以道家思想为主,援法家思想入道,形成道法互补的思想体系。这种思想使黄老道家具有了强烈的功利性和实用性,恰好符合田齐统治的需要。

《管子》四篇。稷下黄老学说的主要学术特征是道法结合、以道论法、兼采百家。集中体现稷下黄帝之学的,是托名管仲的《管子》一书。《管子》是一部内容庞杂,汇集了道、法、儒、名、兵、农、阴阳等百家之学的著作。但其思想主流是黄老道家,其思想特点是将道家、法家思想有机地结合起来,既为法治找到了哲学基础,又将道家思想切实地落实到了社会政治当中。《汉书·艺文志》将《管子》列入道家类,《隋书·经籍志》列入法家类,不同的归属恰好说明《管子》的思想特点。战国时期,各国变法图强,实行法治。其实早在春秋时期,管仲就辅佐齐桓公推行社会改革,可以看作法家的先驱。所以齐国的稷下学者们在寻找和建立一套符合齐国政治需要、具有齐国特色的变法理论时,很自然地把黄帝的古帝王旗号、老子的道家学说和管子的变法思想结合起来,提出了一条道法结合、以道论法、兼采百家的黄老之学的新路。

《管子》一书原为八十六篇,至唐亡佚十篇,今本存七十六篇,篇幅宏大,内容复杂,思想丰富,其成书也经历了复杂的过程。顾颉刚认为《管子》是一部稷下丛书,冯友兰认为是稷下学士们的著作总集。《管子》中的《心术上》《心术下》《内业》《白心》《枢言》《宙合》《九守》《形势》等篇,侧重于用老子道家哲学来阐释法家政治理论,反映了黄老道家道法结合、兼容并包的学术特点,通常被视为《管子》中的稷下黄老学派的作品。《心术上》《心术下》《内业》《白心》

更被称为“《管子》四篇”。

《管子》四篇在道论哲学和治国理论方面继承和发展了《老子》思想。在道论方面,《管子》与道家其他派别一样,都将“道”视为宇宙万物所以生成的本根,这是对《老子》“道”的本体论的继承。而另一方面,《管子》创造性地提出了“精气”说,将“道”具体形象化为“精气”,落实于人身并用以解释人物及生命智慧的来源。《内业》篇说道:“精也者,气之精也,气道乃生。”“凡物之精,此则为生,下生五谷,上为列星。流于天地之间,谓之鬼神,藏于胸中,谓之圣人。”老子的道论在把“道”作为世界本原的同时,更加强调了“道”的虚无性。与老子不同的是,《管子》将“道”变成一个可为人捉摸、为人涵养的物质性存在——“精气”,这就为将“道”转化为人的“心术”并进而通过君王内在的得道、聚气以提升心性修养提供了物质基础,同时也为“道生法”并进而将“无为”之道提升和落实为君主可以操作的统治术提供了理论依据。

在治国论方面,《管子》四篇认为,“道生法”,而且在《管子》看来,仁、义、礼、法等这些用以规范人间秩序的范畴,它们的根源都是至高无上、化生万物的“道”,都是由“道”而生,并应用于人间秩序的范式。《心术上》中说:“虚无无形谓之道,化育万物谓之德。君臣父子人间之事谓之义,登降辑让,贵贱有等,亲疏之体谓之礼。简物小末一道,杀戮禁诛谓之法。”“故礼出乎义,义出乎理,理因乎宜者也。法者,所以同出不得不然者也。故杀戮禁诛以一之也。故事督乎法,法出乎权,权出乎道。”从这里可以看出,在《管子》四篇中,对君臣父子等尊卑关系定位的确认,可称之为“义”;把这种尊卑贵贱等级关系加以制度化、固定化,并通过一定的仪节把它表现出来,使之得到感情上的认同,就产生了“礼”。而“法”是由“道”而生的另一种特殊形式,“法”出乎“礼”,是用以维护“礼”的运行而制定的。人间之事“督乎法,法出乎权”,“权”是权衡、度量使之适宜、得当的意思。“权”的标准来自“礼”“义”,合乎“礼”“义”方能适宜、得当。而“礼”“义”由“道”而生,那么“权”亦由道而生。如此则“法”理当由“道”而生,是“道”作为宇宙万物的总标准在人类社会活动中的体现和应用,只不过它以“杀戮禁诛”为其表现形式,来统一规范人们的言行符合“礼”“义”。这样,《管子》就把道家与儒、法诸家思想从理论上作了沟通融合,把道、法、儒各家思想融为一体,从而超越了原始道家学说的思想视界。

在治国方略上,《管子》四篇以“心术”论“治术”。何谓“心术”?《心术上》说:“心术者,无为而制窍者也。”《管子》用人体的心脏与其他器官的关系比喻君臣之间的关系,君为“心”,臣为“九窍”,君与臣应有明确分工,君尊臣卑,君佚臣劳。“心术”的“无为而制窍”,就是指君道“无为”,臣道“有为”。《心术上》说道:“心之在体,君之位也;九窍之有职,官之分也。心处其道,九窍循理。嗜欲充盈,目不见色,耳不闻声。故曰:上离其道,下失其事。毋代马走,使尽其力;毋代鸟飞,使弊其羽翼。”大权独握的君主处于如同“心之在体”的主宰地位,制御并推动如同“九窍之有职”的百官各司其职,各办其事,君王则事不亲躬,只掌握立法、用人等决策权,所以说“毋代马走,使尽其力;毋代鸟飞,使弊其羽翼”。这就是君王立法出令,驾驭臣下而不代替臣下办实事的生动比喻。《君臣上》则表述得更为明确:“有道之君者执本,相执要,大夫执法以牧其群臣,群臣尽智竭力以役其上,四守者得则治,易则乱,故不可不明设而守固。”君主只需“执本”,亦即主管立法出令,处于君道“无为”的地位;君主立法决策后,诸臣依其分职而执行其令,处于臣道有为的位置。如此则可达到“君无为而臣有为”“君无事而臣有事”的“君人南面”的御臣目的。《管子》这里将老子的“无为”思想提升为一种统治术。《老子》也曾提出:“圣人处无为之事,行不言之教。”(二章)但是,由于老子的哲学诉诸空灵虚无的“道”的体认,所求得的是与道合一的精神境界,他不可能把“无为”提升为完整有效的统治术,也不可能对此作出更为深入的论述。《管子》将老子的“无为”应用于政治实践,提供了可以操作的统治策略。

稷下学者。司马迁在《史记·田敬仲完世家》中记载稷下学宫的盛况时提道:“(齐)宣王喜文学游说之士,自如驺衍、淳于髡、田骈、接子、慎到、环渊之徒七十六人,皆赐列第,为上大夫,不治而议论,是以齐稷下学士复盛,且数百千人。”《史记·孟子荀卿列传》中也说:“自驺衍与齐之稷下先生,如淳于髡、慎到、环渊、接子、田骈、驺奭之徒,各著书言治乱之事,以干世主,岂可胜道哉!”“慎到,赵人。田骈、接子,齐人。环渊,楚人。皆学黄老道德之术,因发明序其指意。故慎到著十二论,环渊著上下篇,而田骈、接子皆有所论焉。”在司马迁所列举的这些稷下学者中,慎到、田骈、接子、环渊四人为黄老道家。

慎到,也称慎子,战国时期赵国人。齐宣王时他曾长期在稷下学宫讲学,是稷下学派中最具有影响的学者之一。司马迁说他“学黄老道德之术”,鉴于其道法结合的思想倾向,可以说是从道家中分出来的法家代表人物,为法家创始人之一。《史记》说慎到“著十二论”,《汉书·艺文志》收录的《慎子》有四十二篇,但归在法家类,后来失传了。现存的《慎子》是清朝钱熙祚从古籍中辑录合编的,共七篇。此外,还有佚文数十条。1994 年发现并购藏的《上海博物馆藏战国楚竹书》中有慎到佚篇《慎子曰恭俭》,为慎到后学记录的慎到之言。

慎到的思想,继承道家崇尚自然的传统,在论述社会治理时要求效法自然,即“因循”自然,“因循”天道,按规律办事,这种思想应该属于道家范畴。与道家思想不同的是，慎到又把法家所主张的“法”与道家所主张的“道”等同起来。道家认为君主在“道”面前只能“惟道是从”“无为而治”，而慎到则认为君主在“法”面前也应“事断于法”“无为而治”。他认为天子、国君以及各级官吏不但必须“任法”“守法”“唯法所在”，而且他们的职位本身都是为了服务于天下、国家的“法”而设立的。他说：“立天子以为天下，非立天下以为天子也。”在前期法家中，慎到以“贵势”著称，他在政治上提出较系统的法、术、势理论，为后期法家的政治理论增添了许多新鲜血液，成为后期法家思想之源。班固在《汉书·艺文志》著录《慎子》时注云：“名到，先申韩，申韩称之。”将慎到与法家人物申不害、韩非并列，在申韩之前，“申韩称之”，说明慎到是法家早期代表人物，介于黄老与法家之间。中国哲学史上的道家体系，从慎到开始，走上了积极干预社会的道路。所以《荀子·解蔽》杨倞注云：慎到“其术本黄老，归刑名”。[①] 说明慎到是从黄老到法家的过渡人物。

田骈，又称陈骈，战国时齐国人，与田齐宗室同姓，是稷下学宫中最具有影响的学者之一。他本学黄老，借道明法，与慎到齐名。《庄子·天下》将田骈与慎到列为一派：“古之道术有在于是者，彭蒙、田骈、慎到闻其风而悦之。”田骈讲学稷下，雄于辩才。《汉书·艺文志》著录《田子》二十五篇，列入道家，班固注：“名骈，齐人，游稷下。”此书已佚，今本《田子》是清代马国翰从《吕氏春秋》中辑得的田骈佚文，共三篇。《尸子》言：“田子贵均。”《吕氏春秋·不二》高诱注云：“陈骈贵齐，齐死生、等古今也。”《吕氏春秋·执一》中曾记录田骈教齐王如何治国之事，主张以不治为治，即君无为，而臣有为。记载其生平思想的史料甚少。

① 转引自白奚：《先秦黄老之学源流述要》，载《中州学刊》2003年第1期。

关于接子，史料更少，只知道他是齐人。“接”与“捷”通，所以接子又记作“捷子”。《汉书·艺文志》著录“《捷子》二篇”，归道家，此书已佚。《庄子·则阳》中有一句：“季真之莫为，接子之或使，二家之议，孰正于其情，孰偏于其理?”郭象注云：“接子曰：道或使。或使者，有使物之功也。”可以看出接子的观点是“道或使”，意思是：道是驱使万物运动的力量。

关于环渊，典籍记载则复杂得多，近代以来对于环渊的研究也多有新奇之说。司马迁只说“环渊，楚人”“环渊著上下篇”，其余语焉不详。西汉刘向、刘歆父子著《别录》和《七略》，著录了“《蜎子》十三篇”，并自注：“名渊，楚人，老子弟子。”班固《汉书·艺文志》完全承袭了刘氏父子的说法，认为蜎子就是环渊。自汉唐以来，环渊之名又出现了蜎子、蜎渊、蜎蠉、便蜎、娟嬛、玄渊、涓子等说法。郭沫若在《老聃·关尹·环渊》一文中说：环渊的异名由音变及传讹多到了十种以上，这真是一件惊人的事。而郭沫若的考证走得更远更武断，他以为“关尹即是环渊，关尹、环渊均一声之转”。因而《史记·老子韩非列传》中所谓“老子著上下篇”，其实就是环渊的“上下篇”；因为环渊是老子弟子，“上下篇”乃“是他所录的师说”，所以此书实际就是今存老子的“《道德经》上下篇”。至于刘向、刘歆父子和班固所记载的“《蜎子》十三篇”，乃是环渊自著，且已佚失。并说：“环渊生于楚而游于齐，大率与孟子同时，盖老聃之再传或三传弟子。”①随着现在研究的深入，我们认为环渊与老子生活的时代相距甚远，不可能是老子弟子，而且环渊所学的乃是“黄老道德之术”，已经是战国时的思想了，并不是简单地“本于老子之言”，故无论从其生活年代还是从其思想特点来看，环渊都不可能是关尹，更不可能是《道德经》一书

① 郭沫若：《青铜时代》，人民出版社1954年版。

的作者，郭沫若之说是不能成立的。对此，本书第二章已有所论。

1993年，湖北荆门郭店楚墓文物和简书出土，引起了学术界对楚简文献研究的热潮。关于郭店楚墓的墓主，范毓周提出是环渊。[①]香港学者饶宗颐结合该墓中出土的一件七弦古琴，撰文《涓子〈琴心〉考——由郭店雅琴谈老子门人的琴书》，认为："刘向《七略》及《汉书·艺文志》告诉我们，著书有十三篇的环渊是楚人，为老子弟子，其说必有根据。他后来到齐国稷下，又隐钓于泽，故被目为齐人。"饶宗颐同意环渊就是涓子，而史载涓子善于垂钓和鼓琴，有《琴心》一书。托名刘向所著的《列仙传》云："涓子者，齐人，好饵术。……其《琴心》三篇有条理焉。"刘勰《文心雕龙·序志》云："昔涓子《琴心》，王孙《巧心》。"据此，饶宗颐认为郭店墓中陪葬的雅琴和郭店简书中反映的道家音乐思想，说明环渊可能与郭店一号墓墓主"有点关系"。[②] 高华平《环渊新考》认为："环渊是一位约与孟子同辈、由楚之齐的稷下道家学者，他与蜎子（蜎渊、蜎、便蜎）、玄渊（涓子）并非一人。环渊到齐国稷下的原因是因为当时楚国'老学'的式微和北方道家杨朱学派的兴盛。环渊所著的'上下篇'，应该就是新近出土的郭店楚简《性自命出》篇；而郭店一号楚墓的墓主也极有可能就是环渊。"[③]这些都只是推测之论。我们只能据司马迁所记而知，环渊是齐国稷下学宫中的一位重要学者，"楚人"，"学黄老道德之术，因发明序其指意"，"著上下篇"。

稷下黄老学派的人物，除了司马迁在《史记》中所提到的这些人之外，应该还有些没有留下姓名的人。《史记·田敬仲完世家》中提

---

① 范毓周：《荆门郭店楚简墓主当为环渊说》，载1998年12月26日《人民政协报》。

② 饶宗颐：《涓子〈琴心〉考——由郭店雅琴谈老子门人的琴书》，载《中国学术》2000年第1辑。

③ 高华平：《环渊新考》，载《文学遗产》2012年第5期。

到的列为“上大夫”的七十六人，还有被称为稷下学士的“数百千人”中，肯定还有“学黄老道德之术”者。今人钱穆在《先秦诸子系年》中所列“稷下学士”十七名[①]，除孟轲、荀况、邹衍外，大多与黄老之学有关。

黄老之学的历史影响。黄老之学在先秦学术思想发展史上具有十分重要的历史地位。春秋末年到战国初年，以老子、孔子和墨子学说的创立为主要标志，中国古代学术开始了初创时期。战国中期，以齐国稷下学宫中百家争鸣交流为主要标志，古代学术逐渐达到了全盛。在百家学说交流与争鸣的过程，各家各派取长补短，各种学术思想于是出现了融合的趋势。黄老之学就是这一学术思想融合潮流的产物，如司马谈《论六家要旨》所言：“其为术也，因阴阳之大顺，采儒墨之善，撮名法之要，与时迁移，应物变化，立俗施事，无所不宜。”黄老之学以老子学说为本，杂糅儒、墨、法、名、阴阳诸家学术，打破了各个学派之间的森严壁垒，实现了各个学派的优势互补，是百家争鸣的重要成果，适应了即将到来的大一统政治局面的需要，代表了先秦学术思想发展的大趋势，引领着学术思想发展的大方向。

黄老之学的这一历史地位，从它对其他学派的影响也可以清楚地看出。荀子是战国末期的儒学大师，但由于他在齐国的稷下学宫中“三为祭酒”，受到了盛行于稷下的黄老之学的重大影响，从而对孔孟的传统儒学进行了重大的改造。荀子很大一部分学术思想渊源于黄老，如《荀子》中的《王制》《王霸》《君道》诸篇，讲的都是帝王之术、无为之道，带有鲜明的黄老色彩。黄老的“无为”，主要是“君无为而臣有为”，即荀子所讲的“君要而臣详”。荀子的“无为”思想，正是从黄老学中吸取过来的。黄老特别重视刑名法术之学，荀子承黄

---

① 钱穆：《先秦诸子系年》，上海书店 1992 年版，第 218 页。

老这一思想，一反过去儒家的传统，也特别强调法治。《荣辱》篇中说："政令法，举措时，听断公，上则能顺天子之命，下则能保百姓，是诸侯之所以取国家也。"《君道》篇又说："法者，治之端也，君子者，法之源也。"韩非是战国时期法家学派的集大成者，他明显地接受了黄老之学道法结合、以道论法的学术理念，也正是因为如此，司马迁将韩非、申不害这些法家人物与老子、庄子列在一起，作《老子韩非列传》。

黄老之学产生于战国之际，没有来得及为列国诸侯在治理国家的政治实践中所实施，却在汉初迎来辉煌。黄老之学是在战国开花，在西汉结果。西汉初年，黄老之学应用于政治实践，成为当时的主流意识形态。汉初主要大臣萧何、曹参、陈平等，好黄老之学，施"无为之政"，采取清静无为、与民生息的政策，取得了积极的社会效果，迎来了"文景之治"的太平盛世。汉初的黄老学说，渊源自稷下学宫。司马迁在《史记·乐毅列传》中列出了一个清晰的传承系统："乐臣公善修黄帝、老子之言，显闻于齐，称贤师。""乐臣公学黄帝、老子，其本师号曰河上丈人，不知其所出。河上丈人教安期生，安期生教毛翕公，毛翕公教乐瑕公，乐瑕公教乐臣公，乐臣公教盖公。盖公教于齐高密、胶西，为曹相国师。"从河上丈人到汉初曹参，传承了七代。《史记·曹相国世家》中还说："（曹参）闻胶西有盖公，善治黄老言，使人厚币请之。既见盖公，盖公为言治道贵清静而民自定，推此类具言之。参于是避正堂，舍盖公焉。其治要用黄老术，故相齐九年，齐国安集，大称贤相。"

黄帝之学内容庞杂，非黄老道家一途，其涉及的范围十分广泛，包括天文、历算、星占、地理、医药、养生等等。《汉书·艺文志》中为数众多的术数和方技类黄帝书充分表明黄帝之学在当时的繁荣盛况。战国至西汉的黄老之学，本是经世之学，实用性极强。到东汉时,黄老之学蜕变为“自然长生之道”,一些方士把黄老之学与神仙长生、鬼神祭祷、谶纬符箓等方术杂糅一起,视黄帝、老子为神仙,黄老学说与阴阳术数相结合,演变为“黄老道”,成为道教的主要源头。

四、老子学说的历代发展

《老子》产生于公元前6世纪的春秋末年,但“在公元前4世纪以前,它的学说发展缓慢”①。到了战国后期和西汉初年,学者们开始研老、解老,老子及其道家学说发展为老庄哲学和黄老学说两个方向,其后历代,老子学说沿着这两个方向发展。汉代初年,黄老学说占主导地位,但在汉武帝“独尊儒术”之后,黄老学说退出主流意识形态,深入到道教与民俗之中,继续影响中国人的民族心理和文化传统。魏晋时期,老庄学说风行,出现了崇尚老庄道家哲学的玄学思潮,魏晋玄学在当时甚至取代了官方儒学的地位。其后,中国学术思想史进入隋唐佛学、宋明理学,我们从中也都能看到老子学说的因素。在历次重要的学术思潮中,老子学说总是深入地参与其中,一方面推动着学术思想的发展,另一方面也丰富和发展着自身的思想学说体系。

两汉时期的黄老学说。黄老之学虽然在战国时期已见端倪,但它真正在政治上产生巨大影响,是在两汉时期。汉代的黄老学说大略分为两支:在政术方面,汉初以萧何、曹参、文帝、景帝等当权者与民休息、行无为之政为代表,形成了“文景之治”的盛世。武帝时儒家地位上升,然而董仲舒的儒学也是吸收了黄老道家思想而形成的

① 刘笑敢:《一条断定〈老子〉年代问题的新途径》,载《黄淮学刊》1998年第4期。

一个新儒学理论体系。在学术方面,汉代黄老学说以《淮南子》为理论代表。政术与学术相互交杂、促进,构成了汉代黄老学的整体面貌。

西汉早期,汉文帝、窦太后特别尊崇黄老之学。《史记·外戚世家》载:"窦太后好黄帝、老子言,帝及太子诸窦不得不读《黄帝》《老子》,尊其术。"文帝、景帝之时,当政者施行的都是依循制度律令无为而治的黄老之术。黄老之术推动了社会发展,《汉书·食货志》记载:"非遇水旱,则民人给家足,都鄙廪庾尽满,而府库余财,京师之钱累百巨万,贯朽而不可校,太仓之粟,陈陈相因。"这就是著名的"文景之治"。

但到了西汉中期,儒家的地位在不断上升。《史记·儒林列传》中说:"及窦太后崩,武安侯田蚡为丞相,绌黄老、刑名百家之言。"汉武帝时,儒家在皇权的支持下,取代黄老道家获得了政治上的优势。汉武帝出于"大一统"的专制主义中央集权政治的需要而选择儒家。但是道家学说毕竟为汉初政治稳定、经济繁荣作出重大贡献,汉武帝本人自幼受到黄老道家思想的影响,对黄老道家有一定的了解。所以,他在冲破黄老道家的束缚,选择儒家学说开创新的政治局面的同时,又认为儒家现有的理论学说还不如道家完备,黄老道家无论是其天人之论还是具体的政治主张方面都有许多值得儒家借鉴、吸取之处。因此,他不能全面抛弃道家思想。他迫切需要的是一种以儒家思想为核心而又吸收道家思想长处,并能超过黄老道家的全新的儒学思想体系。于是,一代大儒董仲舒出场了。

汉武帝重用儒生董仲舒,儒家学说开始成为官方意识形态。但是,董仲舒虽然"推明孔氏,抑黜百家"[①],但他在《天人三策》《春秋

① 《汉书·董仲舒传》。

繁露》中所阐述的理论,却是以儒家学说中可以自由阐发的春秋公羊学为基础,援道入儒,融合儒道,并以阴阳五行、谶纬学说为框架,发挥儒家义理,改造儒家学说,重新建立起来的一个具有神学倾向的新儒学思想体系。这个崭新的儒学思想体系,既有儒家的三纲五常,又有道家的天地、阴阳、四时;既有儒家的"改正朔,易服色,制礼乐,一统于天下"[①]的积极有为,又有道家的"居无为之位,行不言之教"的帝王策略。

董仲舒的新儒学,并不是直接继承孔子与先秦儒家学说,而是经过了战国末年至汉初的黄老道家学说这个中间环节。董仲舒的学术思想尤其政治思想体系,吸取了道家思想尤其是黄老道家的政治思想很多营养成分。例如在天人关系方面,董仲舒与先秦儒家特别是孔子学说有天壤之别,但与黄老道家的阴阳刑德理论却相符合。董仲舒十分强调"阳尊阴卑",宣传"阳为德,阴为刑……王者承天意以从事,天之任德不任刑"[②],这固然有继承儒家"仁政""德治"思想的一面,但董仲舒却把儒家思想与黄老道家的主张结合起来了。这一点,我们可以从《黄帝四经》中的《十六经》篇的"阴阳刑德"论和《称》篇所论"阴阳之大义"的主张中得到证明。至于董仲舒所说的人君"以无为为道,以不私为宝"[③],"居无为之位,行不言之教,寂而无声,静而无形"[④]等等,则是黄老道家类似语言的照搬了。

董仲舒用"天人合一""天人感应""君权天授""三纲五常""春秋大一统"等观点,将君主统治影射到天道之上,天不变道亦不变,为帝王的统治提供了理论根据。黄老道家把"道"引向社会人事,道

---

① 《春秋繁露·三代改制质文》。
② 《汉书·董仲舒传》。
③ 《春秋繁露·离合根》。
④ 《春秋繁露·保位权》。

不仅是物之所遵,也是人之所由。董仲舒则援道入儒,以阴阳五行学说为骨架,将天道与人事组合在一起,构成其天人理论体系。“察天人之分,观道命之异……人道者,人之所由。”[①]在这个体系中,“天”是最高的主宰,是万物之祖,即“百神之君也,王者之所最尊也”[②]。董仲舒认为,自然社会的最高原则是由天决定的,天是永恒不变的,因而按天意建立的社会之“道”,也是永恒不变的。“道之大原出于天,天不变,道亦不变。”[③]董仲舒这里所说的“天”,主要是指自然界的最高主宰或天意。“天”由天地人和阴阳五行共十个因素构成,“凡十端而毕,天之数也”[④]。十端组合成阴阳、四时、五行的运动体系,“天地之气,合而为一,分为阴阳,制为四时,列为五行”[⑤]。五行相生,天通过五行相生相克的次序,显示其运动的功能,这就是天道。他以阴阳五行的次序与人间的伦常政治和社会制度相配合,以黄老道家阴阳尊卑之说论述儒家的“三纲”伦理:“君臣父子夫妇之义,皆取诸阴阳之道。君为阳,臣为阴;父为阳,子为阴;夫为阳,妻为阴。”以四时对应四政,“法四时行赏罚”:“天之道,春暖以生,夏暑以养,秋清以杀,冬寒以藏。暖暑清寒,异气而同功,皆天之所以成岁也。圣人副天之所行以为政,故以庆副暖而当春,以赏副暑而当夏,以罚副清而当秋,以刑副寒而当冬。”[⑥]以木火土金水五行对应仁义礼智信五行。“王者配天,谓其道。天有四时,王有四政,四政若四时,通类也。”[⑦]这样,天人相通相应,圣人法天而立道,所以董仲舒说:“道

① 《春秋繁露·天地阴阳》。
② 《春秋繁露·效义》。
③ 《汉书·董仲舒传》。
④ 《春秋繁露·官制象天》。
⑤ 《春秋繁露·五行相生》。
⑥ 《春秋繁露·四时之副》。
⑦ 《春秋繁露·四时之副》。

者,所由适于治之路也,仁义礼乐皆其具也。”[1]道是适于政治的必由之路,所以做君主者,应法天之行。法天之行,也就是君主应“以无为为道,以不私为宝,立无为之位,而乘备具之官”,实行无为之治道。君主“内深藏”,“外博观”,而不自劳于事,做到“足不自动”,“口不自言”,“心不自虑”而“群臣效当”,君主无为而治,故“莫见其为之,而功成矣”[2]。这种主逸臣劳,就是黄老之学的“君道无为、臣道有为”的思想。董仲舒说:“为人君者,居无位之位,行不言之教。”他认为,君主无为,并不是不理朝政,放任臣下,而是君主执一处静,无需事必躬亲,因为君臣分职而治,各行其职,各敬其事,不同的一点是“功出于臣,名归于君也”。“行不言之教”,也不是不讲话,不号令,而是“以臣言为声,以臣事为形”,因为“有声必有响,有形必有影”,君主“虚心静处,聪听其响,明视其影,以行赏罚”。这些统治之术,与黄老道家的思想是一脉相承的。

综上所述,无论是董仲舒的天人学说,还是其政治伦理思想,都与黄老道家有密切关系,两者间有许多惊人的相似之处。于是,董仲舒的新儒学吸收了黄老道家学说精髓,凭借其政治、学术上的双重优势取代黄老道家而获得了“独尊”。黄老道家学说退出执政舞台并发生了学术转向。

《淮南子》又名《淮南鸿烈》,问世于汉武帝建元二年(公元前139年)前后,由淮南王刘安集合诸门客写成。东汉高诱在为《淮南子》所作的《叙目》中指出此书的撰述过程和思想宗旨:刘安“与苏飞、李尚、左吴、田由、雷被、毛被、伍被、晋昌等八人及诸儒大山、小山之徒,共讲论道德,总统仁义,而著此书。其旨近老子淡泊无为,蹈虚

① 《汉书·董仲舒传》。
② 《春秋繁露·离合根》。

守静，出入经道。言其大也，则焘天载地；说其细也，则沦于无垠；及古今治乱存亡祸福、世间诡异瑰奇之事。其义著，其文富，物事之类无所不载。然其大较，归之于道”①。梁启超说：“《淮南鸿烈》为西汉道家言之渊府，其书博大而和有条贯，汉人著述中第一流也。”②胡适说：“道家集古代思想的大成，而淮南书又集道家的大成。”③这部书的思想内容以道家思想为主，同时夹杂着先秦各家的学说，故《汉书·艺文志》将之列为杂家类。许抗生说：“如果说《老子》是道家的开山之作，《庄子》是战国时期道家思想的总结著作，那么《淮南子》则是《庄子》之后至汉初道家的集大成者，可以说这三部著作分别代表了道家思想发展史上的三个重要的时期。”④

《老子》是《淮南子》直接引用最多的典籍，其中《淮南子·道应训》一篇，实际就是以历史故事、寓言传说等阐释《老子》的旨意，仅此一篇，共涉及《老子》41 章 56 处文字，它与《韩非子》的《解老》《喻老》两篇文章一样，都是对《老子》的较早的注释，足见《淮南子》作者对《老子》的重视。

《淮南子》所受《老子》的影响，最明显的是以“道”作为全书的指导宗旨，并对“道”做了更加详尽的描述和讨论。其中第一篇《原道训》，探讨了“道”的基本特性、作用及其发展变化的一般规律，提出了“循道”“无为”“贵柔”“守静”“重生”“养性”等一系列重要观点，可以说是全书的总纲。杨树达认为：“此篇全衍老子之旨，故以《原道》名篇。《汉志》列《淮南》于杂家，而其主旨实在道家，观此篇衍老，次篇《俶真》述庄，其明证也。……盖汉世道家思想最盛，风会

---

① 高诱：《淮南子·叙目》，载《淮南子集释》上卷，中华书局 1998 年版。

② 梁启超：《中国近三百年学术史》，东方出版社 2004 年版，第 263 页。

③ 胡适：《淮南王书》，《胡适文集》第 6 卷，北京大学出版社 1998 年版，第 463 页。

④ 许抗生：《〈淮南子〉论“道”》，载《安徽大学学报》，2007 年第 4 期。

所成,淮南不能异趣耳。”[1]第二篇《俶真训》说《淮南子》的学术宗旨:以道为竿,以德为纶,礼乐为钩,仁义为饵,投之于江,浮之于海,万物纷纷,孰非其有。这表明《淮南子》所构建的是一个以道家为统领,而兼容百家思想的黄老学的体系,此书不仅完成了对战国和汉初黄老之学的概括和总结,而且还成为西汉早期由黄老向儒术过渡的一个中间环节。

汉武帝改变了汉初文景之世推行黄老学说的局面,作为一种独立的政治统治术,黄老学说已不能与经董仲舒改造之后的儒家思想在执政者主流意识形态中公然抗衡,因而渐渐退出执政舞台。然而黄老学说作为一种学术思想,在此后开始发生了一个学术转向,既吸收神仙家长生不死的思想,又保留着汉初黄老之学经世济民的传统,演化为以养生为主,身国兼治的黄老养生之学,转入士人处世、修身、娱情的层面,并流入民间生活习俗之中,在汉朝社会依然存在并持续发挥着影响。

汉代是《老子》其书版本流传定型和思想传承演变的重要时期。据《汉书·艺文志》著录,西汉有关《老子》的经传注释有四部:《老子邻氏经传》《老子傅氏经说》《老子徐氏经说》和刘向《说老子》。从长沙马王堆汉墓中出土的帛书《老子》甲乙本和北大藏汉简《老子》可以看出汉代《老子》版本原貌。司马迁在《史记·乐毅列传》中也列举出《老子》的传承系统:“乐臣公学黄帝、老子,其本师号曰河上丈人,不知其所出。河上丈人教安期生,安期生教毛翕公,毛翕公教乐瑕公,乐瑕公教乐臣公,乐臣公教盖公。盖公教于齐高密、胶西,为曹相国师。”从河上丈人到汉初曹参,老子学说传承了七代。

① 杨树达:《淮南子证闻》,载《杨树达文集之十一》,上海古籍出版社 1985 年版,第 1 页。

汉武帝之后，儒学崛起，老子学说式微，老子的思想学说流入民间，其理论学说中玄之又玄的成分，逐渐在读书人的修身处世观念和民间习俗中发酵，并在民间宗教中发展，黄老学说逐渐向黄老道演化，老子其人也逐渐神化。这一时期对《老子》其书和思想学说的研究与传承，以严遵《老子指归》、河上公《老子章句》为代表。严遵是西汉后期汉成帝时的一个以卜筮为生的隐士，而河上公更是东汉时一个托名的神仙人物。严遵与河上公对老子思想的注释阐解均属于民间系统，他们从民间宗教角度理解和阐释《老子》，以之作为治国修身和修炼成仙的理论依据，这给予当时的神仙术士以影响。早期道教经典《太平经》就汲取了河上公《老子章句》中的思想内容。此后到东汉时期，《老子》成为道教所尊奉的经典。道教经典《老子想尔注》以《老子》阐解和宣扬道教教义，甚至用删改《老子》原文、附会老子思想的办法以道教经义重新解释《老子》，目的就是为神仙方术、民间道术寻找理论依托，利用道家的哲学思想建立自己的神学理论体系。在道教这里，《老子》已经从道家哲学变为了宗教神学。

魏晋时期的玄学思潮。战国以至秦汉时期，老子学说是沿着黄老道家的方向发展的，即是关注老子思想中的政治内容，以社会政治为中心，将老子思想中关于政治的思想运用于政治实践，从而形成一套形而下的治国安邦的治国理论。魏晋时期是我国历史上自春秋战国之后的又一个思想比较活跃的时期，这一时期出现了崇尚老庄道家哲学的玄学思潮。所谓“玄学”，源出《老子》“玄之又玄，众妙之门”，表示深奥、虚无。玄学即“玄远之学”。当时的一些门阀士族执政者和知识分子将《老子》《庄子》《周易》三部书称作“三玄”，以“三玄”为据，反复讨论有无、本末、体用等哲学理论问题。他们崇尚虚无，出言玄妙，因而人们称这种讨论为“玄谈”，其学为“玄学”。魏晋玄学所接应的是先秦时期的老庄之学的发展方向，承袭了老庄哲学的抽象思辨，并更加关注自我、自由与生命本真，追求人的内在的精神生命的体验，从而在形而上的层面建构起纯粹的哲学，与秦汉黄老之学有重大差别。陈澧《东塾读书记》说："自汉兴黄老之学盛行，文景因之以致治。至汉末祖尚玄虚，于是始变黄老而称老庄。"①

魏晋玄学的兴起，有特殊的社会背景和学术背景。首先从学术上说，汉代独尊儒术以后，儒学以研经为重，学术发展进入经学时代，知识分子们被束缚在儒家"六经"的章句之中，极大地禁锢了人们的思想。汉代经学又分为今文经学和古文经学。今文经学将儒家经书中的微言大义引申于时政之上，并建立起一套天人感应的宗教化的神学体系，到了东汉，谶纬之术流行，儒学与迷信结合，流于迂腐和荒诞。古文经学则拘囿于经文章句的训诂注疏之中，而缺少理论的创造和思想的超越。而且汉代设"五经博士"，以经学取仕，经学今古文两派相争，使经学变成儒生们追求功名利禄的工具，学术似乎已经走向穷途末路，人心厌倦。所以魏晋学者趋向义理之讨论，开清谈之风。其次从政治背景上说，一如刘大杰在《魏晋思想论》中所论："从建安到永嘉，这一百多年中，是中国政治动摇最厉害的时代，也可以说是汉民族单独发展的最后期。从此以后，东晋偏安江左，成为中国古代文化中心的大江北部，为外族所据，中原文物，摧毁殆尽。在这一时期内，前代学术道德的腐败，都暴露出来，再不能维系读书人的信仰了。君主以篡夺残杀相尚，仕宦以巧媚游说相欺。于是一般士大夫，都竞尚虚无，谈玄说理，探讨人生之究竟；保性全真，以求安身立命之道。有的嬉笑怒骂，行近癫狂。有的袒裼裸裎，违叛礼教。因此《老》《庄》《周易》之学，成为当时读书界的经典了。"②

① 陈澧：《东塾读书记》卷十二，上海古籍出版社 2012 年版，第 266 页。
② 刘大杰：《魏晋思想论》，上海古籍出版社 1998 年版，第 19 页。

魏晋玄学兴起在魏正始年间(三国时曹魏废帝齐王曹芳的年号,240—249年),以何晏、王弼为代表的玄学盛极一时,被称为“正始之音”,或称“何王玄学”。何王玄学以老子学说为主,它发挥老子贵无的思想,成为魏晋玄学的主流。何王玄学是魏晋玄学的第一阶段。第二阶段为魏末以嵇康、阮籍为代表的老庄学。第三阶段为西晋时期郭象的庄子学。[①] 魏晋南北朝时期围绕《老子》著书立说者多达数十人,既有儒学大家,也有玄学名士,甚至也有佛门僧人,当然也有道教道士,其中流传至今最为完整、影响最大,也最具代表性的是王弼的《老子注》。

王弼注《老子》,侧重理性的义理思考,采用“辨名析理”的方法,他扣紧老子哲学上的几个基本概念,对名词概念进行分辨,分析其蕴含的特定意义,不偏重执着于语言文字的训解,而重在义理的生发阐释,以简驭繁,不仅精确地解释老子哲学名词的原意,并且也精辟地发挥了老子哲学的义涵,从而通过对《老子》文本的注解建构起自己严密完整的思想体系。王弼除《老子注》之外,还著有《老子指略》,对老子的思想进行综合性的归纳,对自己注解《老子》的指导思想作了总体说明。

王弼哲学思想的核心是“以无为本”“崇本息末”。王弼将《老子》思想归结为“《老子》之书,其几乎可一言而蔽之。噫!崇本息末而已矣”[②]。在王弼这里,“本”是指天地之始、万有之母、品物之宗,也就是指宇宙的本体;“末”多指“名教”“法度”等现象。王弼思想“贵无”,他发挥了《老子》“有生于无”的命题,提炼出“以无为本”的本体论。《老子》四十章说:“天下万物生于有,有生于无。”王弼注解

① 许抗生:《老子与道家》,新华出版社1993年版,第84页。
② 王弼:《老子指略》,载楼宇烈:《王弼集校释》,中华书局2012年版,第198页。

为:“天下之物,皆以有为生。有之所始,以无为本。将欲全有,必反于无也。”[①]这是说,天地万物都以有形作为存在方式,而有形的万物得以产生,是由于“无”这个根本。因此,要想使有形的万物得以保全,就必须返回去守住“无”这个根本。“有”是宇宙万物,“无”是“有”的依据,二者是本末、体用的关系,这就是“无”的本体论。其实在老子那里,“有”和“无”的问题,只是天地万物起源和生成的宇宙生成论的问题。而到了王弼这里,则变成了天地万物之所以存在的宇宙本体论的问题。王弼“以无为本”“崇本息末”的思想实质,就在于把天地万物的多样性特性和作用都归结为一个共同的、最根本的原则——“无”所统摄。

《老子》一章中说:“玄之又玄,众妙之门。”“玄”就是总天地万物的一般规律“道”,它体现了万物无穷奥妙的变化作用。王弼对此的注释是:“道以无形无名始成万物,(万物)以始以成而不知其所以,玄之又玄也。”[②]他把“玄”解释作“冥默无有”,即深奥虚无。因此,以王弼为代表的魏晋玄学,承袭的是老庄贵无尚玄的形而上学本体论和抽象玄虚的义理思辨,重理论,尚思辨,提出并深入探讨了有无、动静、言意、性情、名教与自然等关系,从而构建了一个严密、完整的玄学理论体系。

魏晋玄学在中国思想史上的意义在于,在形式上摆脱了两汉古文经学繁琐破碎的章句笺注,在内容上抛弃了今文经学思潮的“天人感应”的庸俗迂腐的理论。玄学所提出或着重关注的有无、本末、体用、言意、动静、自然与名教等一系列具有思辨性质的概念范畴,都

① 王弼:《老子道德经注》,载楼宇烈:《王弼集校释》,中华书局 2012 年版,第 110 页。

② 王弼:《老子道德经注》,载楼宇烈:《王弼集校释》,中华书局 2012 年版,第 110 页。

是老子和道家所具备的和所重视的，而孔子儒家学说和两汉经学所不具备或不重视的，因而魏晋玄学的出现大大推动了中国哲学的发展。

魏晋时期，谈玄论虚甚至成为一种时代风尚。葛洪《抱朴子·疾谬》说魏晋士大夫："终日无及义之言，彻夜无箴规之益，诬引老庄，贵于率任，大行不顾细礼，至人不拘检据，啸傲纵逸，谓之体道。"这时的老学已经改变了它在西汉前期的文化性格，不再是与黄帝之学联姻，充当政治化的"君人南面之术"，而是与庄学、易学玄理相结合，寻求超越儒家名教的精神自由和个性的发挥，知识文化游离于政治，形成一种以感性、直觉为基础的精湛纯粹的形而上学本体论，并进而成为一种士大夫的社会文化生活和人生哲学。魏晋士大夫们生命意识觉醒、个人和社会生活得到空前解放，宽袍缓带地清谈玄理，终日谈论"无及义之言"，竞尚虚无，谈玄说理，探讨人生之究竟；体验生命，保性全真，以求安身立命之道。有的嬉笑怒骂，行近癫狂；有的袒裼裸裎，违叛礼教。风流名士们崇尚自然、超然物外，越名教而任自然，放达无羁，特立独行，不拘礼法，洒脱倜傥，形成了率直任诞、清俊通脱的行为风格和崇尚饮酒、服药、清谈和纵情山水的生活方式，这就是历史上风流千古的魏晋风度。

道家思想，作为一种学说或学术思想流派，在春秋战国时期产生，经两汉时期发展，到魏晋时期，经玄学的发展达到了一个新的境界。此后到了唐宋元明清时代，老子及其道家思想文化的发展产生了一个很大的变化，由于魏晋南北朝时期道教的兴盛，作为一种学术思想流派的道家思想逐渐与道教相交流融合，共同发展。

唐宋元明清的儒道佛合流。唐代以后，社会转型基本完成，国家制度完备。科举制度的实行，建立了平民向上流社会晋身的通道，使得士大夫逐渐以官僚身份而不再是以贵族身份占据政治中的重要地位。宋代以后,市民阶层兴起并逐渐成熟,民间宗教习俗生活繁荣丰富。唐宋元明清时期国家政治制度的发展和社会环境的变迁,无疑为老子及其道家学说带来新的发展变化。

唐宋以后,道家思想学说的发展呈现出三种现象:一是道家作为一个学术派别,从此再没有出现过独立的对社会政治产生重大影响的社会思潮,也没有产生本学派的思想家和大学者;二是道家与道教日益融合,借助于道教的兴盛和发展,在上至君王士大夫,下至一般民众那里获得更普遍的尊奉;三是儒家学者、佛教高僧和道教道士,乃至皇帝、大臣和文人学士,热心于诠注《老子》,道家思想也因此融入别家学术思想之中,形成了儒、佛、道三教互补与合流的趋势。宋明以后,理学兴起,经过理学家们的整合,道家学说与佛教理论一起,共同改造了儒家学说;儒、道、佛三家思想相互渗透,从自由发展走向集中统一,归结为一种新的儒学——理学,中国学术思想史也因此从魏晋玄学、隋唐佛学而进入到宋明理学时期。

唐代是一个民族大融合的时期,同时在思想文化上也是一个相对自由开放的时代。唐朝统治者对于各种思想流派和宗教文化,无论是中国传统的儒学、土生土长的道教,还是佛教等外来的宗教,均采取开放宽松的政策,一律兼容并包,一视同仁。

佛教自汉代时传入中国。受佛教的刺激,东汉时具有宗教仪轨的道教产生。道教在魏晋南北朝时已经广泛流行,而在唐代由于得到了李唐王朝的支持而迅速发展。李唐皇室视老子李耳为祖宗,封为“太上玄元皇帝”,尊《老子》为《道德真经》,奉为道教最重要的经典,要求士庶人家均藏《道德经》。唐玄宗亲自为之作注,扩大其影响。由于统治者的提倡,唐代注解整理《老子》者众多,内容也十分广泛,有以儒家思想解释《老子》者,有以佛家思想解释《老子》者,有以兵家思想解释《老子》者,当然也有以道教思想解释《老子》者。而且这时的一个突出特征是，道教教义以道家思想为依托，道家的学术思想成为道教教义的组成部分，道家与道教日益混为一谈，道家学术思想借助于宗教形式流传，即使在知识分子中也并不区分。

由于唐代思想文化环境的宽松，儒、道、佛呈现出三教并立的局面，虽然也有对立和斗争，如以儒家道统传人自居的韩愈曾力排佛老，但总体上并没有哪家学说取得一家独尊的局面，各家并立，都得到了自由发展。唐代儒、道、佛三家学说相互借鉴、渗透，在重建人们的道德观念、价值标准、行为准则等方面互为补充，共同营造了人们的精神世界和文化品格。儒家重现实，重人事，重社会功能、社会秩序，善于协调人与社会的关系；道家强调生命意识，重灵性，重享乐，讲究保全身心之方、养生登仙之术，符合国人的民族文化心理，深化到民间文化、民俗生活和民众心理中去；佛家致力于解决人生归宿问题，重解脱，重觉悟，重思辨，消解生命的苦痛和对死亡的恐惧，从而使知识分子和一般士民在精神上获得拯救和舒解。三教各有优长，各有位置，共同解决了人们长期困惑和思考的诸如生死、苦乐和理想人格、人生意义、出世入世等重大人生问题。三教之间相互借鉴、渗透，汲取理论营养来补充完善自身的理论体系，从而形成了三教互补的思想文化格局。

但是，对于一个社会来说，三教并立的理论格局也存在明显的缺陷和问题。因为儒、道、佛各有一个思想理论体系，思想多元，难定一尊，缺乏一个统一的意识形态理论，不利于统一思想，不利于大一统的政治统治，这对于统治者和正统的知识分子来说，是一个大问题。而且中国是一个典型的在农业生产生活方式的基础上产生的宗法社会，在以血缘关系为核心的宗法社会中，更加强调的是依靠伦理道德观念来约束人们的思想行为，使其与社会保持一致。如此，则道家和佛教思想不如儒家思想与中国的社会政治相适应。但是，重世俗伦理的儒家思想在形而上的理论思辨层面上存在着严重的不足，因而，儒、道、佛三家相互借鉴和改造，三教合流，建立一个以儒家思想为主干，融合道家、佛教思想的新的、统一的理论体系成为当时的必然要求。于是宋明理学应运而生。

宋明理学，是两宋至明代的儒学。宋明理学是儒、道、佛三教合一的产物，是儒家思想汲取道家、玄学、道教、佛教的有益内容，并注入哲学因素，囊括天人关系而形成的更为理性化、思辨化的新儒学思想体系。

三教合流，其实在东晋时期已见端倪。佛教的传入和在中土发展，魏晋玄学有接引之功，玄学与佛学交流成为当时潮流。佛教传入中国以后，其宗教仪轨和形式极大地刺激了中国的本土宗教——道教的发展，同时佛教的三世因果轮回观念和彼岸意识也深深吸引了儒家学者。道家、道教率先与佛教融合，佛教主动中国化。到了唐代，道家思想与中国化了的佛教哲学相渗透，孕育产生了禅宗，为宋明理学的哲理化思辨得以形成和发展提供了基本学术条件。但相对于道教而言，儒家的应变总体上是滞后的。唐代儒家学者中的有识之士如韩愈、李翱等，意识到了儒学面临着佛教、道教的严重挑战，但他们处理这个问题的方法比较简单化，韩愈只是愤激地主张“人其人，火其书”，甚至用行政干预的方法来禁止佛教和道教的传播和发展。而李翱思考得相对深入一些，他主张援道入儒、以儒包佛，来解决佛教文化的冲击问题。

到了宋代，宋代儒家学者们认识到，儒学之所以会受到来自佛教和道家的挑战，最主要的原因是儒学理论在形而上的抽象性和思辨性方面存在严重的不足，如何从哲学本体论上论证儒家思想的正当性与必然性是儒学亟待解决的一个重要课题。先秦时期，孟子从“四端”说出发，对儒家的性善论作了论证；荀子则从“性伪”说出发对性恶论作了论证;西汉董仲舒把儒家道德伦理嫁接在阴阳灾异的世界观上,对儒学作了谶纬神学式的论证。在宋明儒学家看来,以往的这些论证要么是不够充分,要么是混乱不清,而董仲舒的阴阳灾异和神学化的论证则更显得粗浅,误入歧途。宋明儒学家们为了建立儒家的形上学,借鉴道家、玄学甚至是道教和佛学在哲学本体论方面的成果和思辨性方法,使儒学理论化,创造性地提出了许多新的富有特色的儒学哲学本体论概念,并给予系统的哲学论证,如周敦颐和邵雍的“太极”、张载的“太虚”、二程和朱熹的“天理”、陆九渊和王守仁的“心”的概念等等。这样,传统儒学经过理学家们的改造,原来那些道德信条式的理论体系终于发展演变成了以哲学形上学作基础的哲学理论体系。这就是宋明理学产生的背景和过程。

宋明理学大致分为程朱理学和陆王心学两个阶段:程朱理学的核心是“天理”说和“格物致知”论;陆王心学是理学发展的新阶段,其核心是“心即理”“心外无物”,即是“知行合一”说。程朱理学在南宋以后成为长期居于统治地位的官方哲学,陆王心学在明中期以后得到广泛传播。宋明理学对后世中国社会政治、文化教育以及伦理道德都产生了深远影响。

作为一种学术流派,道家学说发展至唐宋元明清时代,不再有独立而强大的社会思潮意义,也不再有纯粹意义上的道学大家,但老子的影响并没有消失,其精神渗透到了社会的各个领域,在中国民族心理的构成中占有相当的地位。唐宋元明清时代的《老子》研究呈现出多样化的特征。研究者既有皇帝、高官、小吏等政治人物,也包括道士、佛僧等宗教人士。由于研究者身份的差异,阐释的思想内容也相当不同。对《老子》的研究有集中于考证集释的,包括对《老子》版本的研究、字句正误的考释,代表作有唐代傅奕《校定古本老子》,宋代吕祖谦对河上公《老子道德经》注本进行的校勘订正,清代毕沅

《老子道德经考异》、王念孙《老子杂志》、纪昀《老子道德经校订》等；有集注集解《老子》文义的，如唐张君相《三十家老子注》，前蜀强思齐《道德真经玄德纂疏》，明焦竑《老子翼》等；有专注于诠释《老子》中体现的思想和理论体系，并对之进行评点与发挥的，如唐代多从哲学层面分析《老子》，探讨心、理、情欲、修身、养性等等问题，以促使人们通过伦理道德的力量来约束自己的行为，与社会存在保持一致，成玄英《道德经义疏》以佛教理论释老，陆希声《道德真经传》以儒注老，王真《道德经论兵要义述》则系统言说《老子》的兵书性质，明薛蕙《老子集解》、朱得之《老子通义》等均以儒释老；有专注于政治权术的，在此时间段有四位皇帝御注《老子》（唐玄宗、宋徽宗、明太祖、清世祖），宋王安石《老子注》、苏辙《老子解》和明沈一贯《老子通》、清魏源《老子本义》，意在阐述《老子》一书中包含的可为现实政治所用的谋略思想。① 道家独特的人生观、审美观、思维方式、社会批判意识等也不断地内化为文人学士们的基本精神，渗透到民族心理之中，无声地涌动在民族的历史文化长河里。

---

① 吕俏霞：《老子》，见《国学四十讲》，湖北人民出版社 2008 年版，第 313 页。

第九章　老子与道教

道教是中国土生土长的宗教。道教把老子奉为教主,尊为"太上老君",奉《老子》为经典,即《道德真经》。但我们知道,《老子》只是一部哲学著作,并非宗教经典;老子也只是一个有生有死、有子有孙的哲人,并非神仙;以老子为代表的道家只是一个学术派别,并非宗教团体。然而,就一般中国老百姓而言,一提起"太上老君",几乎是无人不知、无人不晓,但对这位"老君"作为哲学家的真实身份,却所知寥寥,足见老子及其思想在宗教方面的深远影响。老子的哲学思想是无神论的,他以"道法自然"来否定鬼神的主宰,但他自己却被后世奉为神灵,这恐怕是这位哲人所始料未及的。

那么,老子是如何摇身一变,由一个肉胎凡骨的哲人,而成了道教的至高神仙的?为什么道教要尊老子为教主呢?

一、道家与道教

一般而言,我们今天把以老子、庄子为代表的学术派别称为"道家",而把尊奉老子为教主的宗教称为"道教",并以此把二者严格地区分开来,把"道家"归于学术,把"道教"归于宗教,二者不是一回事。汤一介指出:“道家 Taoism in Philosophy 和道教 Taoism in Religion 虽有联系,但又有区别,道家是指以老庄思想为源头的哲学派别,道教则是指以老庄为始祖和崇奉对象的宗教团体。”[①]王明在《道家和道教思想研究》一书的序言中说:

> 道家和道教两个术语,有联系又有区别。习惯上有时把道教也称为道家。说严密些,道家和道教不是一回事。
>
> 道家属诸子的学派之一,是一种哲学的派别。如先秦的《老子》《庄子》以及后世的《阴符经》都属道家,它们本身都不是宗教性质的书。至于后来有些道教徒注释《老子》《庄子》和《阴符经》,那是另外一回事。道家的思想跟后来道教的理论有相似和相通之处,但也有根本不同和相反的情况。《老子》五千文,有不少神秘的语言,能为宗教所利用。东汉时,原始道教一个派别五斗米道的祭酒主诵习《老子》。同时托名河上公注的《老子章句》和《老子想尔注》都是专门宣扬道教的典籍。桓帝时,除了多次遣使到苦县祭拜老子外,还亲祀老子于濯龙宫。老子逐渐被神化,竟至成了道教的教祖,以《道德经》编列诸经之首。道教的形成和发展,跟道家老子确实具有某些历史的渊源关系。
>
> 汉刘歆《七略》,道家与神仙家原分为二,各自为录,只是到了后世,道教与古神仙说关系才密切起来。但是,作为宗教信仰的基本标志之一必须有个至上神的观念。道家的《老子》和《庄子》都没有这种思想言论,它摆脱了殷周以来上帝和天神的传统宗教信仰,大力描述一种宇宙的绝对精神(“道”)作为至高无

① 汤一介:《道家与魏晋玄学》,亚细亚文化出版社 1995 年版,第 401 页。

上的支配力量。①

这种把道家归为一种哲学派别、把道教归为一种宗教信仰的划分方法，界线分明。但事实上，这不过是以现代的学术观点作的划分，在古代，道家与道教并没有如此分明的区分。从学术思想发展史上看，道家与道教应是一个整体的不同支派或发展阶段。

"道家"之名产生于西汉时期。从中国古代学术发展史上来看，对诸子百家思想学术流派的划分开始于战国秦汉之际。春秋战国之前，学在王官；战国之后，学术思想由王官之学向诸子之学转化。《庄子·天下》篇说"道术将为天下裂"，天下学术分裂，诸家学术各述其说，形成不同的流派。《庄子·天下》篇是中国学术史上一篇重要的文章，此篇是《庄子》三十三篇的最后一篇，属于杂篇。关于《天下》篇的作者和年代，有多种说法，有人认为是庄周本人的手笔，但多数人认为是《庄子》一书的编者所作，时间当在战国晚期，《吕氏春秋》之前，约公元前 265 年以前。《天下》篇对当时学术流派进行划分时，只以"墨翟、禽滑厘""宋钘、尹文""彭蒙、田骈、慎到""关尹、老聃"等人名称之，并没有出现墨家、道家、法家、名家的名称。与《天下》篇大致同时的《韩非子·显学》篇说："世之显学，儒墨也。儒之所至，孔丘也；墨之所至，墨翟也。"又说："孔墨之后，儒分为八，墨离为三，取舍相反不同，而皆自谓真孔墨。"这里先出现了儒、墨二家的名称，但道家、法家、名家的名称没有出现。《荀子·非十二子》对十二位学者逐一批判，列举了它嚣、魏牟、陈仲、史鳟、墨翟、宋钘、慎到、田骈、惠施、邓析、子思、孟轲等十二人的人名，没有标出学派名称。《吕氏春秋》引用了许多诸子的言论，论及老子、孔子等人，也只

① 王明：《道家和道教思想研究》，中国社会科学出版社 1984 年版，第 1 页。

是说“老耽贵柔,孔子贵仁,墨翟贵廉,关尹贵清,子列子贵虚,陈骈贵齐,阳生贵己,孙膑贵势,王廖贵先,倪良贵后”,却不提道家、法家、名家等学派名称,大概这时“道家”的名称还没有出现。

“道家”之名,始见于司马谈《论六家要旨》,这时已经是西汉武帝时期了。司马谈在《论六家要旨》中说:

> 《易・大传》:“天下一致而百虑,同归而殊涂。”夫阴阳、儒、墨、名、法、道德,此务为治者也,直所从言之异路,有省不省耳。尝窃观阴阳之术,大祥而众忌讳,使人拘而多所畏,然其序四时之大顺,不可失也。儒者博而寡要,劳而少功,是以其事难尽从,然其序君臣父子之礼,列夫妇长幼之别,不可易也。墨者俭而难遵,是以其事不可遍循,然其强本节用,不可废也。法家严而少恩,然其正君臣上下之分,不可改矣。名家使人俭而善失真,然其正名实,不可不察也。道家使人精神专一,动合无形,赡足万物。其为术也,因阴阳之大顺,采儒墨之善,撮名法之要,与时迁移,应物变化,立俗施事,无所不宜,指约而易操,事少而功多。

在司马谈《论六家要旨》之前,庄子、荀子、韩非等人只是站在自己的学术立场上对别的学者进行批评,以彰显突出自己的学术主流地位,并不是有意识地进行学术流派分类。真正有意识地将各家学说进行系统的分类立派、考镜源流,概括各家学说的内涵特征,指出其优劣,并最终提出“家”的统一概念的,要首推司马谈。司马谈《论六家要旨》对先秦诸子思想和学术分歧作出总结性的批判,创造性地分诸子为阴阳、儒、墨、名、法、道德六家,自此开启了对诸子各“家”的派别称谓,也奠定了之后学术批评和分类的基础。梁启超在《司马谈〈论六家要旨〉书后》一文中对此进行了高度评价:“庄荀以下论列诸子,皆对一人或其学风相同之二三人以立言,其櫽括一时代学术之全部而综合分析之,用科学的分类法,厘为若干派,而比较评骘,自司马谈始也。”①

综上所述,我们已经明白,先有老子、庄子、黄老之学,后有“道家”之名。“道家”之名是西汉学者为各家学术思想分类立派时为老子一派作的命名。那么,接下来的问题是:为什么以“道家”名之?

“道”是中国文化的一个最重要的概念。“道”的本义是道路,又可以引申为抽象的道理、理论。《管子·君臣》说:“顺理而不失之谓。”《韩非子·解老》说:“道者,万物之所然也,万理之所稽也。”这里的道,乃泛指,如王道、圣贤之道、“天不变,道亦不变”等。诸子百家,各有其道,各言其道。那么,为什么“道家”成了老子一派的专用名了呢?

本来,天下学术,皆可称“道术”。《庄子·天下》篇说:“古之所谓道术者,果恶乎在?曰:无乎不在!神何由降?明何由出?圣有所生,王有所成,皆原于一。”但是,后来“天下大乱,贤圣不明,道德不一。……天下之人各为其所欲焉以自为方。……道术将为天下裂”。这里的意思是说,天下“道术”本来“皆原于一”,但是“天下大乱后”,天下之人各为其所欲,各取其所好,各用其所长,各呈其说,各言其“道”。所以,各家所言的“道”,是割裂的、不完整的道。这就需要一种学说,融会各家之道,使之复归于“皆原于一”的本原之道。

这样,我们就明白司马谈为什么推崇“道家”了。他在《论六家要旨》中说得明白:《易·大传》说“天下一致而百虑,同归而殊涂”。阴阳家、儒家、墨家、名家、法家和道家都是致力于研究如何达到太平

① 梁启超:《司马谈〈论六家要旨〉书后》,载《梁启超全集》第八册,北京出版社 1999 年版,第 2497 页。

治世的学派，只是他们所遵循的学说各不相同，不是一个路子，有的显明，有的不显明。他研究对比各家学说，认为阴阳家注重吉凶祸福的预兆，禁忌避讳很多，但阴阳家关于一年四季运行顺序的道理，则是可取的；儒家的学说虽然广博，但很少抓住要领，然而它所序列的君臣父子之礼、夫妇长幼之别，则是不可改变的；墨家的学说俭啬而难以实行，但它关于强本节用的主张，则是不可废弃的；法家主张严刑峻法却刻薄寡恩，但它辨正君臣上下名分的主张，则是不可更改的；名家使人受约束而容易失去真实性，但它辨正名与实的关系，则是不能不认真考察的。以上五家之"道"各持一端，各有利弊，都只是"道"的一个方面，只有"道家"所讲之道，才是根本的、完整的、原初的"道"：道家使人精神专一，行动合乎无形之"道"，使万物丰足。道家之术是依据阴阳家关于四时运行顺序之说，吸收儒墨两家之长，撮取名、法两家之精要，随着时势的发展而发展，顺应事物的变化，树立良好风俗，应用于人事，无不适宜，意旨简约扼要而容易掌握，用力少而功效多。所以，按照司马谈的说法，老子一派的道家所讲的"道"，与其他各家不在同一层次，是一种更符合"古之道术"，也是天下各家之道应该"殊途同归"的大道。正是因为如此，他为之命名为"道家"。这样，"道"也就由各家都可以使用的"通名"变为老庄、黄老一派专用的"专名"了。梁启超说："'道德'一语，虽儒墨及他家所同称道，然老庄一派，其对于'道'字颇赋予以特别意味，其应用之方法亦不与他家同称道，则其自成一派甚明了。"①

"道家"是一个发展变化着的学术思想体系。道家学说本身，形成一派且以"道家"为名，也是经过了一个漫长的发展历程的。老子

① 梁启超：《司马谈〈论六家要旨〉书后》，载《梁启超全集》第八册，北京出版社1999年版，第2497页。

所处的时代，当然尚无“道家”之名，还没有形成统一的道家。道家学派的形成，一方面与战国至汉初的思想运动有关，一方面与《老子》一书的整理定型有关。

我们注意到，正如《庄子·天下》所言，古之道术“皆原于一”，道家与儒家也原本同源。郭店楚简本《老子》中，今本的“绝圣弃智”“绝仁弃义”原是“绝智弃辩”“绝伪弃诈”，原本的《老子》和早期传习老子学说的学者并不敌视儒家。但是到了战国中后期，诸子学说兴起，开始了百家争鸣的思想运动，道家中的老庄、黄老才与儒家相敌对，如司马迁在《史记·老子韩非列传》中所说：“世之学老子者则绌儒学，儒学亦绌老子。道不同不相为谋。”在思想学说上，先秦儒家以“仁义”作为核心价值观念，这样，传习老子学说的学者们为了对抗儒家“仁义”学说，也必须提炼和呈现自己的核心价值观念，以与之相抗。于是他们将“道”“德”阐明为核心概念，并将道家的多种思想内涵归于“道”“德”这两个概念的统摄之下。

考察《老子》版本的发展演变，我们也可以看出，楚简本还没有将“道”“德”作为《老子》一书最为基础的两个核心概念，楚简本《老子》甲组分为上下篇，上篇以“道恒无为”为纲要，下篇以“返也者，道动也”，“弱也者，道之用也”为重点。而将“道”“德”二字作为《老子》的思想主题是从汉代开始的，马王堆汉墓帛书甲乙本、北大汉简本在章段构成上不但以“德”“道”为核心观念来聚合上下篇之文本，而且以“上德不德”“道可道”两章分居两篇之首，甚至在帛书乙本上下篇篇末，抄手直接题署了“德”“道”的篇名。所以，司马迁在《史记·老子韩非列传》中说：“老子修道德……老子乃著书上下篇，言道德之意五千余言。”也正是因为如此，老子一派学说也顺理成章地称“道德家”或“道家”了。

还应该指出的是，司马谈在《论六家要旨》中所说的“道家”，是一个大的概念、总括的概念。他在开篇引用《易·大传》“天下一致而百虑，同归而殊涂”，意思是天下“道术”“一致而百虑”，由“皆原于一”而分为多家；但分久而合，“同归而殊涂”，最后仍要汇聚为一，学术思想渐趋一统。他在比较了各家思想的优点和缺点之后，指出道家“因阴阳之大顺，采儒墨之善，撮名法之要，与时迁移，应物变化，立俗施事，无所不宜”，道家是吸收了各家的优点，具有最完善的思想，也就是说，司马谈在这里所说的“道家”，并不只是老子思想或老庄思想，更多的是指兼采儒家、墨家、法家、名家、阴阳家之所长，在汉初思想领域占主导地位的黄老道家思想。

道家是一个复杂的、发展变化着的学术思想体系。本书前述老子思想在秦代以前可分为两派，一派为老庄，一派为黄老，两派各有所重，并未形成统一的“道家”。它们的共同点，是都祖述老子。汉代以后，道家又经历了多次发展演变。王明曾提出“老学三变说”：

> 自西汉初迄三国，老学盛行凡三变，其宗旨各自不同，兹约陈如下：
>
> 一、西汉初年，以黄老为政术，主治国经世。
>
> 二、东汉中叶以下至东汉末年，以黄老为长生之道术，主治身养性。
>
> 三、三国之时，习老子既不在治国经世，亦不为治国养性，大率为虚无自然之玄论。①

这里揭示了老子思想学说从西汉、东汉到三国魏晋发展演变的三种形态：一是在西汉初年占主导地位的黄老政术，二是武帝“独尊

① 王明：《道家和道教思想研究》，中国社会科学出版社1984年版，第323页。

儒术"之后的黄老道养生术，三是魏晋玄学。李零说："其实我们倒不如把这三变看作老学固有内涵的展开过程，只不过各个时期的侧重点有所不同罢了。"①

"道教"是道家的一个演变形态。道教与道家的关系，正如老子思想学说分化为老庄、稷下黄老，再演变为黄老道家政术、黄老道养生术，再演变为魏晋玄学一样，道教也是道家的一个演变形态。

"道教"二字，在道教经典中，始见于汉末《老子想尔注》："道教人结精成神，今世间伪伎诈称道，托黄帝、玄女、龚子、容成之文，相教从女不施。"②但是从上下文来看，"道"是主语，"教"是谓语动词，这句话的意思是"道"教人怎么做，所以此处应该不是通常说的"道教"之义。《老子想尔注》还有一句："真道藏，耶文出，世间常伪伎称道教，皆为大伪不可用。何谓耶文！其五经半入耶。其五经以外，众书传记，尸人所作，悉耶耳。"③这里的"道教"是名词，不过却不是今天我们说的"道教"。因为书中称这里的"道教"是"伪伎"，《老子想尔注》是道教初创时期五斗米道的重要经典，它肯定不会说自己是"伪伎"。从上下文可以看出，这里所说的"道教""伪伎"，不是"真道"，而是"耶文"，"耶"通"邪"，这里的"邪文"指的是儒家的"五经"，所以这里的"道教"可以理解为道家的对立面——儒家。

其实在早期典籍中，"道教"的原义是"以道为教化"之意，多用来指儒家，而且常常带有贬义，用来指摘那些虚假、陈腐的教论。如《墨子·非儒下》："儒者以为道教，是贼天下之人者也。"相传作于东汉末年的最早介绍佛教理论的著作《牟子理惑论》涉及佛、儒、道三

① 李零：《说"黄老"》，载《李零自选集》，广西师范大学出版社1998年版，第281页。

② 饶宗颐：《老子想尔注校证》，上海古籍出版社1991年版，第4页。

③ 饶宗颐：《老子想尔注校证》，上海古籍出版社1991年版，第10页。

家,其中言儒家称“道教”:“问曰:孔子以五经为道教,可拱而诵,履而行。今子说道,虚无恍惚,不见其意,不指其事,何与圣人言异乎?”①在《牟子理惑论》中,我们今天所说的道教则被称为“道家”。

作为宗教名称的“道教”一词,是在佛教传入中国之后,在与佛教的对举中产生的。《南齐书·高逸列传》中提道:“佛教文而博,道教质而精”;“又若观风流教,其道必异,佛非东华之道,道非西戎之法,鱼鸟异渊,永不相关,安得老、释二教,交行八表?今佛既东流,道亦西迈,故知世有精粗,教有文质。然则道教执本以领末,佛教救末以存本。”这里“道教”跟佛教并称,应该是我们今天通常说的道教之义。

对于当时炼养形神、信仰神仙的道教,人们只是称五斗米道、太平道、天师道等,如果有总称,则称为“黄老道”。《后汉书·王涣传》:“延熹中,桓帝事黄老道。”《后汉书·皇甫嵩传》:“张角……奉事黄老道。”魏晋南北朝以后,对道教也多称为“道家”“道”或“仙道”。如晋代葛洪的《抱朴子》,称“道家”“仙道”;史书中《旧唐书·经籍志》《明史·艺文志》等也将老庄之学和积精练气、金丹服食和符箓方术混称为“道家”。不仅道教中人不愿区分道家和道教,著史者将道家和道教统称“道家”,而且就是视佛老为异端的儒家,也不去区分道家和道教。任继愈说:“‘道教’一词首见于《老子想尔注》,南北朝以后此称日渐增多,而同时人们习惯将道教与道家混称‘道家’,道教学者乐于如此含混下去,以借道家学说壮其声势,只有其反对者才加以辨别。”②

道教与道家应看作一个整体。虽然道教与道家在现代学者眼中

---

① 饶宗颐:《老子想尔注校证》,上海古籍出版社1991年版,第10页。

② 任继愈:《中国道教史》,上海人民出版社1990年版,第8页。

有区别,在古代学者眼中则没有区别,都可以称“道家”。正如老庄道家和黄老道家虽然有区别但都可以统称为“道家”一样,道家与道教的关系,也是一个学派内部各支派,或者是各发展阶段的关系。事实上,道家是个大概念,老庄道家、黄老道家(黄老政术、黄老养生术)、道教、魏晋玄学等,都是道家学派发展的不同阶段,或者说是道家学派在不同的历史时期和历史环境下的转型。道教是道家的一派,归于道家名下;道家思想借助于道教而发展和深化。对于老子和道家思想的研究来说,如果我们把道教与道家割裂开来,将道教抛在一边,只研究老庄、黄老,则无助于推进老子及其道家思想的研究,也难以正确地认识道家思想在中国传统文化中的历史地位和深刻影响。

南北朝梁代刘勰《灭惑论》中说:“三教真伪,焕然易辨。夫佛法炼神,道教炼形。”这是他将道教与佛教对举时称“道教”,但是在单独说到道教时,还是使用传统的“道家”一词:“案道家之法,厥品有三:上标老子,次述神仙,下袭张陵。”在刘勰这里,他认为道家有很多种类,也有很多品位,以神仙养生、符箓方术为主要标志的拜神弄鬼的道教,只是道家的下品而已。元代马端临在《文献通考·经籍考》中也说:“道家之术,杂而多端。”他说道家“盖清静一说也,炼养一说也,服食又一说也,符箓又一说也,经典科教又一说也”,派别种类繁多,但“黄帝、老子、列御寇、庄周之书,所言者清净无为而已,而略及炼养之事,服食以下所不道也”。而“至赤松子、魏伯阳之徒,则言炼养而不言清静;卢生、李少君、栾大之徒,则言服食而不言炼养;张道陵、寇谦之之徒,则言符箓而俱不言炼养服食;至杜光庭而下,以及近世黄冠师之徒,则专言经典科教”。这些流派思想层次越来越低,一代不如一代。“然俱欲冒以老氏为之宗主,而行其教。”明代焦竑在《焦氏澹园集》卷二十三《经籍志论》中复述了马端临的话之后说,“昔黄老庄列言清净无为而已”,那些炼养、服食、符箓和经典科教等道教流派十分看重的东西,早期道家并无闻者。道教之炼丹符箓各派都背离了早期道家清净无为的宗旨,所以在焦竑看来,必须区分道家与道教。

到了近现代,学者们在接受了西方宗教学理论,有了初步的现代宗教概念之后,开始从理论上区分道家与道教,把过去道家名义下关于神仙符箓丹药科仪等内容归于属于宗教范围的道教,将属于哲学范畴的老庄及其后学归于学术思想,于是宗教学意义上的道教史才被人们理清和研究。许地山的论文《道家思想与道教》,1927 年发表于《燕京学报》第 2 期,是较早的将道家与道教分开来讲的论文。此后傅勤家的《道教史概论》1933 年由商务印书馆出版,许地山的《道教史》1934 年由商务印书馆印行,傅勤家的《中国道教史》1937 年由商务印书馆出版。傅勤家的《中国道教史》是国内第一部真正意义上全面系统论述道教史的著作,书中指出道家和道教的本质区别:“盖道家之言,足以清心寡欲,有益修养”,“道教独欲长生不老,变化飞升”。[①] 这部书从宗教学观点出发,论述了道教从东汉时期孕育产生,经历代演变,直至近代大约两千年的历史发展过程,涉及的问题包括道教的信仰与教理、戒律、经典、宫观、派别、教团,也包括作为修行的道术内外丹、养生术、符箓咒术、斋醮科仪等等,以及道教对民间秘密宗教的影响,展示了道教的历史发展主脉,对于后世的道教学术研究影响很大。现当代影响最大的道教史著作有:王明《道家和道教思想研究》,中国社会科学出版社 1984 年出版;任继愈主编的《中国道教史》,上海人民出版社 1990 年出版;卿希泰主编的四卷本《中国道教史》,四川人民出版社 1996 年出齐。

---

① 傅勤家:《中国道教史》,商务印书馆 2011 年版,第 36 页。

近年来,有关道教研究的论著日见增多,但是关于道家与道教关系问题,学界的一般倾向是从现代学术划分的观点出发,将道家与道教区分开来,认为道教是基于对于道家思想的曲解利用、重塑再造而形成的具有中国特色的宗教。从学术研究和学科类别上说,这种划分当然是必要的。但是从学术思想发展流变的整体来看,道家与道教的关系是复杂的、纠缠不清的,我们将道家与道教区分开来,将其归于哲学和宗教两个类别,或者将它们看作一个整体,都是有道理的。不过从总体上说,将道教与道家看作一个整体,将道教看作道家的一个支派或一个发展阶段,则更符合学术发展的实际。正如牟钟鉴所说:"辩证法发现了否定之否定的规律,人的认识也往往要经历这样的辩证发展过程。如果说古人混同道家和道教是认识史的第一步成果,表现为对两者关系的肯定,那么现代学者严格区分道家与道教就是肯定之后的一次否定,是认识史上的第二步成果。现在似乎还需要再跨出一步,在更高的层次上作一次否定之否定,具体地说,对于道家和道教的异同作更全面更合乎实际的说明。"①随着对道家、道教研究的深入和研究方法的发展,对道家、道教关系的认识也在进一步深化。

二、道教的渊源

道教是一个具有中国传统民族文化特色的宗教。道教,顾名思义,就是以"道"教化,或者说就是信奉"道",并希望通过对精神和形体的修炼而"得道成仙"的宗教。作为一种宗教实体,道教与道家不

① 牟钟鉴:《道家和道教文化论稿》,宗教文化出版社2014年版,第156页。

同的是，道教不仅有经典教义教规、神仙信仰和宗教仪式活动，而且还有宗派传承、教团组织、科戒制度和作为宗教场所的宫观建筑等。

一般认为，道教形成宗教实体是在东汉顺帝时（126—144年）。但是，中国道教的形成过程与基督教、佛教、伊斯兰教等世界三大宗教不同，道教不是由某位教主在短时期内创立的，它有相当久远和复杂的文化渊源，其源头甚至可以上溯到中国母系氏族社会的原始宗教。道教教义和组织的完善也经历了几百年的历史。

何谓"道教"？胡孚琛从道教的形成和发展历史的角度对其文化特征作如下概括：

> 所谓道教，是中国母系氏族社会自发的以女性生殖崇拜为特征的原始宗教在演变过程中，综合进古老的巫史文化、鬼神信仰、民俗传统、各类方技术数，以道家黄老之学为旗帜和理论支柱，囊括儒、道、墨、医、阴阳、神仙诸家学说中的修炼思想、功夫境界、信仰成分和伦理观念，在度世救人、长生成仙进而追求体道合真的总目标下神学化、方术化为多层次的宗教体系。它是汉代及以后特定的历史条件下不断汲取佛教的宗教形式，从中华民族传统文化的母体中孕育和成熟的以"道"为最高信仰的具有中国传统的民众文化特色的宗教。①

道教渊源，"杂而多端"。胡孚琛在为道教所下的定义中，指出了道教的多个源头。但无论是巫史文化、鬼神信仰、民俗传统、方技术数，还是阴阳家、神仙家、医家，甚至黄老道家，都有一个共同的源头——原始宗教。闻一多在《道教的精神》一文中论及道家与道教

① 胡孚琛：《道学通论》，社会科学文献出版社2009年版，第171页。

的渊源关系时指出:“我常疑心这哲学或玄学的道家想必有一个前身,而这个前身很可能是某种富有神秘思想的原始宗教,或更具体点讲,一种巫教。这种宗教,在其本性质上恐怕与后来的道教无大差别,虽则在形式上与组织上尽可截然不同。这个不知名的古代宗教,我们暂可称为古道教,因之自东汉以来道教即可称之为新道教。我以为如其说新道教是堕落了的道家,不如说它是古道教的复活。不,古道教也许本来就没有死过。新道教只是古道教正常的、自然的组织而已。这里我们应把宗教和哲学分开,作为两笔账来清算。从古道教到新道教是一个系统的发展,所以应排在一条线上。哲学中的道家是从古道教中分泌出来的一种质素。”①他在这里指出了道家和道教都是从原始巫教中分化出来的。

原始宗教和巫史文化是道教的主要源头。原始宗教起源于自然崇拜和鬼魂崇拜。自然崇拜的对象是天地日月山川风雨等自然现象,由于这些自然现象能够影响人的生活,于是就出现了将自然神化的现象,人们相信万物有灵,就有了日神、月神、山神、河神等神灵,进而人们由崇拜自然神发展到相信至高无上的上帝和不可知的天命,这样就建立了以上帝为中心的天神系统。鬼魂崇拜首先来自对祖先的崇拜,古人认为人在死后还有灵魂存在,并且认为祖先的灵魂能够像神一样与后代交流,所以子孙便以祭祀等方式安慰祖先的魂灵,以祈求祖先保护自己。人们相信现实生活中所发生的一切事情及结果,都是神鬼意志的体现,并且相信通过虔诚地祭拜和取悦神灵,就能影响神鬼的意志,从而获得神鬼的保佑。这样,原始宗教就产生了。为了与神灵沟通,产生了专门从事此事的巫、祝、医、卜等职业,从事这些职业的人通过祈祷、降神、占梦、祈雨、医病、占星、望气、祝

① 闻一多:《道教的精神》,载《闻一多全集》,上海书店 1948 年影印版,第 143 页。

由、符咒、预言等巫术活动，沟通神与人的关系。通过他们的沟通，人祭祀神灵，神灵保护人，从而建立起人与神之间的报酬关系。殷商甲骨文中，“巫”字像两手捧王之形，为事神之状。《国语·楚辞》：“在男曰觋，在女曰巫。”巫觋又合称巫。古时巫医不分，《吕氏春秋·勿躬》说，“巫彭作医”。“祝”，《说文》释为“主赞事者”，即负责祭祀祈祷之礼仪者。“卜”，《说文》释为“灼剥龟也，象炙龟之形。一曰象龟兆之纵横也”。卜者替人占卜吉凶。巫、祝、医、卜是古代社会宗教活动中不可缺少的职业，这些人掌握着人类的知识和信仰，影响人的精神生活。殷商时代最崇尚鬼神，《小戴礼记·表记》说：“殷人尊神，率民以事神，先鬼而后礼。”说明当时祭祀神鬼的风气相当普遍。到了周代，则将祭祀天地与崇敬祖先统一起来，敬天尊祖，规定将列祖列宗奉明堂以配上帝，祭祖祀神成为国家典仪，设置官员专门管理。《周礼·春官·大宗伯》：“大宗伯之职，掌建邦之天神、人鬼、地祇之礼，以佐王建保邦国，以吉礼事邦国之鬼神祇。”大宗伯的主要职能就是主持敬奉神鬼的典礼，祭祀对象分为人鬼、天神、地祇等三类，主要有祭天地、祭日月星辰、祭先王、祭先祖、祭社稷、祭宗庙等礼仪活动。

原始宗教和巫史文化在春秋战国时期经过理性主义和人文思潮的洗礼，开始产生了分化。道家等理性程度较高，可以视为较高层次的思想文化形态；其次是天文、历谱、五行、蓍龟、杂占等阴阳术数派，则都是原始宗教和巫史文化母体中的分泌物。而且由于时代理性的觉醒，不仅巫史分家，巫医亦分家，巫的社会地位被文化程度较高的方士取代，这样，医家、阴阳家、神仙家等方技派也从巫史文化中分化出来，最后剩下那些祭祀鬼神、禳祸祈福之类的低层文化，被巫觋带到民间去传播。道家从巫史文化中脱胎出来，占据上流；巫觋从高层跌落下来，流入民间。原始宗教和巫觋文化在民间得到广泛流传，成为道教的重要思想来源。原始宗教中的诸神系统后来被道教所吸收,成为道教的尊神,原始巫术和鬼神祭祀中的符咒、斋醮、拜仪等形式也被道教所继承。

战国秦汉时期的神仙方术是道教的另一个重要源头。长生不死、得道成仙是道教的核心信仰,这一核心信仰正是来自神仙传说和方士方术。所谓“仙”,《说文》释为“长生迁去”,《释名》也说:“老而不死曰仙。仙,迁也。迁,入山也。”长生不死为仙,仙人是指迁入山林长生不死的人。追求成仙,其实就是对不死的探求。在《庄子》和《楚辞》中有生动的神仙故事,如《庄子·逍遥游》中说:“藐姑射之山,有神人居焉。肌肤若冰雪,绰约若处子,不食五谷,吸风饮露,乘云气,御飞龙,而游乎四海之外;其神凝,使物不疵疠而年谷熟。”神仙方术追求长生不死,所以又与养生学有密切关系。《庄子·刻意》中讲到导引行气的养生之术:“吹呴呼吸,吐故纳新,熊经鸟申,为寿而已矣。此道引之士,养形之人,彭祖寿考者之所好也。”神仙与鬼神不同,不是生活在冥冥之中的魂灵,而是形如常人却又逍遥自在、神通广大的超人。他们又有不死之方或不死之药可以度人,所以秦汉帝王趋之若鹜,千方百计寻找仙人仙药,以求长生不死。中国古代的神仙家也称为“方士”,因为他们讲的是长生不死的“方术”。所谓“方”,是指长生不死的仙方。神仙家也是战国时期的诸子百家之一。

战国时燕国和齐国的神仙方士最多。司马迁在《史记·封禅书》中记载许多燕齐神仙方士的事情:齐威王、宣王的时候,齐国人阴阳家驺衍宣扬“五德终始”之说,燕齐地区的方士传习他的这套按阴阳五行学说推断、解释王朝递变的理论,又不能通达,于是出现了一些荒诞奇怪、阿谀奉迎的人,其人数之多不可胜计。如宋毋忌、正伯侨、充尚、羡门高等燕国人,都是“方仙道”,他们实行神仙的法术,如形解销化、依托鬼神等事。所谓“方仙道”，即是由方士们将其追求长生之术与邹衍阴阳五行说糅合起来的一种神仙理论。这些燕齐方士宣称渤海上有蓬莱、方丈、瀛洲三座神山，“诸仙人及不死之药皆在焉”。方士们以此蛊惑帝王们去海上仙山寻仙采药，以求长生不死。齐威王、宣王和燕昭王听信方士的话，派人下海寻求仙人仙药，未能成功。此后数百年，从秦皇到汉武，求仙访药，其事不绝，而且最后都死在这件事上。秦始皇统一天下后，于公元前 219 年到泰山、琅琊等地封禅祭神，齐地方士徐市请求带着童男童女到海上三神山寻找奇药，秦皇信其言，此后多年，徐市终究没有找到仙人仙药。后来燕人卢生、韩众、侯公等方士蒙骗秦始皇，求仙不得，却诽谤秦皇用心不诚，最后卷裹钱财而逃，秦皇大怒，抓不住卢生等人，迁怒于儒生，遂于公元前 212 年坑杀儒生 460 多人，这就是史上著名的“坑儒”事件。公元前 210 年，秦始皇最后一次东巡，见寻访神仙不得，从海上怏怏而回，走到河北沙丘就病死了。秦始皇求仙失败的教训并没有被后来的帝王吸取，大约一百年后，汉武帝又步其后尘。据《封禅书》载，汉武帝热心于神仙方术，有齐人李少君进献祠灶、谷道、却老之方，宣称：“祠灶则致物，致物而丹砂可化为黄金，黄金成以为饮食器，则益寿，益寿而海中蓬莱仙者可见，见之以禅则不死。”于是汉武帝相信了李少君，亲自祭祀灶神，派方士到海中寻访仙人，炼化丹砂。后来李少君病死，又有栾大、公孙卿等方士，编造黄帝铸鼎、骑龙升天的神话，谓宝鼎复出，汉主封禅“仙登于天”。汉武帝大兴宫观祠坛，并东巡海上，登泰山封禅，耗费了大量钱物人力，连神仙的影子也没有见到。到了晚年，汉武帝对方士们感到厌倦了，临死时说：“向时愚惑，为方士所欺。天下岂有仙人？尽妖妄耳！”秦皇汉武的求仙闹剧，最终都以失败而收场了，但是由于他们的影响，秦汉时期神仙迷信活动大为盛行，各种辟谷服食、炼丹作金、招神弄鬼的方术都发展起来了。此风沿袭到东汉而不衰,山东、河南出土的一些东汉晚期砖石画像,内容集中反映神仙思想,如仙人骑鹿、仙人云车以及各种奇禽异兽,说明神仙崇拜已成风俗。战国秦汉的神仙方术,不仅为道教信仰的建立做了直接准备,也为道教的出现做了队伍上的准备,大批方士就是后来道士的前身。

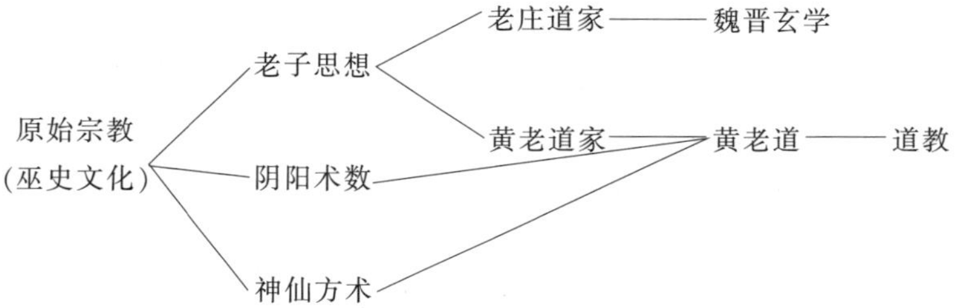

道教的直接来源是汉代的黄老道。老子思想流派在战国时分化发展为两个方向:一是侧重人生哲学的老庄道家,二是侧重政治哲学的黄老道家。黄老之学内容庞杂,涉及的范围十分广泛,既包括以老子道家思想为主体,融合法家、墨家而形成的政治思想学说,也包括托名黄帝的阴阳方技和术数之学,涵盖天文、历算、星占、地理、医药、养生等等。总体来说,黄老道家思想包括"天道"和"人道"两个方面,其中"人道"又包括"治国经世"之道和"治身养性"之道。我们今天看到,在马王堆汉墓出土的汉初文献中,既有《黄帝四经》这样的政治理论著作,也有许多关于医药养生的图书,如《养生方》《导引图》《十问》《却谷食气方》《合阴阳》等等。《汉书·艺文志》中也记载了大量托名黄帝的养生术数之书。这说明黄老学说一开始就包含了养生长寿之术。黄老之学在先秦开花,在汉代结果。西汉初年,黄老道家学说中实用性极强的以"治国经世"之道为中心的政治思想学说得到统治者的重视和应用,在当时的“文景之治”中发挥了重要作用。但是,作为官方意识形态的黄老道家政治学说的鼎盛时期维持了几十年之后,汉武帝改弦更张,独尊儒术,“黜黄老、刑名百家之言”①,黄老政治学说失去了官方的支持,其地位一落千丈。这样,黄老道家不能不面临一个转型时机,黄老政治学说不再时兴,黄老养生学说转而得到继续发展。由于汉武帝迷信神仙方士,当时社会追求长生成仙的风气盛行,促使黄老学说中的养生长寿之术与神仙方术结合起来,黄老道家从“治国经世”之道转向了“治身养性”之道,到了东汉,黄老学演变为偏重个人养生成仙的学说。战国时期的稷下黄老学者和汉初的黄老学者,以黄老政治之术“位列上卿”,“不治而议论”,黄老学说以治国经世为主,具有强烈的“君人南面之术”的思想倾向。而在西汉中期受到冷落之后,黄老之学寻找到另外一条发展途径,转而在民间流传,同盛行的神仙方术思想相结合,朝着民间宗教的方向发展。黄老学者也与神仙方士相结合,方士们一方面鼓动汉武帝寻仙求药,追求长生不死,甚至主持祭祀、封禅等国家礼仪和宗教活动;另一方面活跃在民间,从事医病、祈祷、降神、占卜、符咒、预言、禳灾等活动。至此,黄老学与阴阳术数、神仙方术合流,形成了“黄老道”。

三、从“黄老道”到道教

黄老道是道教的前身,其存在时间介于西汉武帝独尊儒术与东汉道教教团五斗米道和太平道产生之前,时间跨度大约 200 年。黄

---

① 《汉书·儒林传》。

老道是在这一时期代替西汉初年以政治哲学为中心的黄老道家学说而产生的一种新思潮，它介于学术与宗教之间，具有明显的过渡性质。卿希泰的《中国道教史》说："东汉讲黄老，侧重在养生、修仙，与西汉前侧重在统治术的黄老学，已有所不同。这是黄老学逐步衍变为黄老道的新发展。"①在这个发展演变过程中，黄老道逐渐宗教化，老子也逐渐被神化。黄老道与汉初黄老学不同，其区别有四：一是汉初黄老学重视的是治国之政术，黄老道关注的是养生成仙之方术；二是在黄老道家学说中，黄帝尚为帝王，老子尚为哲人，而黄老道对黄帝、老子加以神化，黄帝、老子相继成仙成神；三是在黄老道中，老子及其道家思想理论逐步宗教化；四是汉初黄老道家思想在官方，西汉末到东汉的黄老道则在民间。

黄老道时期老子思想学说的发展、演变与传承的脉络，可以从河上公《老子章句》、《太平经》和《老子想尔注》三部书中看出来，这三部书的相继出现也显现了道教理论逐渐建立和成形的过程。

河上公《老子章句》：从《老子》到黄老道。关于河上公，本书第二章在讨论《老子》的版本时，已经对河上公其人的生平和其书的成书年代进行过推断：河上公是一个伪托的作者，实无其人。从战国到汉代，有一个传说中的道家神仙人物河上公。东汉黄老学者写了《老子章句》一书，因为西汉文帝好黄老，就托名传说中传道于汉文帝的河上公所作。王明在《老子河上公章句考》一文中说："《河上公章句》者盖当后汉中叶迄末造间，有奉黄老之教者，为敷陈养生之义，希幸久寿不死，托名于河上公而作。"②河上公《老子章句》的著作年代，与黄老道的形成年代大致相一致，是在社会上崇尚黄老道的时

① 卿希泰：《中国道教史》第一卷，四川人民出版社 1996 年版，第 76 页。

② 王明：《道家和道教思想研究》，中国社会科学出版社 1984 年版，第 323 页。

代氛围下产生的。卿希泰在《中国道教史》中说:“在尚黄老、修仙道的社会思潮中,到东汉出现了主要以修道长生的观点解释《老子》的著作,即《老君道德经河上公章句》,或称《老子河上公注》。它是神仙方术与黄老思想逐步结合的历史产物,也是《老子》由道家学说向道教理论过渡的重要标志。”[①]这就明确肯定了河上公《老子章句》为神仙学与黄老学相结合的历史产物,并肯定了汉代黄老道的性质不同于汉初的黄老学,河上公《老子章句》是黄老道的理论著作。

王卡在其点校的《老子道德经河上公章句》一书的前言中指出,河上公《老子章句》的主要内容是:“以汉代流行的黄老学派无为治国、清静养生的观点解释《老子》经文。天道与人事相通,治国与治身之道相同,二者皆本于清虚无为的自然之道,这是河上公章句的基本思想。故陆德明《经典释文》概括此书要旨为‘言治国治身之要’。”[②]

河上公《老子章句》把治身与治国的原则统一起来,体现出黄老道的典型特征,而且明显表现出由治国政教之术向治身养生之术转变的思想倾向。如河上公《老子章句》对《老子》第一章的解释:

> 道可道:谓经术政教之道也。非常道:非自然长生之道也。常道当以无为养神,无事安民,含光藏晖,灭迹匿端,不可称道。[③]

河上公解释“可道”的“道”只是“经术政教之道”,“不可称道”

---

① 卿希泰:《中国道教史》第一卷,四川人民出版社 1996 年版,第 76 页。

② 《老子道德经河上公章句》,王卡点校,中华书局 2014 年版,第 8 页。

③ 《老子道德经河上公章句》,王卡点校,中华书局 2014 年版,本书所引河上公注文均据此书。

的“常道”则是“自然长生之道”。这样的解释显然不符合《老子》的原义,但是却表明了河上公轻视治国政术而重视养生长寿之道的思想。河上公《老子章句》认为“治国与治身同也”(三章注文),身国同治,但治身为先,河上公的重点在治身养生。如在第六十四章注文中说:“圣人学人所不能学。人学智诈,圣人学自然;人学治世,圣人学治身,守道真也。”治身与治国是本与末的关系,治身为本,治国为末,圣人求本,而世人逐末。从这个本末关系上,可以看出在河上公《老子章句》这里所显现的从黄老学向黄老道转变的轨迹。

在《老子》中,并没有明显的神仙思想,老子所说“深根固柢,长生久视之道”(五十九章),也只是说通过“深根固柢”,来长久维持和保全性命。但在河上公这里,则反复论述“不死之道”,认为通过对道的体悟,达到人道合一;个人一旦得道,生命便可永恒,从而达到长生不死。长生不死即为神仙。河上公在十三章注中说:

> 使吾无有身体,得道自然,轻举升云,出入无间,与道通神,当有何患?

“轻举升云,出入无间,与道通神”,这是典型的神仙思想。所以,河上公《老子章句》的神仙思想已经十分浓厚。河上公在五十四章注文中还用“真人”来指修道者:“修道于身,爱气养神,益寿延年。其德如是,乃为真人。”从道人到真人,乃是神仙的境界。因此,我们就不难理解以神仙信仰为核心的道教为什么将河上公的《老子章句》奉为该教经典的原因了。

关于如何达到“长生不死”,河上公则以东汉黄老学说的元气说与精气说论述修道养生的途径。河上公在注《老子》四十二章“道生一,一生二,二生三,三生万物。万物负阴而抱阳,冲气以为和”时说：

> 道始所生者一，一生阴与阳也，阴阳生和、清、浊三气，分为天地人也。天地人共生万物，天施地化，人长养也。万物无不负阴而向阳，回心而就日。万物中皆有元气，得以和柔，若胸中有藏、骨中有髓、草木中有空虚与气通，故得久生也。

万物中蕴含有元气，故能生长；人体内元气流行，故有生机；元气和柔，通流全身，则能长生不死。黄老道家认为使天人相通的是贯通其间的精气，河上公也说："天道与人道同，天人相通，精气相贯。"正是基于这种理论，河上公认为："圣人治国与治身同也。"治国要爱惜民财，不能奢侈淫逸，嗜武滥刑，这样才能达到百姓安居乐业、国家太平长久的目的；治身要爱气养神，除情去欲，不能烦劳放纵，这样才能达到身心清静、长生久寿的目的："治身者爱气则身全，治国者爱民则国安。治身者呼吸精气，无令耳闻也；治国者布施德惠，无令下知也。"（十章注）"治国者当爱惜民财，不为奢泰；治身者当爱惜精气，不为放逸。夫独爱民财、爱精气，则先得天道也。"（五十九章注）"治国烦则下乱，治身烦则精散。"（六十章注）

关于治身养生，河上公尤其强调保精养气。河上公按照黄老养生家的理论，讲到了导引行气术、房中固精术和保养精神术三种治身养生的方术。行气术的方法在于调节鼻口呼吸，使呼吸轻柔缓慢：

> 不死之道在于玄牝。玄，天也，于人为鼻；牝，地也，于人为口。……鼻口之门，乃是通天地之元气所从往来。鼻口呼噏喘息，当绵绵微妙，若可存，复若无有。用气当宽舒，不当急疾勤劳也。

固精之术在于“爱惜精气,不为放逸”:

人能以气为根,以精为蒂。如树根不深则拔,果蒂不坚则落。言当深藏其气,固守其精,使无漏泄。

关于保养精神之术,河上公认为,人的精神不仅指的是人的心志观念,而且有神灵的含义,也就是驻守在人体五脏中的魂灵。保养精神,即是使人的精神不受外界的声色财货诱惑,不因心生贪念而使精神离开人的形体而去。所以欲长生者必须除奢去欲,使五脏空虚,精神安静,形神不离。河上公在注文中反复论述保养精神之术:

人能除情欲、节滋味,清五藏,则神明居之也。(五章注)

人能养神则不死也。神谓五藏之神,肝藏魂,肺藏魄,心藏神,肾藏精,脾藏志。五藏尽伤,则五神去矣。(六章注)

人载魂魄之上得以生,当爱养之。喜怒亡魂,卒惊伤魄。魂在肝,魄在肺。美酒甘肴,腐人肝肺。故魂静志道不乱,魄安得寿延年也。(十章注)

治身者当除情去欲,使五脏空虚,神乃归之也。(十一章注)

汉代黄老道的养生方术门类繁多,主要有服食方药、导引行气、房中固精等。药物包括草木之药与金石之药,服药是借助药物从外而内保养身体,延年祛病,后来道教的外丹方术来源于此。导引行气术、房中固精术则是通过保养人体的精气神来维持生命,调节人体自身的功能来祛病延年,后来道教的内丹养生术来源于此。河上公《老子章句》中以黄老道养生术解释《老子》,强调人身中的精、气、神是维持生命的三大基本要素,人的衰老病死,都因这三要素的亏损枯竭,欲长寿者,必须重视精气神的保养。河上公书中的导引行气之术、房中固精之术、保养精神之术,上承黄老道,下启道教,发展为道教的主要养生方术。

河上公《老子章句》产生于道教形成之前,是神仙学与黄老学相结合的历史产物,既不同于黄老学说,也不完全同于道教产生后的宗教经典,它将具有哲学意义的《老子》引向宗教,是黄老道的代表著作。因为河上公《老子章句》的思想启发和影响了道教的基本教义,所以也可以认为这部书是道教的发源之作。

《太平经》:道教基本教义的确立。真正确立起道教教义的一部书是《太平经》。《太平经》一书,来源十分复杂,不是一时一人之著作,有一个相当长的演变过程。汉代曾流传三种《太平经》,分别为《天官历包元太平经》《太平清领书》和《太平洞极经》。最早的一种称为《天官历包元太平经》,十二卷,据传是西汉成帝时齐人甘忠可所作。《汉书》卷七十五《李寻传》记载:"初,成帝时,齐人甘忠可诈造《天官历包元太平经》十二卷,以言'汉家逢天地之大终,当更受命于天,天帝使真人赤精子,下教我此道'。"甘忠可用此书传道,被刘向上奏皇帝"假鬼神罔上惑众,下狱治服,未断病死"。至东汉顺帝时,又有《太平清领书》一百七十卷出现。这部《太平清领书》据传是当时的方士于吉所作。《后汉书·襄楷传》载:"初,顺帝时,琅琊宫崇诣阙,上其师于吉于曲阳泉水上所得神书百七十卷,皆缥白素、朱介、青首、朱目,号《太平清领书》。其言以阴阳五行为家,而多巫觋杂语。有司奏崇所上妖妄不经,乃收藏之。后张角颇有其书焉。”东汉顺帝时,于吉的弟子宫崇将此书献给朝廷,因被认为是妖妄不经之书而束之高阁。桓帝时襄楷再次把这部书献给朝廷,也未被采纳。关于甘忠可《天官历包元太平经》和于吉《太平清领书》的关系,汤用彤在考证《太平经》时认为:“于吉之书,疑上接甘忠可。”[①]汤一介又进一步探讨《太平清领书》与《天官历包元太平经》之间有承传关系。[②] 到张陵时,有《太平洞极经》一百四十四卷,也应该是承继以上两书。《天官历包元太平经》《太平清领书》和《太平洞极经》三书均已佚,明代《正统道藏》太平部中只残存五十七卷。今人王明根据古道书辑录成《太平经合校》[③],使《太平经》一百七十卷原貌得以恢复。综上所述,《太平经》从西汉成帝时开始出现,经过 150 年左右的漫长时间,至东汉顺帝时才完成,这一过程也正与黄老道的形成过程相吻合。在这个过程中,许多方士在民间不断地增饰,使《太平经》成为一部卷帙浩繁、内容庞杂、行文参差不齐的大部头的书。

与河上公《老子章句》和《老子想尔注》注解《老子》的方法不同,《太平经》采取的是自造经书的方法,因而在思想理论的发挥上具有很大的自由度。《太平经》杂糅道家哲学、神仙方术、阴阳五行、宗法伦理等为一体,思想内容颇为庞杂。其中,老子的思想学说是《太平经》最为重要的思想主线和基本理论形态。也就是说,《太平经》从建构自己的神学思想体系出发,有选择、有系统地利用和改造了老子及其道家的哲学理论。

① 汤用彤:《读〈太平经〉书所见》,载《汤用彤选集》,天津人民出版社 1995 年版,第 198 页。

② 汤一介:《魏晋南北朝时期的道教》,陕西师范大学出版社 1988 年版,第 26 页。

③ 王明:《太平经合校》,中华书局 1960 年版。本书所引《太平经》均见此书,故只注篇目。

《太平经》的主要思想材料来源于黄老道家的“道”论和“元气”学说。《太平经》将黄老道家的“道”和“元气”这两个重要概念吸收纳入其思想体系之中,并进行了改造和转化。《太平经》继承老子以“道”为万物之本的思想,认为“道”兼有世界本原及变化规律的特性,对“道”的总体把握和理解非常明显地打上了道家哲学的烙印。但《太平经》并没有沿着这条理路发展下去,而是从建构自己的神学思想体系出发,改造和利用黄老道家的万物生成、宇宙演化的“元气论”理论模式,阐述自己神学的宇宙生成论,形成了神秘的“气化”学说。

“气化”思想是《太平经》改造老子道家哲学的一个非常突出鲜明的理论内容。《太平经》肯定元气是宇宙最初的原始物质,“天地开辟贵本根,乃气之元也”(《脩一却邪法》)。万物皆是由元气产生的,元气是化生一切事物根源,“夫物始于元气”(《六罪十治诀》);元气派生天、地、人,“元气有三名,太阳、太阴、中和。形体有三名,天、地、人”(《和三气兴帝王法》),“天地人本同一元气,分为三体,各有自祖始”(《三五优劣诀》);三气和合成就万物,“气之法行于天下地上,阴阳相得,交而为和,与中和气三合,共养凡物”,“天地与中和相通,并力同心,共生凡物”(《三合通诀》)。

《太平经》吸纳“元气说”的目的是为其神学体系进行本体论证。在阐明元气是宇宙原初物质、最初本原之后,《太平经》推出了掌管“元气”的超自然的神人,“其无形委气之神人,职在理元气”(《九天消先王灾法》)。这个与元气类似的虚幻的“无形委气之神人”赫然凌驾于元气之上,支配着元气化生万物,从而最终支配着整个宇宙。于是,万物的化生由一种自然、自发的过程演变为一种由“委气神人”所职掌的有意识、有目的的创造活动,显示出了神的意志。这种人格化、神格化了的“气”,不仅支配着自然界万事万物,同样更支配、牵制着人类社会,因为“气”同时具有社会道德属性。人类社会有道、德、礼、义、仁等道德准则及行为规范,“气”则有“道气”“德气”“礼气”“义气”“仁气”等与之对应,也就是说,人类社会的一切道德规范都是由这个“委气神人”通过“气”制定的。这样,《太平经》虽然在宇宙论上以老子道家理论为指导,主张元气发生说,但是最终有意识地将老子的宇宙论思想转化为神本体论。这种神秘的“气化”学说为道教的宗教神学提供了理论根据,成为后世道教理论非常重要的组成部分。

《太平经》构筑了一个庞大而复杂的神灵系统。在《太平经》中,众多的神鬼仙人分为两个系统,即天神系统与神仙系统。天神系统主要是糅合天人感应思想、谶纬神学理论而成的天地阴阳系统;神仙系统则是在神秘的“气化”论基础上的独特的神仙系统。天神系统在上,神仙系统在下。“天君”是天神系统也是整个神灵控制系统的最高主宰,神仙系统中最高主宰则是“无形委气神人”。《太平经》把神、人分为九等:委气神人、大神人、真人、仙人、大道人、圣人、贤人、凡民、奴婢。这样就将现实社会的等级秩序导入神仙系统,使神仙谱系与天地阴阳之道联系在一起,每一个环节在现实世界都能寻到根据,神人象天,真人象地,仙人象四时,道人象五行,圣人象阴阳,贤人象山川,凡民象万物,奴婢象草木。神人九等层次分明,各司其职,以“气”为中介,构成与自然合一的有序系统。这个神仙系统借助于元气化生万物的“气化”说,实现了超验世界与现实世界的沟通。神人、真人、仙人、道人构成天上神仙的等级系列,高踞于人间世界之上;道人以下降入人间现实等级,圣、贤二等实际为社会统治集团阶层,凡民、奴婢则为社会下层百姓。这两个等级系列因元气的流转,不再是各自封闭的,而是开放的系统;等级不再是固定不变的,它会依学道之人修行层次的不断提高而顺次进到更高一级境界。这样,

《太平经》为世间一切人的超凡入仙，架起了逐级上行的阶梯，具体完成了对神仙信仰的宗教架构。

关于长生成仙的修道养生原则，《太平经》提倡养性与积德并重，通过内外双修，达成长生成仙、致太平的目标。《太平经》的修道内容和方法分为道德修养和形体修炼两类。在具体的修道内容和方法上，《太平经》提出了长生成仙的“守一”养身论。“守一”养生说的理论根基是与气化论密切相关的形神关系论，核心观点是治国要天、地、人三者合一，修身要精、气、神三者合一。《太平经》从元气化生天、地、人出发，阐述了精、气、神“三气共一”的思想：“三气共一，为神根也。一为精，一为神，一为气。此三者，共一位也，本天地人之气。神者受之于天，精者受之于地，气者受之于中和，相与共为一道，故神者乘气而行，精者居其中也。三者相助治。”（《令人寿治平法》）只要能永远保持形神不离，精气神三者合一，就可以长生不死。

总之，《太平经》通过对老子道家哲学核心范畴“道”及“元气”理论的系统改造，形成了神秘的气化学说，并借助它构筑了沟通超验世界与现实世界的神仙系统，完成了对神仙信仰的本体论证，阐述了长生久寿的理论根据、内容和方法，最终完成其融道家哲学、神仙方术、阴阳五行、宗法伦理等为一体的神学思想系统，为道教的创立及道教理论的发展奠定了基础。

基于这个神化的气化理论，《太平经》提出了“三一为宗”的核心思想，并以此为基础，提出和设计了“太平”世界的社会理想。所谓“三一为宗”，就是天道、地道、人道三者合一。《太平经》的中心思想就是讲述怎样把天、地、人道合一而致“太平”。所谓“太平”，就是“天气悦下，地气悦上，二气相通，而为中和之气，相受共养万物，无复有害，故曰太平”（《三合通诀》）。并号称：“平者，乃言其治太平均，凡事悉理，无复奸私。”这个太平世界，就是顺应自然天理、没有奸诈私欲的平均世界。《太平经》反复强调，一种神秘的“太平炁（气）”就要到来，它将代替邪气，使天、地、人“更始”，从而改天换地，“太平气”笼罩天下，天下太平。正是基于这种思想宣传，东汉末年张角借太平道组织，发动了黄巾大起义，掀起了一场声势浩大的社会运动。

在《太平经》的神学体系中，“神”是沟通天和人的中介：“神者，上与天同形同理，故天称神，能使神也。神也者，皇天之吏也。”神代表天意与人进行沟通。神可以监督人去恶行善，人也可以要求神为自己消灾解难。神劝人去恶行善的方法是神道设教，《太平经》将神的旨意转化为戒条，要人“守戒”，强调“善自命长，恶自命短”，延长寿命得靠自己行善。人请神为自己消灾的手段是念诵神咒。《太平经》说：“天上有常神圣要语，时下授人以言，用使神吏应气而往来。人民得之，谓为神咒。”咒语符书蕴含了神的力量，使用它可以祛灾消病。

《太平经》的问世，标志着黄老道宗教化基本教义的初步形成，对道教的创立产生了重要的影响。王明在《论〈太平经〉的思想》一文中说：“《太平经》是道教初期的经典。它相信有神灵主宰和吉凶报应，而且好些传统的宗教信仰集中起来，可以充实发展，形成原始道教神学体系。”①

在道教史上，一般认为是东汉末年的张陵创立了道教。但是这种观点未必正确，因为从历史上看，道教的产生是一个漫长的过程。李养正指出：“道教的形成，大体上历经了四个阶段，一为方仙道，二为黄老道，三为太平道，四为天师道（或称五斗米道）。前两者为萌

① 王明：《道家和道教思想研究》，中国社会科学出版社1984年版，第125页。

芽和酝酿阶段，后两者为创立和完成阶段。”①在这四个阶段中，《太平经》一书的形成贯穿其中，而且《太平经》的成书可以看作道教形成的标志。如果说一个宗教形成的标志是要有教义、组织、信徒、规范仪式、礼拜对象、传布场所等宗教形式的话，那么《太平经》已经确立了道教的基本教义，也建立了道教的基本仪范，同时，于吉等方士也建立了事实上的教团，进行了传道活动。这些，都标志道教已经成为当时社会上的一种宗教。所以，李养正进而指出：

《太平经》是道教的第一部经典，基本上建立了道教的教理教义及道术、仪范的规模，完成了对老子的神化，推尊为后圣、九玄帝君，是至尊之天神。至此，可以说道教创立，成为社会上一大宗教。依据历史事实，太平道的开创者应为甘忠可，而完成者则为于吉、张陵。由于于吉被东吴视为妖妄而遭杀害，张陵子孙为曹魏统治者所容纳，而且以后世传相续，形成为道教的正统，道教内容亦多为张氏所增饰，所以历来道教界及史学界都认为道教创立者为张道陵了。以上所述，说明《太平经》的出现标志着道教正式创立。②

张角“太平道”与张陵“五斗米道”：道教的形成。东汉末年的张角和张陵，是在《太平经》的影响下建立道教组织传播道教的。关于张角与《太平经》的关系，《后汉书·襄楷传》说：“后张角颇有其书焉。”张角是奉《太平经》其书而传教的，因而他创立的道教组织称为“太平道”。《三国志·张鲁传》注引《典略》说：“张角为太平道。太

① 李养正：《〈太平经〉与早期道教》，载《道协会刊》1982年第1期。
② 李养正：《〈太平经〉与早期道教》，载《道协会刊》1982年第1期。

平道者，师持九节杖，为符祝，教病人叩头思过，因以符水饮之，病或自愈者，则云此人信道；其或不愈，则云不信道。”张角的太平道，利用巫术治病的方法传教，信徒发展迅速，十数年间，徒众数十万，遍布八州。张角是冀州巨鹿（今河北平乡）人，《后汉书·皇甫嵩传》说：“初巨鹿张角自称大贤良师，奉事黄老道，蓄养弟子，跪拜首过；符水咒说以疗病，病者甚愈，百姓信向之。角派遣弟子八人使于四方，以善道教化天下，转相诳惑，十余年间，众徒数十万，连结郡国，自青、徐、幽、冀、荆、扬、兖、豫八州之人无不毕应。”张角以军事形式组织信徒，设置三十六“方”（即地方教团），大方万余人，小方六七千人，各立渠帅统领其事。张角自称“天公将军”，其弟张宝称“地公将军”，张梁称“人公将军”，并传出“苍天已死，黄天当立，岁在甲子，天下大吉”的谶言与口号，号召信徒起义，推翻汉朝。汉灵帝中平元年（184 年，甲子年），太平道起义，天下响应，京师震动，这就是黄巾大起义。东汉王朝派大军镇压黄巾起义，各地豪强也纷纷出兵，经过十多个月的激战，张角病死，其弟张宝、张梁阵亡，起义失败，太平道的教团组织，也随之逐渐散亡了。但太平道所发动的黄巾大起义，沉重打击了东汉王朝的统治，从此东汉走向灭亡，历史进入了豪强争雄的三国时代。

关于张陵，道教界推认他为道教创始人，尊称他为“正一真人”“张天师”，因而又称张道陵。据《后汉书》《三国志》等史书记载，张陵原是沛国（今江苏沛县）人，早年是太学书生，博读儒经，后因感到儒家经学对个人年寿无益，于是改学道家长生之术。《三国志·张鲁传》记载：“张鲁字公祺，沛国丰人也。祖父陵，客蜀，学道鹄鸣山中，造作道书以惑百姓，从受道者出五斗米，故世号米贼。陵死，子衡行其道。衡死，鲁复行之。益州牧刘焉以鲁为督义司马，与别部司马张脩将兵击汉中太守苏固，鲁遂袭脩杀之，夺其众。焉死，子璋代立，以鲁不顺,尽杀鲁母家室。鲁遂据汉中,以鬼道教民,自号'师君'。其来学道者,初皆名'鬼卒'。受本道已信,号'祭酒'。各领部众,多者为治头大祭酒。皆教以诚信不欺诈,有病自首其过,大都与黄巾相似。诸祭酒皆作义舍,如今之亭传。又置义米肉,县于义舍,行路者量腹取足;若过多,鬼道辄病之。犯法者三原然后乃行刑。不置长吏,皆以祭酒为治,民夷便乐之。雄据巴、汉垂三十年。"张陵在东汉顺帝时来到蜀地,传道于鹤鸣山中,创立了"五斗米道",张陵、张衡、张鲁三代相继,到张鲁时在巴蜀、汉中一带割据自治,建立了一个政教合一的道教王国,雄据三十年。"五斗米道"又称"天师道""正一道",由于没有受到统治者镇压,而且一度掌握地方政权,宗教体系得以发展,所以后来成为中国道教的正宗,张道陵也被尊为道教的创始人。后来张氏子孙迁居江西龙虎山,自宋元以来,历代封号尊之为"天师",与山东曲阜孔氏世家并举。

《后汉书》《三国志》等史书说张陵"造作道书以惑百姓",说明张陵留有道教著作。据道教典籍记载,张陵开始学道时,曾得《黄帝九鼎丹经》,于汉顺帝年间入蜀,传道于鹤鸣山中,著作道书二十四篇。后世所传张陵著述道书甚多,但大都是托名之作,不是张陵著。当时张陵、张衡、张鲁传教所持,大概只是《太平经》的另一个传本《太平洞极经》和《老子五千言》《老子想尔注》以及黄老道的醮事章符、口诀、黄书等。

《老子想尔注》:利用老子思想建立道教宗教神学思想体系。五斗米道确立了以《老子》为道教的基本经典。据《三国志·张鲁传》注引《典略》记载,东汉末年巴郡汉中一带民间有张脩组织五斗米道:"光和中,东方有张角,汉中有张脩。……角为太平道,脩为五斗米道。……脩法略与角同,加施静室,使病者处其中思过。又使人为奸令祭酒,祭酒主以《老子五千文》,使都习,号为奸令。……使病者家出米五斗以为常,故号曰五斗米师。……后角被诛,脩亦亡。及鲁在汉中,因其民信行脩业,遂增饰之。”巴郡汉中一带巫风盛行,张脩所行即是巫鬼道。张陵在巴蜀传道,就是以当地巫道为基础。据《三国志·张鲁传》记载,后来张鲁袭杀了张脩,吞并其众,张陵的天师道与张脩的五斗米道合并,继续“以鬼道教民”,并“增饰之”。五斗米道的主要经典是《老子》,教团组织的各地首领“祭酒”研习《老子五千文》用以教化信徒。张陵、张鲁也十分重视《老子》,他们作《老子想尔注》,用粗浅的文字,以道教教义解说《老子》,普及道教教义。

《老子想尔注》是老子学史上一部极其重要的著作,是老子学说从哲学向宗教转变的重要体现。任继愈《中国道教史》指出:“《老子想尔注》是第一部完全用神学注解《道德经》,使之符合道教宗旨的作品。它的出现是老学与长生神仙说、民间信仰合流的标志,开创了道教徒系统利用《老子》的新时期,因而在早期道教发展史上有其特殊的作用和意义。”①道教奉老子为教主,以《老子》一书为宗教经典。为了阐解和宣扬道教教义,并为自己的宗教理论寻找依托,以道教经义重新解释《老子》,于是产生了《老子想尔注》,《老子想尔注》即当时道教教徒讲习《老子》的注本。

《老子想尔注》的作者历来有不同说法,有人说是东汉张陵,有人说是张陵的孙子张鲁,也有人说是汉末荆州牧刘表。唐玄宗《道德真经疏外传》、杜光庭《道德真经广圣义》记载,《老子想尔注》作者为东汉张陵。宋代谢守灏《老君实录》、彭耜《道德真经集注杂说》、董思靖《道德经集解》都承袭此说。唐代陆德明《经典释文·序录》存《老子想尔》二卷,注称:“不详何人,一云张鲁,或云刘表。”《传授

① 任继愈:《中国道教史》上卷,中国社会科学出版社2001年版,第39页。

经戒仪注诀》称："系师得道，化道西蜀，蜀风浅末，未晓深言，托遘《想尔》，以训初回，初回之伦，多同蜀浅，辞说切近，因物赋通，三品要戒，济众大航，故次于《河上》。《河上》《想尔》，注解已自有殊。"①天师道以张陵为祖师，张衡为嗣师，系师就是张鲁，这里认为《老子想尔注》作者为系师张鲁。饶宗姬《老子想尔注校笺》认为，《老子想尔注》"当是张陵之说而鲁述之；或鲁所作而托始于陵，要为天师道一家之学"②。五斗米道的信徒主要是下层民众，张陵或张脩在传教时就奉《老子五千文》为经典，为向信徒解说道教教义，五斗米道的"祭酒"们对《老子》按照道教的教义进行通俗的讲解，所以，《老子想尔注》可能是在众多祭酒讲解《老子》的基础上汇集而成的注释本，据此，我们基本可以论定《老子想尔注》成书于张鲁之手。

《老子想尔注》已散失，《隋书·经籍志》和新旧《唐书》都未记载，失传的原因恐怕是由于该书"注语颇浅鄙，复多异解，辄多与老子本旨乖违"③。幸而在近代敦煌莫高窟发现的古本典籍中，发现《老子道德经想尔注》残本，从《老子》三章"不见可欲，使心不乱"始，至三十七章"无欲以静，天地自止（正）"止，卷末题"《老子·道经上》"，下有"想尔"二字，共580行；注与经文连写，字体不分大小，章次不分，过章不另起一行。据考证，它是六朝抄本。此残卷在1905年失窃，现收藏在大不列颠博物馆，编号为斯氏（斯坦因）六八二五。敦煌莫高窟所出《老子道德经想尔注》，虽是"残卷"，但可以让我们基本把握《老子想尔注》的主要思想和精神主旨。香港学者饶宗颐据此残卷整理校订出《老子想尔注校证》（上海古籍出版社1991年版），为研究该书提供了便利。

---

① 《正统道藏正一部·传授经戒仪注诀》。

② 饶宗颐：《老子想尔注校证》，上海古籍出版社1991年版，第4页。

③ 饶宗颐：《老子想尔注校证》，上海古籍出版社1991年版，第5页。

《老子想尔注》是研究早期道教思想的珍贵资料,从中可以看出老子思想逐步宗教化的历程。《老子想尔注》的一个重要目的就是为道教寻找理论依托,利用老子的哲学思想建立自己的神学理论体系。为了达到把老子哲学变为宗教神学的目的,《老子想尔注》对《老子》原文进行改造,又对《老子》思想进行附会发挥。

《老子想尔注》对《老子》的改造与利用,首先表现在对老子之道的解释上。在老子哲学中"道"本来是一个形而上的终极真理的概念,但在《老子想尔注》中却成了一个至尊至威、必须服从的至上神灵。《老子》十四章说,道"是谓无状之状,无物之象",《老子想尔注》注为:"道至尊,微而隐,无状貌形像也。但可从其诫,不可见知也。""道尊且神,终不听人。"《老子想尔注》将《老子》中作为哲学范畴的"道"人格化、神格化,使抽象的"道"具体为有欲有言,有喜怒哀乐,对人有教导、遣使、诫禁、主人生死、赏善惩恶、镇邪制顽功能的人格神。《老子想尔注》也和《太平经》一样,十分重视"一",将"一"联结"道"与"气"。《老子》十章说"载营魄抱一,能无离"。《老子想尔注》为:"一者道也",既"在天地外",又"入在天地间",而且"往来人身中","一散形为气,聚形为太上老君,常治昆仑,或言虚无,或言自然,或言无名,皆同一耳。今布道诫教人,守诫不违,即为守一矣。不行其诫,即为失一也"。老子的原意是强调形与神要结合在一体,但是《老子想尔注》解释为"一"就是"道"、就是"气",道、气可以聚形为"太上老君"。这是对老子的神仙形象的最早的称呼,这样,《老子想尔注》在神化道的同时,把老子看成道的化身,道即老子,老子即道,老子就成为道教所信奉的神。

其次,《老子想尔注》发挥和利用《老子》,阐发和宣传道教的神仙信仰和长生成仙说。神仙信仰和长生成仙是道教的核心信仰和根本教义。《老子想尔注》借用《老子》的道,反复宣扬"致长生","得仙寿”。《老子》六章：“谷神不死，是谓玄牝。玄牝之门，是谓天地根。绵绵若存，用之不勤。”《老子想尔注》在解释这一章时附会房中术，说：“能用此道，应得仙寿，男女之事，不可不勤也。”《老子》七章：“天长地久。天地所以能长且久者，以其不自生，故能长生。是以圣人后其身而身先。”《老子想尔注》云：“能法道，故能自生而长久也。……得仙寿获福。在俗人先，即为身先。”老子的意思是不敢为天下先而能获得世人爱戴，《老子想尔注》却曲解为长生成仙之人高于世俗之人。《老子想尔注》为了表达自己的意思，甚至改动《老子》原文。《老子》十六章原文是“公乃全，全乃大”，而《老子想尔注》将“全”改为“生”，认为“能行道公正，故常生”，改变文字以便说明其长生之道。

再次，《老子想尔注》改造和发挥《老子》思想，建立了一系列“道诫”。道诫即是道教戒律，是调整和约束道教徒的行为规范。《老子》只论道，不讲诫。《老子想尔注》将道与诫联系在一起，建立起一套道教的思想行为规范。道诫的建立可以说是道家思想转化为道教的一个重要标志。

道诫产生于何时，难以详究。《太平经》就屡屡提及道诫，书中规定了许多戒律和口诀。据道教经典记载，于吉、张陵开始设教时就订有道诫，“干室以疾病致感老君，授有百八十戒”①。但是《老子想尔注》与此不同的是，它所强调的道诫在于对“道”的体悟和遵守上。《老子想尔注》认为，俗人没有善功，死后就入地宫，这是真正的死亡。那么怎样才能长生不死呢？“欲求仙寿天福，要在信道，守诫守信，不为贰过”，道具有至高无上的威仪，可以作为诫的标准，信徒要实现长生成仙的最高理想，就必须对道保持敬畏之心、信仰之心，依

① 法琳：《辩证论》卷六。

道行事,遵守道诫。其第十五章:"人欲举事,先考之道诫,安思其义不犯道,乃徐施之,生道不去。"其第二十三章:"人举事不惧畏道诫,失道意,道即去之,自然如此。"所以,这里所说的道诫,就是个人的所思所想、所作所为都要出于道的要求,不违背道的原则。因为诫是道的具体表现,所以守诫也就是守道。《老子想尔注》在解释《老子》三十六章"鱼不可脱于渊"时比喻说:"诫为渊,道犹水,人犹鱼。鱼失渊去水则死,人不行诫守道,道去则死。"《老子想尔注》强调,奉行道诫的基本要求与宗旨,就是要"奉道诫,积善成功,积精成神,神成仙寿,以此为身宝矣"。

《老子想尔注》的道诫内容繁多,十分繁杂,其中最精要的部分有以下几个方面:一是贵生。《老子想尔注》把生命的重要性提高到道的高度,认为守道才能长生,守道就是守生,道与生命是一体的。《老子》二十五章:"道大,天大,地大,人亦大。域中有四大,而人居其一焉。"这里的"人"也作"王"。《老子想尔注》将这一章中的"人"("王")改成了"生",也就是"道大,天大,地大,生大。域中有四大,而生处一"。并解释说:"四大之中,何者最大乎,道最大也。四大之中,所以令生处一者,生,道之别体也。"因为道与生命是一体的,所以修道就是修生,"仙士畏死,信道守诫,故与生合也"。道士们欲求长生,就必须坚持修道,恪守道诫,"结志求生,务从道诫"。二是积善。宗教都是劝人行善的,道教也强调"奉道诫,积善成功,积精成神,神成仙寿,以此为身宝矣",并把积善行善看作奉行道诫的基本要求与宗旨。其第二十七章注云:"行善,道随之;行恶,害随之也。""常为善,见恶人不弃也。就往教之,示道诫。说其人不化,不可如何也。"三是乐清静,清静自然是道家的基本精神,道教也将此当作道诫。《老子想尔注》在解释《老子》"希言自然"时说:"自然,道也。乐清静,希言入清静;合自然,可久也。不合清静自然,故不久竟日也。”强调自然与生命的一致性。道士修道，修养精神，重在清静，“道人当自重精神，清静为本”，所以乐清静也是要恪守的道诫。《老子想尔注》第十五章中详细地讲解了清静之道的意义和修炼之术：“求生之人，与不谢，夺不恨，不随俗转移。真思志道，学知清静，意当时如痴浊也。以能痴浊，朴且欲就矣，然后清静能睹众微。内自清明，不欲於俗，清静大要，道微所乐。天地湛然，则去起露吐，万物滋润；迅雷风趣，则汉燥物疼，道气隐藏，常不周处。人法天地，故不得燥处。常清静为务，晨暮露上下，人身气亦布至。师设晨暮，清静为大要。故虽天地有失，为人为诫，辄能自反，还归道素。人德不及，若其有失，遂去不顾，致当自约持也。”《老子想尔注》中的道诫还有“竟行忠孝”“禁祭餟祷嗣”“不贵荣禄财宝”“道重继祠”“知止足”等。这些道诫说明了《老子想尔注》正是带着宗教观点，抱着宗教目的来注释《老子》的。

《老子想尔注》与河上公《老子章句》都是《老子》的民间传本系统。饶宗颐通过比较《老子想尔注》和《河上公老子》，认为《老子想尔注》在内容上有“袭取河上之迹，因知《想尔》应出河上之后焉”①。但是经过道教改造而成的《老子想尔注》与河上公本面目迥异，成为《老子》发展变化史上独树一帜的传本。《老子想尔注》借《老子》阐解和宣扬道教教义，甚至用删改《老子》原文、附会老子思想的办法以道教经义重新解释《老子》，目的就是为道教的神仙方术、民间道术寻找理论依托，利用道家的哲学思想建立自己的神学理论体系。在道教这里，《老子》已经从道家哲学变为了宗教神学。《老子想尔注》以其独特的面貌，成为东汉后期道家由黄老道向道教演变的鲜明标志。

---

①　饶宗颐：《老子想尔注校证》，上海古籍出版社1991年版，第79页。

葛洪与陶弘景:道教理论的发展。道教形成后,其发展早期,从西汉末《太平经》开始,到东汉末的五斗米道和太平道,道教主要在民间流传,层次较低,内容芜杂,并且常被用来作为民众起义反抗统治者的思想武器和组织工具,所以不为统治者所容。进入魏晋时期,统治者大多对民间道教采取严厉禁止的做法,此时,道教内部开始逐渐分化,一部分向上发展,逐渐形成适合魏晋上层士族口味的丹鼎道教,另一部分发展为下层民间符水道教。

东晋时的葛洪是道教改革的著名代表。葛洪,字稚川,自号抱朴子,晋丹阳郡句容(今江苏句容县)人。出身士族,祖辈世代为官,晋室南渡,葛洪曾被封为关内侯。葛洪的伯祖父葛玄就是著名的道士,是道教灵宝派祖师,尊称葛天师、葛仙翁,以炼丹秘术传于弟子郑隐。葛洪约 16 岁时拜郑隐为师,郑隐的神仙、遁世思想对葛洪一生影响很大,葛洪因此归隐山林,炼丹修道,著书立说。葛洪著《抱朴子》一书,分内外两篇,内篇宣扬神仙方药、鬼怪变化、养生延年、禳邪却祸的仙道学说,外篇论述人间得失、世事臧否的经国治世之方。除《抱朴子》之外,葛洪还有《神仙传》《隐逸传》等传世。他还是著名炼丹家、医药学家,著有《金匮药方》《肘后备急方》等。

因为葛洪出身官僚士族之家,所以在《抱朴子》一书中,他称民间道教是纠合奸民、犯上作乱的“妖道”,在主张对民间道教严厉镇压的同时,着力宣扬不违纲常伦理的神仙道教。葛洪极力宣扬神仙是存在的,而且神仙有等级之分;仙人之所以成为仙人,不过是靠丹砂药物和法术,使内疾不生,外患不入,长生不死。所以凡人只要掌握了仙道法术并勤加修炼,就可以得道成仙。关于修道的方法,葛洪讲“内修”和“外攘”两个方面,内修形神,最重金丹,次为宝精行气;外攘邪恶,最重思神守一,次为符箓之术。葛洪尤其重视炼丹服丹,坚信炼制和服食金丹可得长生成仙,所以葛洪及其所属道派可以称为“丹鼎道教派”。

葛洪在理论上充实了道教，提高了道教的理论品格，他将道教理论上接老庄哲学，下连魏晋玄学，使一般文人学士可以由道家而进入道教；同时，他对于民间道教的批判和沟通调和儒、道的观点，又使道教更容易为统治者所接受，为道教的官方化打下了基础。通过葛洪，道教教义基本上完成了从消灾祛病而“致太平”到炼丹服食而“求成仙”的转化，道教追求肉体飞升、不死成仙的基本特征得以形成。

葛洪在理论上发展了上层神仙道教，但他对于占据道教主流的民间道教并没有从实践上进行消解或整顿。葛洪之后，南北朝时期，寇谦之对北朝天师道进行改造，整顿道教教团组织，规范科律斋仪，清理神仙谱系，明确信仰体系，使天师道符合社会礼度。经寇谦之改革后的天师道，得到了皇权的支持，在北魏十分兴盛，道教成为北魏国教。南朝宋代，陆修静吸收儒家、佛教仪式，整理经典，创制斋仪，对南天师道进行改造。寇谦之和陆修静的改革，使道教教规教戒、斋醮仪范基本定型，各种规章制度全面系统。南朝梁代，陶弘景继续充实道教的神仙学说和修炼理论，构建了道教神仙谱系，扩大了茅山上清派，使之成为以后的道教正统。

从葛洪到陶弘景，道教的改造基本完成，道教有了较为完备的教理教义和经籍文献，建立了相对完善的戒律斋仪，有了相对统一的教团组织和较为固定的修炼场所，同时具有独到的修炼方术和自己的信仰体系，在上层社会和普通民众中都有较大的影响，唤起了人们的宗教感情，这些，意味着道教已经成熟。

四、从老聃到“太上老君”

道教是从黄老道发展来的，在道教漫长发展过程中，一直是奉《老子》为主要经典，打着老子的旗号、奉老子为教主的。老子及其道家学说的宗教化和老子的神化，有其历史的必然性。

老子在被神化之前已经是影响巨大的人物。战国中后期，道家学说逐渐发展演变为黄老之学，黄老之学将人们推崇的中华始祖黄帝与老子并立，同尊为古代文化的创始人。但究其实，黄老之学是借黄帝之名，述老子之学；黄帝为虚名，老子为实有。汉初文景之治，黄老之学在政治上的成功，使老子名声大震，老子在与黄帝联名之中取得中华民族传统文化代表人物的资格。

老子的身世扑朔迷离，再加上《老子》一书哲理深奥，使人感到神秘莫测，这也是老子被神化的原因。司马迁在《史记·老子韩非列传》中说：“盖老子百有六十余岁，或言二百余岁，以其修道而养寿也。”说明在西汉时，老子的身世已经有了神秘色彩，而且因“修道”而得以长寿，已经有了与后来道教的修道成仙一致的地方。随着黄老之学的兴盛，且与阴阳术数家和神仙方技家的结合，在黄老道那里，哲学家老子也逐渐被捧离世俗，演化为神仙。生活在东汉前期的王充在《论衡·道虚》中说：“世或以老子之道，为可以度世，恬淡无欲，养精爱气……逾百度世，为真人矣。”可见当时世上已流行老子“逾百度世为真人”的说法了。

东汉之际，黄老道盛行，朝野上下不少人喜好黄老养生之术，并有人以黄帝、老子为崇拜对象，祈祷求福。东汉前期楚王刘英“晚节更喜黄老，学为浮屠，斋戒祭祀”，汉明帝下诏奖勉“楚王诵黄老之微言，尚浮屠之仁祠，洁斋三月，与神为誓，其还赎以助伊蒲塞桑门之盛馔”[①]。将黄老与浮屠（佛图）并提，已有宗教意味。汉桓帝是黄老道的狂热信徒。《后汉书·王涣传》称：“延熹中，桓帝事黄老道，悉毁诸房祀。”《后汉书·桓帝纪》载：“桓帝好音乐，善琴笙，饰芳林而考濯龙宫，设华盖以祠浮屠老子，斯将所谓听于神乎。”桓帝在位十八年，好神仙事，多次遣官或亲自前往老子故里祭祀老子。“八年正月，遣中常侍左悺之苦县，祠老子；十一月，使中常侍管霸之苦县，祠老子。”《后汉书·祭祀志》：“九年，亲祠老子于濯龙宫，文罽为坛，饰淳金扣器，设华盖之坐，用郊天乐也。”

对于老子被神化的过程，汉桓帝时陈相边韶的《老子铭》说得最清楚。《老子铭》一文，载于南宋洪适编撰的《隶释》一书中。边韶是东汉著名文人和史学家，他曾历任中央和地方官职，特别是曾任老子故里——苦县所属的陈国国相。延熹八年（165 年），汉桓帝两次祭老子。正月，派中常侍左悺到苦县祠老子。因为汉桓帝“八月梦见老子”，所以十一月，又派中常侍管霸到陈国苦县祠祭老子。当时的陈相边韶奉命撰写记录此事的碑文，就是这篇《老子铭》。铭文由序文和铭词文两部分组成，其中序文 588 字，铭词 216 字，篇幅比《史记·老子韩非列传》还长。边韶《老子铭》序文延续《史记》，叙述老子姓名、故里和生平：

> 老子姓李，字伯阳，楚相县人也。春秋之后，周分为二，称东西君。晋六卿专征，与齐楚并僭号为王，以大并小。相县虚荒，今属苦，故城犹在。在赖乡之东，涡水处其阳，其土地郁塧高敞，宜生有德君子焉。

① 《后汉书·楚王英传》。

老子为周守藏室史，当幽王时，三川实震，以夏、殷之季，阴阳之事，鉴喻时王。孔子以周灵王二十年生，到景王十年，年十有七，学礼于老聃。计其年纪，聃时已二百余岁。聃然，老旄之貌也。孔子卒后百二十九年，或谓周大史儋为老子，莫知其所终。

边韶和司马迁一样，把老子看作有姓有名、有年有号、真实存在过的历史人物。但是对老子的寿命长短和最后归宿，司马迁时已经说不清了，《史记》中记录的当时已经发生的传说猜测，东汉时仍未消歇，给后来人留下不确定性的想象空间。边韶把老子的时代提前到了周幽王时，把孔子问礼于老子确定在周景王十年（前535年）。孔子向老子问礼时，孔子只有17岁，而老子却已200多岁。值得注意的是，边韶认为老子尽管长寿，已显“老旄之貌”，但他还不是神。接下来的这段话，边韶开始触及老子被神化的原因及其神话事迹：

其二篇之书，称天地所以能长且久者，以不自生也。厥初生民，遗礼相续，其死生之义可知也。或有谷神不死，是谓玄牝之言。由是世之好道者，触类而长之，以老子离合于混沌之气，与三光为终始，观天作谶，（升）降斗星，随日九变，与时消息，规（矩）三光，四灵在旁，存想丹田，太一紫房。道成身化，蝉蜕渡世。自羲农以来，（世）为圣者作师。

边韶认为，老子之所以被神化为长生不死的神仙，其根本原因还是源于《老子》“道”“德”二篇之书中关于长生和养生的思想。老子说“天地所以能长且久者，以其不自生”，认为是讨论长生不死问题的。老子说“谷神不死，是谓玄牝。玄牝之门，是谓天地根。绵绵若存,用之不勤”,说是在讨论养生的问题。也就是说,《老子》书中确实含有可以为宗教所采用的神秘主义思想因素,特别是其中的宇宙论和修道养寿的人生哲学,都为形成道教教义和神化老子打下了理论基础。所以边韶说,后世好道者,“触类而长之”,托词附会,衍生出许多关于老子的虚幻之辞,一步步把老子变成了一个可以“观天作谶”,预知吉凶,并能与天地日月共变化、无处不在、无世不存、无所不能的神明。需要注意的是,边韶这里所说的“离合于混沌之气,以三光为终始,观天作谶,(升)降斗星,随日九变,与时消息,规(矩)三光,四灵在旁,存想丹田,太一紫房”,与汉代盛行的谶纬之风和神仙方术有关,完全是黄老道方士的语言。在黄老道这里,老子被神化为随时应化、累世转生的万世之师:“道成身化,蝉蜕渡世。自羲农以来,(世)为圣者作师。”

边韶是一位儒者,但他对老子其人其思想是肯定和敬佩的。他明确表示不同意班固贬低老子的做法,并指出了儒家贬抑老子的原因是老子主张“绝圣弃知,礼为乱首,与仲尼道违”,与儒家“道不同,不相为谋”:

> 班固以老子绝圣弃知,礼为乱首,与仲尼道违。述《汉书·古今人表》,检以法度,抑而下之,老子与楚子而同科,才不及孙卿、孟轲。二者之论殊矣,所谓道不同,不相为谋也。

接下来边韶以实录性文字叙述了他这篇文章的缘起。汉桓帝醉心于黄老道,追求长生,幻想羽化成仙,“意在凌云”。桓帝在延熹八年八月甲子梦见老子,决定尊而祀之,可见桓帝对老子的崇拜信仰之虔诚。

延熹八年八月甲子,皇上尚德弘道,含闳光大,存神养性,意在凌云。是以潜心黄轩,同符高宗,梦见老子,尊而祀之。于是陈相边韶,典国之礼,材薄思浅,不能测度至人,辨是与非。案据书籍,以为老子生于周之末世,玄虚守静,乐无名,守不德,危高官,安下位,遗孔子以仁言,辟世而隐居,变易姓名,唯恐见知。夫日以幽明为节,月以方盈自成,损益盛衰之原,倚伏祸福之门,天道恶盈而好谦。盖老子劳不定国,功不加民,所以见隆崇于今,为时人所享祀,乃昔日逃禄处微,损之又损之余胙也。显虚无之清寂,云先天地而生,乃守真养寿,获五福之所致也。敢演而铭之。

当时,边韶作为老子故里苦县之郡国陈国国相,负“典国之礼”,理所当然地有代替桓帝祭祀老子之责,他出于虔敬忠诚,著文赞颂老子。

边韶《老子铭》是继司马迁之后,又一位史学家以史笔撰写的“老子评传”。这篇文章的价值在于,客观如实地反映了东汉时期对老子的尊崇和神化、仙化、宗教化的现象及其原因,是研究历史上老子和道教早期发展史的重要文章。如边韶所记,东汉时崇祀老子之风已经十分盛行。随着黄老道向道教的发展,老子的形象也逐渐从人而变成神,并且被道教教徒奉为教主。

东汉末年,另一位在老子故里临近地区做官的谯(今安徽亳州)令王阜,曾作《老子圣母碑》立于老子庙旁[①],其碑文云:“老子者,道也。乃生于无形之先,起于太初之前,行于太素之元。浮游六虚,出

① 《水经注》卷二十三《涡水》:“涡水之侧又有李母庙,庙在老子庙北,庙前有李母冢,冢东有碑,是永兴元年谯令长沙王阜所立。”“永兴”为汉桓帝年号。

入幽冥。观混合之未别,窥清浊之末分。”[①]这里直接把老子与“道”等同起来,老子已不是一个肉体凡胎的人,而是创生万物的“道”本身。在道教经典《太平经》中,老子被称为“总领九重十叠”的“皇天上清金网后圣九玄帝君”。《老子想尔注》则云:“一散形为气,聚形为太上老君,常治昆仑。”老子不仅是道的化身,而且成了道教尊神“太上老君”,俨然至高无上的教主。

敦煌本《老子变化经》是目前所见最早对老子神话体系进行完整建构的文献,此文据考证形成年代也应是东汉桓帝时。[②]《老子变化经》主要记述了老子托胎降世、九变姓名、世世出为帝王师等神话内容。在《老子变化经》中,老子与“道”同体,“立于大始之端,行乎大素之原,浮游幽灵虚空之中,出入窈冥之先门。……行乎古今,在天地之前,乍匿还归,存亡则为先。成则为人,恍惚天浊,化变其神”[③]。老子既然等同于“道”,其转托人世,出生时当然也是非同寻常。《老子变化经》这样描述老子的出生神话和其神仙形象:

> 托形李母胎中,易身优命,腹中七十二年,中见楚国李□序。肩颊有参午大理,日角月玄,鼻有双柱,耳有三门,足蹈二午,手把天关。其性无欲,其行无为,翊天辅。佐三皇,倚从观之,匿见无常,本皆由此,弥历久长。国将衰,王道崩毁,则去楚国,北之昆仑,以乘白鹿,讫今不还。此皆自然之至精,道之根霈,为万乘之父母,为天地之本根,为生梯端,为神明之帝君,为阴阳之祖

① 引文见《太平御览》。

② 刘湘兰:《敦煌本〈老子变化经〉与老子神话之建构》,载《武汉大学学报》2014年第3期。

③ 李德范辑:《敦煌道藏》第4册,中华全国图书馆文献缩微复制中心1999年,第2141页。

首，为万物之魂魄。

《老子变化经》为老子神话建构了两个极其重要的情节：一是老子分身变化，有九个不同的名字："第一姓李名老字元阳，第二姓李名聃字伯阳，第三姓李名中字伯光，第四姓李名石字子光，第五姓李名谷字子文，第六姓李名宅字子长，第七姓李名元字子始，第八姓李名原字子生，第九姓李名德字伯文。"二是老子为十三帝师，自三皇五帝、夏商周楚以至秦汉时代，老子多次变化名号，降生人世，为帝王之师：

> 老子合元，沍元混成，随世沉浮，退则养精，进则帝王师。皇苞羲时号为温荚子；皇神农氏时号为春成子，一名陈豫；皇祝融时号为广成子；帝颛顼时号曰赤精子；帝喾时号为真子，一名鉱；黄帝时号曰天老；帝尧时号曰茂成子；帝舜时号曰廓叔子，化形，舜立坛，春秋祭祀之；夏禹时，老子出，号曰李耳，一名禹师；殷汤时号曰斯官；周父皇时号曰先王国柱下吏；武王时号曰卫成子；成王时号曰成子，如故。
>
> 元康（康王?）五年，老子化入妇女腹中，七十二年乃生，托母姓李名聃字伯阳，为柱下吏。七百年，还变楚国。而平王乔蹇不从谏，道德不流，则去楚而西度咸谷关，以五千文上下二篇授关长尹喜。

这样就把老子本人完全神化，变成了生化天地万物，并且经常降世传教的最高神灵。

综合分析《老子圣母碑》《老子铭》《老子想尔注》和《老子变化经》中关于老子被神化、宗教化的过程，我们可以看出，东汉时对老子神化，其要点主要有两个方面：一是老子与道同体，是道的化身；二是老子千变万化，“随世沉浮”，每个时代都有老子，老子“世为圣者作师”。

有学者认为，道教中老子的转生变化，是受佛教轮回转世说的影响，并进而认为，道教是佛教东传以后，在佛教刺激下的产物。这种观点是可以讨论的。其实在佛教传入中国之前，黄老道家学说中已经产生了气化宇宙论。老子神话中的转生变化，源于黄老道家学说的气化理论，而不是源自佛教轮回转世之说。

“气”，是中国古代哲学的一个重要概念。“气”的概念始于战国稷下黄老道家，也影响了战国至秦汉时的法家、儒家和杂家。《管子》将“道”具象化为物质性的“气”，创造性地提出了“精气”说，用以解释人物及生命智慧的来源。《管子·内业》篇说：“精也者，气之精也，气道乃生。”“凡物之精，此则为生，下生五谷，上为列星。流于天地之间，谓之鬼神，藏于胸中，谓之圣人。”其后《孟子》谈心性，《吕氏春秋》谈天人、论修养，都莫不以“气”为核心。在稷下黄老学说中，“气”是“道”的转化，来源于《老子》“道生一，一生二，二生三，三生万物，万物负阴而抱阳，冲气以为和”。《管子》提出了“精气”说，《淮南子》完成了气化宇宙论的建构，严遵《老子指归》进行了推演，其后河上公《老子章句》进一步阐述作为“道”的形象化、具体化的表现的“气”化生天地万物的过程：“道始所生者一也。一生阴与阳也。阴阳生和、清、浊三气，分为天地人也。天地人共生万物也，天施地化，人长养之。”[①]而进入道教经典中，《太平经》《老子想尔注》从建构自己的神学思想体系出发，继承、改造和利用汉代黄老道家的万物生成、宇宙演化气化理论模式，阐述自己神学的宇宙生成论，形成神

① 《老子道德经河上公章句》，王卡点校，中华书局2014年版，第169页。

秘的"气化"学说，进而将"道"和"气"具象化为老子本人的形象。道家和道教认为，大道周流，永不停殆；元气永存，精神不灭。道就是一，一就是气，老子精神不死，老子就是道的化身。《老子》第二十五章曰："有物混成，先天地生。寂兮寥兮，独立而不改，周行而不殆，可以为天下母。吾不知其名，强字之曰'道'。"《老子圣母碑》称："老子者，道也。"《老子想尔注》云："一散形为气，聚形为太上老君，常治昆仑。"[①]作为道的形象表现的老子，与道一样，"乃生于无形之先，起于太初之前，行于太素之元。浮游六虚，出入幽冥。观混合之未别，窥清浊之末分。"老子的形象，先天地而生，随物赋形，应时而生，千变万化，"随世沉浮"，"（世）为圣者作师"。《隋书·释老志二》：

> 道家之原，出于老子。其自言也，先天地生，以资万类。上处玉京，为神王之宗；下在紫微，为飞仙之主。千变万化，有德不德，随感应物，厥迹无常。授轩辕于峨嵋，教帝啃喾于牧德，大禹闻长生之诀，尹喜受道德之旨。至于丹书紫字，升玄飞步之经；玉石金光，妙有灵洞之说。如此之文，不可胜纪。其为教也，咸蠲去邪累，澡雪心神，积行树功，累德增善，乃至白日升天，长生世上。所以秦皇、汉武，甘心不息。灵帝置华盖于濯龙，设坛场而为礼。及张陵受道于鹄鸣，因传天官章本千有二百，弟子相授，其事大行。齐祠跪拜，各成法道。有三元九府、百二十官，一切诸神，咸所统摄。又称劫数，颇类佛经。其延康、龙汉、赤明、开皇之属，皆其名也。及其劫终，称天地俱坏。其书多有禁秘，非其徒也，不得辄观。至于化金销玉，行符敕水，奇方妙术，万等

① 饶宗颐：《老子想尔注校证》，上海古籍出版社1991年版，第12页。

千条，上云羽化飞天，次称消灾灭祸。故好异者往往而尊事之。

老子形象的神化，源于道家、道教传统的元气永存观念。而且，道家、道教的元气永存、精灵不灭思想，与佛教的生死轮转、因果报应观念，在汉代是各有源头、并行不悖、相得益彰的。《老子变化经》中老子的重生转化的现象应该在这一思想脉络中来理解。

第十章　道家与儒家

儒家文化和道家文化是贯穿中华传统文化发展的两条主干线，因此，儒家与道家的关系问题是研究中华传统文化的一个基本问题。作为这两大主干思想文化的主要代表人物，孔子和老子的关系又是研究早期儒道关系的首要问题。然而，孔老关系是中国学术思想史上一个重要而又颇具争议的学术公案。老子和孔子都是春秋末期的思想家，二者生活于同一时代，老子稍长于孔子，是师生关系，老子曾经向孔子传授关于礼的知识，这是先秦两汉史料记载的历史事实。但是，自唐代韩愈以后，不少学者从不同的角度对这一问题提出种种质疑，并由此引发出儒家与道家文化之先后、主辅、优劣等诸多问题的争议。本书第一章在回顾和讨论历代关于老子其人其书的论争，特别是20世纪疑古思潮中对于孔子与老子的年代问题的论争时，指出历代学者们之所以不遗余力地激烈讨论这个问题，其原因是司马迁早已指出的“世之学老子者则绌儒学，儒学亦绌老子。‘道不同不相为谋’”，实质是儒道两家的学术门派之争和孔子与老子谁为学术和道统源头的问题。

老子实有其人，孔子向老子问礼实有其事，这是从先秦文献记载中可以证明的。然而我们在古代文献中也发现，各家各书对老子其人和对孔子问礼其事的记载各有差异，为什么会有此不同？这些差异具有什么文化意义？这需要我们从思想文化史的视野中分析和认识。

一、儒道文献所载“孔子见老子”

孔子见老子实有其事。记载孔子向老子问礼之事的最主要的史籍是《史记》，司马迁在《史记·老子韩非列传》和《史记·孔子世家》中两次比较详细地记载了孔子向老子问礼之事，在《史记·仲尼弟子列传》记述“孔子之所严事”的老师，首列“于周则老子”。司马迁是一位严肃的历史家，如果无所依据，他是断不会这样反复记述此事的。除《史记》这样的正宗史书之外，诸子书中记载此事的更多，道家著作有《庄子》《文子》，儒家著作有《礼记》《孔子家语》《韩诗外传》，以及杂家著作《吕氏春秋》等。记载此事的典籍如此之多，表明这一故事在战国乃至秦汉时期十分流行。从出土文物上看，我们今天可以看到各地出土的许多汉画像石《孔子见老子图》，与古典文献中记载的“孔子问礼”的故事完全一致，说明发生于春秋末期的孔子问礼于老子之事在汉代已被当时社会所广泛认同，甚至家喻户晓。而且这种画像石以儒家思想的发源地山东地区最多，更从另一个角度证明了孔子问礼于老子的事情是真实可信的。

历代关于孔子见老子的史实的讨论，焦点集中在二者相会的时间、地点、次数和相谈的内容的考证上。如陈鼓应和白奚合著的《老子评传》，在对比考证了古代文献的记载之后，指出孔子问礼于老子在时间上可能不止一次，在地点上也可能不止一处。问礼的时间，有四种说法：第一，孔子十七岁时问礼于老子；第二，孔子三十四岁时问礼于老子；第三，孔子五十一岁问礼于老子；第四，孔子五十七岁时问礼于老子。关于孔子问礼于老子的地点,也有四种说法:第一,孔子问礼于老子在周,即今河南洛阳;第二,孔子跟从老子“助葬于巷党”,巷党可能是鲁地;第三,孔子“南之沛见老聃”,而沛是宋地(今江苏沛县),与老子故乡相隔不远;第四,孔子“居陈三岁”,而老子是陈人,因此孔、老也有在陈相遇的可能性。他们认为,《礼记·曾子问》中所记载的是年轻时的孔子与中年时的老子相遇时的情况,而《史记》中所记载的“孔子适周”“孔子居陈三岁”和《庄子》中所记载的“孔子南之沛”,这些可能的相遇是中年以后的孔子周游列国时与晚年的老子相遇的情况。当时交通不便,信息不通,因此各家学派所记载的,只是各家所分别熟闻的地方的事情。例如,曾子学派所记载的,只限于鲁国的情况;庄子学派所记载的,只限于沛地的情况;而司马迁所记载的,则着重于周地的情况,等等。① 孙以楷结合《礼记》《庄子》等相关记载,考证认为孔子与老子见面至少有五次,而且这五次分别发生在老子思想发展的三个不同阶段。“孔子与老子之间的最后一次会见大约是在公元前486年前后。孔子在经历卫、宋、晋、郑、蔡、叶诸地长达十二年之久的游说后,于公元前486年来到陈国,停留了大半年之久。此时老子已决定去秦国隐居,他回到相邑,准备料理一下即西去。孔子正是这个时候来到相邑拜会老子。”②

但是,如果把《礼记》《庄子》《文子》《孔子家语》《史记》《吕氏春秋》《韩诗外传》等书中关于孔子问礼于老子的记载放在一起比较来看,我们会发现各家各书对孔老相会中老子的形象记述和两者相谈的内容各不相同,其中一定包含有更丰富的学术思想史意义。所以,我们不能仅仅拘囿于对孔老相会的时间、地点的考证,而应该更进一

① 陈鼓应、白奚:《老子评传》,南京大学出版社2001年版,第80页。

② 孙以楷:《老聃与孔丘交往新考》,载《学术月刊》1991年第8期。

步地将孔老相会放在学术思想发展史的大背景下，去认识其历史意义，并进而认识作为中国传统文化两大主干的儒道思想的源与流。

儒家经典中的孔老相会。在儒家经典中，老子的形象是一位拘谨而博学的礼学大师。《礼记》是儒家的重要经典，记载了许多先秦时期的典章礼制和孔子的言行。《礼记》的编订者据传是西汉礼学家戴圣，成书于西汉时期。《礼记》虽成书于西汉，但来源甚早。孔子当年以“六经”教授学生，“六经”中的《礼》，后来称《仪礼》。孔子弟子在习礼的时期，为了研究礼仪背后的“礼义”，写了大量的阐发经义的笔记和论文，称之为“记”，附在《仪礼》之后，这些“礼记”当时单篇流传，没有汇编成书。到了西汉，儒生戴德将这些“礼记”选辑在一起，称为《大戴礼记》，共 85 篇；戴德的侄子戴圣选辑了 49 篇，称为《小戴礼记》。后来《大戴礼记》亡佚大半，而《小戴礼记》由于有经学大师郑玄作注而得以流传，被直接称为《礼记》。所以，《礼记》虽然是西汉人编订的，但内容是来自先秦的。新出土的战国竹简也证明了这一点。1993 年出土的湖北郭店战国竹简有《缁衣》篇，上海博物馆所藏战国竹书也有《缁衣》篇，与收入到《礼记》中的《缁衣》篇大体相同，证明了《礼记》是辑录先秦儒家学者作品而成。李学勤说：“郭店楚简又影响到对《礼记》的看法。《缁衣》收入《礼记》，竹简中还有不少地方与《礼记》若干篇章有关，说明《礼记》要比现代好多人所想的年代更早。”①因此，《礼记》中体现的孔老关系很值得注意。

《礼记·曾子问》应是出自曾子门人之手，主要记载了曾子与孔子关于礼的问答，其中有四处孔子在回答曾子的问题时提到他曾经

① 李学勤：《郭店楚简与儒家经籍》，《中国哲学》第二十辑，辽宁教育出版社 2000 年版，第 21 页。

向老子问礼时老子的回答和做法。这四处记载分别是：

曾子问曰："古者师行，必以迁庙主行乎？"孔子曰："天子巡守，以迁庙主行，载于齐车，言必有尊也。今也取七庙之主以行，则失之矣。当七庙五庙无虚主。虚主者，唯天子崩、诸侯薨，与去其国，与祫祭于祖，为无主耳。吾闻诸老聃曰：'天子崩，国君薨，则祝取群庙之主而藏诸祖庙，礼也。卒哭成事，而后主各反其庙。君去其国，大宰取群庙之主以从，礼也。祫祭于祖，则祝迎四庙之主。主出庙、入庙，必跸。'老聃云。"

曾子问孔子关于天子出征、国君驾崩等时候怎样安置各庙神主的礼制问题，孔子用当年老子向他传授的这些具体的礼制内容回答曾子。老子的职业曾经是周朝的史官，直接参与过祭祀、兵戎等与礼密切相关的朝廷大事，对于天子出征、国君驾崩等这些朝廷大事的相关礼制十分熟悉。所以这段记载符合老子的史官身份。

曾子问曰："葬引至于堩，日有食之，则有变乎？且不乎？"孔子曰："昔者，吾从老聃，助葬于巷党，及堩，日有食之，老聃曰：'丘！止柩，就道右，止哭以听变。'既明，反而后行。曰：'礼也。'反葬，而丘问之曰：'夫柩不可以反者也，日有食之，不知其已之迟数，则岂如行哉？'老聃曰：'诸侯朝天子，见日而行，逮日而舍奠。大夫使，见日而行，逮日而舍。夫柩不蚤出，不暮宿。见星而行者，唯罪人与奔父母之丧者乎？日有食之，安知其不见星也。且君子行礼，不以人之亲痁患。'吾闻诸老聃云。"

这一段文字记载的是一件十分具体的事情，曾子问孔子，出殡时走在路上遇到了日食怎么办？孔子就给他讲了自己曾在巷党协助老子举行葬礼的事情，当时灵柩抬出来走在路上，突然发生了日食，老子吩咐说："孔丘，把灵柩立即停放下来，摆在道路的右边，让送葬的人停止哭泣，等到日食过去以后再接着走。"老子还给孔子解释了这样做的道理："诸侯去朝见天子，每天日出而行，傍晚太阳尚未落山就找个地方休息，并且祭奠随行的迁庙主。大夫出使，也是每天日出而行，太阳未落就找个地方休息。灵柩不可在天亮之前就出殡，也不可到天黑下来才止宿。披星戴月而赶路的，只有那些罪人和奔父母之丧的人。刚才日食，天空一片黑暗，我们怎么会知道天空什么时候会出现星星呢，那样岂不成了披星而行了吗？再说，君子行事依礼，总不能使别人的亲属有遇上灾祸的危险呀。"老子的解释具体细致，可见他是一位十分拘谨循礼的人。

> 曾子问曰："下殇，土周葬于园，遂舆机而往，涂迩故也。今墓远，则其葬也如之何？"孔子曰："吾闻诸老聃曰：'昔者史佚有子而死，下殇也。墓远，召公谓之曰："何以不棺敛于宫中？"史佚曰："吾敢乎哉？"召公言于周公，周公曰："岂不可？"史佚行之。下殇用棺衣棺，自史佚始也。'"

这段文字记载的也是一个十分具体的问题。曾子向孔子询问，小孩子死了（即"下殇"），一般都不用棺，就在园子里挖个坑下葬；但如果下葬墓地很远，能不能用棺？孔子回答时还是援引了老子曾给他讲过的一个相关例子：西周时有位史官名史佚，他有个儿子死了，按年纪也属于下殇，下葬墓地离家也很远，召公要史佚在家里先入殓装棺，再运往墓地。史佚不敢这样做，周公知道此事后说，有什么不可以的呢？史佚才依言行事。从此，下殇也可以用棺材了。

子夏问曰:“三年之丧卒哭,金革之事无辟也者,礼与?初有司与?”孔子曰:“夏后氏三年之丧,既殡而致事,殷人既葬而致事。”《记》曰:“君子不夺人之亲,亦不可夺亲也,此之谓乎?”子夏曰:“金革之事无辟也者,非与?”孔子曰:“吾闻诸老聃曰:‘昔者鲁公伯禽有为为之也。今以三年之丧,从其利者,吾弗知也!’”

这段记载是说,子夏问孔子,居父母三年之丧之后,就不可拒绝战争的征召,这种做法是礼制的规定呢,还是官府的强制规定呢?孔子分别讲了夏朝、商朝和周朝的做法,然后说:“我听老聃讲过:‘从前鲁公伯禽在卒哭之后就兴兵征伐,那是在特殊情况下不得已而为之。现在的人,在居父母之丧期间为了私利而从事战争,我就不知其原因何在了!’”老子认为,不遵从礼制,在服丧期间从事战争,是不对的。这一段文字还见于《孔子家语》中。

在《礼记·曾子问》中,孔子多次提到“老聃曰”或“吾闻诸老聃曰”,并以老子教授给他的葬礼知识传授给自己的学生。可见,《礼记·曾子问》提供了这个信息:一是孔子确实曾经不止一次地师从老子学习礼制,而且得到了许多具体的指导;二是在儒家经典的描述中,老子是一个精通周礼,又拘谨守制的史官和礼学大师。

《孔子家语》是一部记录孔子及门弟子言行和诸国故事的书,属于孔氏家学系统,出于孔子二十二代孙孔猛,据传与《论语》同源。关于《孔子家语》的真伪和年代一直有所争议,不少学者认为是魏晋时王肃的伪作。但是 20 世纪 70 年代相关的考古发现和 80 年代以来的相关研究表明,《孔子家语》并非魏晋人作的伪书。1973 年河北定县八角廊汉墓出土了整理者定名为《儒家者言》的竹简,1977 年安徽阜阳双古堆汉墓又出土了相关木牍，这些材料均以孔子及其弟子言行为主，与《孔子家语》内容类似，表明《孔子家语》来源很早。今本《孔子家语》中有以西汉孔安国口气写的序，序中对《孔子家语》的来源有比较详细的记述，其中一种说法是，《家语》与《论语》同源，系孔门弟子各记所问，后选一部分辑为《论语》，所余部分集录为《孔子家语》。从出土简牍上看，这种说法有一定的道理。李学勤等学者根据出土简牍撰文发表自己的看法，用大量的事实和分析否定了《孔子家语》为伪书的传统观点。①

《孔子家语》中出现了大量关于孔老交往的材料，这里举出几则主要的材料述评如下。

> 子夏问于孔子曰："客至，无所舍，而夫子曰生于我乎馆；客死，无所殡矣，夫子曰于我乎殡。敢问礼与？仁者之心与？"
>
> 孔子曰："吾闻诸老聃曰：'馆人，使若有之，恶有之，恶有之而不得殡乎？'夫仁者，制礼者也。故礼者，不可不省也。礼，不同不异，不丰不杀，称其义以为之宜。故曰：'我战则克，祭则受福。'盖得其道矣。"（《孔子家语·曲礼子夏问》）

子夏问孔子：宾客从远方而来，没有地方住，孔子曾说"活着在我这儿住，死了在我这儿停柩"。子夏问：这是出于礼制，还是出于仁爱之心？孔子回答说，当年老子就是这么教导他的，按照老子的教导，制定礼的人就应是具有仁爱之心的人，仁和礼是统一的。从这里可以看出，老子并不反对仁义，老子和孔子在对待仁与礼的态度上是相通的。

---

① 李学勤：《失落的文明》，上海文艺出版社 1997 年版，第 337—342 页。

孔子谓南宫敬叔曰:“吾闻老聃博古知今,通礼乐之原,明道德之归,则吾师也,今将往矣。”对曰:“谨受命。”……与孔子车一乘,马二匹,竖子侍御。敬叔与俱至周,问礼于老聃,访乐于苌弘,历郊社之所,考明堂之则,察庙朝之度。于是喟然曰:“吾乃今知周公之圣,与周之所以王也。”

及去周,老子送之,曰:“吾闻富贵者送人以财,仁者送人以言。吾虽不能富贵,而窃仁者之号,请送子以言乎:凡当今之士,聪明深察而近于死者,好讥议人者也;博辩闳达而危其身,好发人之恶者也;无以有己为人子者,无以恶己为人臣者。”孔子曰:“敬奉教。”自周反鲁,道弥尊矣。远方弟子之进,盖三千焉。(《孔子家语·观周》)

这一段文字与司马迁在《史记·孔子世家》中所记孔老会见的史实大致相同,应该是来源于同一材料。这里所记,已经不是单纯的孔子向老子学习礼制,而是老子以长者的口吻向孔子谈到了做人之道:“凡是当今的士人,因聪明深察而危及生命的,都是喜欢讥讽议论别人的人;因知识广博喜好辩论而危及生命的,都是喜好揭发别人隐私的人。作为人子不要只想着自己,作为人臣要尽职全身。”这里的老子,已经不完全是一位礼学大师,而是一位深谙人情世故的智者,其思想旨趣也与《老子》中所体现的道家的处世哲学相近。

孔子见老聃而问焉,曰:“甚矣,道之于今难行也。吾比执道,而今委质以求当世之君,而弗受也。道于今难行也。”老子曰:“夫说者流于辩,听者乱于辞。如此二者,则道不可以忘也。”(《孔子家语·观周》)

《孔子家语·观周》主要记载的是孔子到东周洛阳的见闻，孔子在周，亲耳听到老子的教诲。这一段记载的不是孔子向老子问礼，而是向老子问道。孔子见到老子，感叹大道之难行，而老子对此自然是了解的，而且老子比孔子更加清楚地知道“道之于今难行”的原因，他明确指出：你们这些游说者说得滔滔不绝，而那些国君却听得莫明其妙，两者说不到一起，又怎么能照你说的办呢？这如同隐者桀溺批评孔子时所说，“滔滔者天下皆是也，而谁以易之”，都是讲游说者的夸夸其谈，并不符合当时统治者的需要，所以是行不通的。

孔子从老子那里不仅学习过各种礼制知识，还向老子学习过《易经》的万物生成论和阴阳五行之学。《孔子家语·执辔》中，子夏询问孔子关于万物生成和阴阳数理的知识：

> 商闻《易》之生人及万物，鸟兽昆虫，各有奇偶，气分不同。而凡人莫知其情，唯达道德者能原其本焉。天一，地二，人三，三三如九，九九八十一，一主日，日数十，故人十月而生。八九七十二，偶以从奇，奇主辰，辰为月，月主马，故马十二月而生。……昼生者类父，夜生者似母，是以至阴主牝，至阳主牡，敢问其然乎？孔子曰，然。吾昔闻诸老聃亦如汝之言。

这些《易经》的阴阳数理观点，对生物自然现象作的解释，由于孔子以前曾经听老子说过，所以能作出肯定的回答。这件事说明，易学不仅是儒家所修，道家早有研究，以后儒道两家均用易学思想，《易经》是儒道两家共同的思想渊源。老子作为周之史官，天文地理都有所精通，而且对万物之生成，宇宙之来源，必有所思考。所以，《孔子家语》的有关内容，完全有可能从老子口中说出，而孔子又曾从老子处闻之，这是符合老子的史官身份和智者形象的。

道家经典中的孔老相会。先秦典籍中，记载孔老交往最多的是《庄子》。在道家经典《庄子》中，老子则又是另一番形象。司马迁在《史记·老子韩非列传》中说，庄子"著书十余万言，大抵率寓言也。作《渔父》《盗跖》《胠箧》，以诋訾孔子之徒，以明老子之术"。因此以往学者不太重视《庄子》的史料价值。我们认为，《庄子》中关于孔老交往的史料虽然不可全信，但是《庄子》书中作者为了阐发自己学派的学术思想而对孔子和老子的形象所进行的寓言式的改造和重塑，是具有重要的学术意义的。

作为道家的理论著作，《庄子》一直把儒家当作一个对比和对立的标识，把儒家思想当作批判与嘲弄的对象，儒家的仁义礼教都被视为与"道"相悖的形而下的观念。由于庄子继承了老子"大道废，有仁义"的思想，就必然反对与"道"相背离的"仁义"，以企图挽回"道术将为天下裂"的混乱局面。因而，在《庄子》中，儒家只是作为一个被攻击的"标靶"出场，而儒家的创始者孔子本人，作为庄子寓言中的一个典型人物，成了被批判和讥讽的对象。因为有孔子曾向老子求学的故事，所以在《庄子》中，孔老交往的故事多次被拿来反复讲述。在《庄子》叙述的孔老交往的故事中，老子自然是一个宗师的形象，而孔子则从儒家的圣人变成了一个孜孜矻矻的求道者。

一般认为，《庄子》内篇是庄子本人所作，成文较早。在属于内篇的《庄子·德充符》中，讲到叔山无趾与老子关于孔子的一段对话：

> 无趾语老聃曰："孔丘之于至人，其未邪？彼何宾宾以学子为？彼且以蕲以諔诡幻怪之名闻，不知至人之以是为己桎梏邪？"老聃曰："胡不直使彼以死生为一条，以可不可为一贯者，

解其桎梏,其可乎?”无趾曰:“天刑之,安可解!”

叔山无趾是一个有前科的人,因罪获刑,被砍去脚趾。但他想改过自新,听说孔子是圣人,想向孔子求学,但孔子因为无趾名声不好,不愿接收,并说:“子不谨,前既犯患若是矣。虽今来,何及矣!”无趾觉得孔子此言是对他的歧视,大为不快,转而到老子面前大骂孔子:“都说孔子是圣人,是至人。他真的达到了那样高的境界吗?如果已经达到那样高的境界,那他为什么常常来向你学习?他立言不踏实,故意讲些虚幻奇怪的话,造成轰动效应,追求名声。他不知道,对于圣人,名声乃是脚镣手铐?”老聃说:“既然他是这样的人,那你为什么不给他讲讲,其实死和生是一致的,可以和不可以也是一样的,名声是束缚人的桎梏,明白了这个道理,镣铐就打开了。”在这段话中,叔山无趾的表现显得无礼而刻薄,相形之下,老聃则敦厚仁慈得多,他并不直接臧否孔子的为人,只是说即使孔子是追求声名之人,应该帮他去除束缚,可以通过智者的点化、自身的学习来解除桎梏,得以解放。

《庄子》外杂篇是庄子后学所作,非出于一时一人之手。《庄子》外杂篇成书的战国后期,正是“道术将为天下裂”的学术分化期,庄子一派学人借老子以自重,抨击以孔子为代表的儒家学派,所以《庄子》外杂篇中的老子和孔子形象与之前大不相同:孔子由传道者变成了一个求道者;老子由一个宽厚长者变了一个刻薄无情的批评者;孔老相会,变成了借老子批评教训孔子及其儒家学派的事由。《庄子》外杂篇中的《天地》《天道》《天运》《田子方》《知北游》等篇,分别记载了孔子就“如何治道”“何为仁义”“如何得道”“如何游心于物之初”“何为至道”等关键问题向老子请教的事迹。

《庄子·天运》篇四次讲到孔子与老子的交往:

孔子行年五十有一而不闻道，乃南之沛见老聃。老聃曰："子来乎？吾闻子，北方之贤者也，子亦得道乎？"孔子曰："未得也。"老子曰："子恶乎求之哉？"曰："吾求之于度数，五年而未得也。"老子曰："子又恶乎求之哉？"曰："吾求之于阴阳，十有二年而未得。"老子曰："然。使道而可献，则人莫不献之于其君；使道而可进，则人莫不进之于其亲；使道而可以告人，则人莫不告其兄弟；使道而可以与人，则人莫不与其子孙。然而不可者，无佗也，中无主而不止，外无正而不行。由中出者，不受于外，圣人不出；由外入者，无主于中，圣人不隐。名，公器也，不可多取。仁义，先王之蘧庐也，止可以一宿而不可久处，觏而多责。古之至人，假道于仁，托宿于义，以游逍遥之虚，食于苟简之田，立于不贷之圃。逍遥，无为也；苟简，易养也；不贷，无出也。古者谓是采真之游。以富为是者，不能让禄；以显为是者，不能让名；亲权者，不能与人柄。操之则栗，舍之则悲，而一无所鉴，以窥其所不休者，是天之戮民也。怨恩取与谏教生杀，八者，正之器也，唯循大变无所湮者为能用之。故曰：正者，正也。其心以为不然者，天门弗开矣。"

在这里，孔子不再是一个儒家宗师，而只是一个被老子耳提面命的求道者。他五十一岁的时候还不知道"道"的真义，于是到沛地去见在此隐居的老子。此次他们讨论的重点是关于"道"和"仁"的问题。老子告诉孔子，真正的道是不能够求之于度数、阴阳这些事物的表象的，道也不可能经由正常的渠道传播，臣子不能将它献给帝王，父亲不能把它传授给儿子。至于仁和义，那更是不可以久居的东西，它们顶多是前代帝王圣人暂时的馆舍，久与之处，必然会给自己带来灾难。那么真正的道在哪里呢？它在于一种自由自在、无拘无束的生活态度，同于大道自然无为，不需要任何人为的改变。

孔子见老聃而语仁义。老聃曰："夫播穅眯目，则天地四方易位矣；蚊虻噆肤，则通昔不寐矣。夫仁义憯然，乃愤吾心，乱莫大焉。吾子使天下无失其朴，吾子亦放风而动，总德而立矣，又奚杰然若负建鼓而求亡子者邪！夫鹄不日浴而白，乌不日黔而黑。黑白之朴，不足以为辩；名誉之观，不足以为广。泉涸，鱼相与处于陆，相呴以湿，相濡以沫，不若相忘于江湖！"

在这次关于仁义的对话中，老子强烈地批判孔子的仁义观，在老子那里，仁义简直是"乱莫大焉"的众恶之源：仁义给人的毒害十分惨痛乃至令人昏愦，对人的祸乱没有什么比仁义更为厉害。他教训孔子：你要想让天下不至于丧失淳厚质朴，你就该顺应自然，像风起风落一样自然而然地行动，一切顺于自然规律行事，又何必那么卖力地去宣扬仁义，好像是敲着鼓去追赶逃亡的人似的呢？这是老子对儒家的核心理念"仁义"的直接挑战。孔子竭尽全力地宣扬仁义，高举仁义旗帜；老子则有力地反对儒家所谓的仁义，批评仁义给人的毒害。老子认为，天地万物固有其存在和运行的规律，人类社会自然也是如此，只需"放风而动，总德而立"即可，根本不需要到处宣扬乱人之性的"仁义"思想。

孔子见老聃归，三日不谈。弟子问曰："夫子见老聃，亦将何规哉？"孔子曰："吾乃今于是乎见龙。龙，合而成体，散而成章，乘云气而养乎阴阳。予口张而不能，予又何规老聃哉！"

这几句孔子对于老子“吾乃今于是乎见龙”的评语，我们亦见之于《史记》。

> 孔子谓老聃曰：“丘治《诗》《书》《礼》《乐》《易》《春秋》六经，自以为久矣，孰知其故矣；以奸者七十二君，论先王之道而明周、召之迹，一君无所钩用。甚矣夫！人之难说也，道之难明邪？”老子曰：“幸矣子之不遇治世之君也！夫六经，先王之陈迹也，岂其所以迹哉！今子之所言，犹迹也。夫迹，履之所出，而迹岂履哉！夫白鶂之相视，眸子不运而风化；虫，雄鸣于上风，雌应于下风而风化；类自为雌雄，故风化。性不可易，命不可变，时不可止，道不可壅。苟得于道，无自而不可；失焉者，无自而可。”孔子不出三月，复见曰：“丘得之矣。乌鹊孺，鱼傅沫，细要者化，有弟而兄啼。久矣夫丘不与化为人！不与化为人，安能化人！”老子曰：“可，丘得之矣！”

在老子或语重心长、循循善诱，或冷嘲热讽的教导下，孔子都欣然接受老子的“道”，并心悦诚服说：“丘之于道也，其犹醯鸡与！微夫子之发吾覆也，吾不知天地之大全也。”（《庄子·田子方》）孔子认识到他对于道的认识，就如同醋瓮中的飞虫般渺小！没有老子揭开他的蒙蔽，就不知道天地之大。所以孔子将老子视为“合而成体，散而成章，乘云气而养乎阴阳”（《庄子·天运》）的龙，对老子极尽赞扬之能事。

《史记》中的孔老相会。司马迁在撰写《史记》时，关于孔子向老子问礼的故事已经记载于各家典籍和流传于各派学者之中。《史记》的写作毫无疑问是建立在当时“国家图书馆”权威、全面的史料的基础上的，关于孔子向老子问礼求道的故事，司马迁肯定看到了许多有关史料，但是这些史料驳杂不一，既有前代的史书记载，又有诸子百家各家之说，还包括当时的传说、老子家谱资料等等。司马迁在这些史料中，摘取了比较可信的部分，在《史记》中孔子的传记《孔子世家》和老子的传记《老子韩非列传》中，综合各家各书有关资料，形象而完整地记述了孔子向老子问礼的这个著名故事。

《史记・孔子世家》记载南宫敬叔与孔子一起去向老子学礼，老子临别赠言孔子要"毋以有己"：

> 鲁南宫敬叔言鲁君曰："请与孔子适周。"鲁君与之一乘车，两马，一竖子俱，适周问礼，盖见老子云。辞去，而老子送之曰："吾闻富贵者送人以财，仁人者送人以言。吾不能富贵，窃仁人之号，送子以言，曰：'聪明深察而近于死者，好议人者也。博辩广大危其身者，发人之恶者也。为人子者毋以有已，为人臣者毋以有己。'"孔子自周反于鲁，弟子稍益进焉。

这个故事原型，与前述《孔子家语・观周》所记来源相同。老子的形象是一个温厚长者，但他教导孔子的思想语言与《老子》一书旨趣一致。

《史记・老子韩非列传》记载孔子适周问礼于老子，老子见到汲汲于功名的年轻气盛的孔子，就谆谆告诫孔子：君子时机成熟才去从政辅佐君主，从事社会活动，不逢其时就应该随遇而安，独善其身，不要强为；为人处世要大智若愚、大巧若拙，要去掉过分的欲望和骄气态色；要保持容人谦下、勿矜夸、戒骄戒欲的品德；要顺应自然，清静无为。

> 孔子适周，将问礼于老子。老子曰："子所言者，其人与骨

皆已朽矣，独其言在耳。且君子得其时则驾，不得其时则蓬累而行。吾闻之，良贾深藏若虚，君子盛德容貌若愚。去子之骄气与多欲，态色与淫志，是皆无益于子之身。吾所以告子，若是而已。"孔子去，谓弟子曰："鸟，吾知其能飞；鱼，吾知其能游；兽，吾知其能走。走者可以为罔，游者可以为纶，飞者可以为矰。至于龙，吾不能知其乘风云而上天。吾今日见老子，其犹龙邪！"

这里的记述，老子的形象、语言和孔子对于老子"其犹龙邪"的评语，很明显脱胎于《庄子·天运》等篇。其思想逻辑也与《老子》一书的"大直若屈，大巧若拙，大辩若讷""见素抱朴，少私寡欲"和无为、隐逸、处下、不争思想倾向是十分吻合的。

对先秦典籍中孔老形象的认识。在儒家的经典中，老子是一位礼学大师的形象；在道家经典中，老子又是一位强烈反对仁义礼制的道家宗师的形象。各家有各家的老子，形象各异，思想不同。而事实上的老子只能有一个，所以，儒道两家所述，未必都是完全真实的老子，而必然是各家以自己学派的思想重新改造和变形化处理的老子形象。尤其是道家，充分利用孔子向老子问礼这一史实着力渲染，扬老而抑孔，其目的当然是要借孔子之名而张大老庄道家之学。

胡适较早地发现了先秦典籍关于孔子见老子史实中老子形象的变化所包含的学术史意义，他在《说儒》一文中指出：

关于孔子见老子的传说，约有几组材料的来源：一、《礼记》的《曾子问》篇，孔子述老聃论丧礼四事。二、《史记·孔子世家》记南宫敬叔与孔子适周问礼，"盖见老子云"一段。三、《史记·老庄申韩列传》，"孔子适周，将问礼于老子，老子曰……"一段。四、《庄子》所记各段。我们若依这个次序比较这四组的材料，可以看见一个最可玩味的现象，就是老子的人格的骤变，从一个最拘谨的丧礼大师，变到一个最恣肆无礼的出世仙人。最可注意的是《史记》两记此事，在《孔子世家》里老子还是一个很谦恭的柔道学者，而在《老子列传》里他就变做一个盛气拒人的狂士了。这个现象，其实不难说明。老子的人格变化只代表各时期的人对于老子的看法不同。作曾子问的人绝对不曾梦见几百年后的人会把老聃变成一个谩骂无礼的狂士，所以他只简单的记了老聃对于丧礼的几条意见。……我们只能承认那作《曾子问》的人生在一个较早的时期，只知道老子是一位丧礼大师，所以他老老实实的传述了孔子称引老聃的丧礼意见。这是老孔没有分家的时代的老子。①

综合以上所述，关于先秦儒道典籍中孔老关系的问题，我们应该有以下几点认识：

第一，对于儒道各家关于孔老交往的这些记载和细节不必字字当作史实，因为这些著作本身并不是历史著作，而是思想学术著作，是说理而不是记事，所记故事，目的是托事说理而已；为说理而必然会对事实有所改造，对人物稍作变形甚至虚拟。特别是《庄子》，其书"大抵率寓言也"，孔子也好，老子也罢，这些历史上的伟大人物，到了《庄子》的世界中，也都成了寄寓情感与思想的载体。也就是说，儒道各家书中的老子形象不能与历史的老子一一对应，他只是各家书中塑造的一个托名为老子的人物而已。所以，如果我们据此而考证和坐实孔子见老子的具体时间、地点、各自年龄、所谈内容，则都是靠不住的，也是徒劳无功的。

① 胡适：《说儒》，《胡适文集》第五卷，北京大学出版社 1998 年版，第 3 页。

第二,老子在先秦各家书中,是一个“箭垛式”的人物。“箭垛式”人物是指民间文学中的一种常见的现象:当一个具有突出特征的艺术形象树立起来以后,人们便相继往他身上累积同一类型的故事,犹如射满箭镞的箭垛一样。胡适创造了这个名词,胡适在《〈三侠五义〉序》中解释说:“历史上有许多有福之人。一个是黄帝,一个是周公,一个是包龙图。上古有许多重要的发明,后人不知道是谁发明的,只好都归到黄帝的身上,于是黄帝成了上古的大圣人。中古有许多制作,后人也不知道究竟是谁创始的,也就都归到周公的身上,于是周公成了中古的大圣人,忙得不得了,忙的他‘一沐三握发,一饭三吐哺’!这种有福的人物,我曾替他们取了个名字,叫‘箭垛式的人物’。”[①]老子作为一代思想宗师和“神龙不见首尾”的圣者,后人在记述他的时候,附会给他的东西太多,在中国古代人物中,没有一个人像老子那样,被人随意或随时代需要而加进去那么多东西。《老子》是一部大书,每个读者都可以从中读出自己的东西,每个读者都可以按自己的理解与逻辑来认识老子,每一个读者都可以在老子身上加上自己的东西,老子也因此面目全非,或千人千面。《韩非子·显学》中曾说道:“孔墨之后,儒分为八,墨离为三,取舍相反不同,而皆自谓真孔墨。孔墨不可复生,将谁使定世之学乎?”韩非这里疑惑地说,孔墨死后,其不同的后学都说自己说的是真孔墨,孔墨不可复生,谁能定孔墨之是非?老子的形象也同样是这样的道理。老子之后,各家各派各自根据自己的需要随意对老子的思想和形象进行改造,在老子身上加上自己的观念。老子不复生,谁能定其是非?

① 胡适:《〈三侠五义〉序》,载《胡适文集》第四卷,北京大学出版社 1998 年版,第 369 页。

第三,老子形象在先秦诸子著作中的变化,是先秦思想从一体化向儒道分流发展而形成的结果。胡适敏锐地发现先秦诸子书中老子形象的变化,他认为《礼记·曾子问》中作为礼制大师的老子,“这是老孔没有分家的时代的老子”,他认为儒道两家可能是同根同源的。现代考古发现的郭店楚简本《老子》,其中并没有明显的儒道对立的内容,这也证明了在春秋时期思想初创时代,“古者之学,多出王官”,思想同源,“皆原于一”;战国之后,学术思想由王官之学向诸子之学转化,“道术将为天下裂”,天下学术分裂,诸家学术各述其说,形成不同的流派。于是儒道各家各以其意而言说老子,老子也呈现出不同的形象。

二、新出土简帛所见早期儒道关系

胡适在《说儒》一文中认为,《礼记·曾子问》中的老子是“老孔没有分家的时代的老子”。他的意思是说,孔子和老子,儒家和道家,原来是不分家的。他甚至认为老子原来也是儒,只是后来到了战国中后期,道家产生,庄子等老子后学将老子塑造成了道家始祖。胡适说:

> “道家”这一名词不见于先秦古书中,在《史记》的《陈平(丞相)世家》《魏其武安侯列传》《太史公自序》里,我们第一次见着“道家”这个名词。司马谈父子所谓“道家”,乃是一个“因阴阳之大顺,采儒墨之善,撮名法之要”的混合学派。因为是个混合折衷的学派,他的起源当然最晚,约在战国的最后期与秦汉

之间。这是毫无可疑的历史事实。[①]

胡适认为老子是正宗的原儒，因为“儒”其实原来只是一种从事治丧礼仪、帮助别人料理丧事的职业。丧礼是上古礼制文化的核心，老聃和孔丘都是掌握丧葬礼仪的教士，他们原来的职业都是儒。“儒”的本义为柔，《老子》书中的教义正是一种“宽柔以教，不报无道”“弱之胜强，柔之胜刚”的“柔道”，所以老子的教义代表儒的古义。而孔子的贡献在于“把柔儒的儒改变为刚毅进取的儒家”，从而建立了“儒家”这个影响深远的思想学术流派。老子的思想，则被后世学者继承发展为“道家”思想。胡适从考证“儒”入手，揭示了老子思想和孔子思想是同根同源的，尽管他认为老子是正宗的儒家的观点值得商榷，但他对二者思想同源互通的关注具有十分重要的意义。

老子原来的思想面貌是怎样的？早期的儒道关系是不是对立的？这曾是20世纪二三十年代关于老子年代的学术争论中的一个焦点。当年在争论中，持老子晚出论的梁启超一方认为，老子主张“绝仁弃义”“绝圣弃智”，反对“仁义”，“仁义”是孔子及其儒家的核心理念，一般而言，应是先有正命题，再有反命题；“仁义”如果是正命题，那么“反仁义”就是反命题，老子持反命题，所以老子年代晚于孔子，当在战国中晚期。对此，主张老子年代早出、应在春秋末年的学者，只好认为《老子》中这些反对仁义的内容可能是后人添加的，可是由于不能提供确切的证据，总是难以令人信服。

1993年，湖北荆门郭店出土的三组楚简《老子》，为我们重新认识早期儒道关系提供了新的材料、新的信息。

郭店楚简《老子》甲本开始的一段是：

---

① 胡适：《说儒》，载《胡适文集》第五卷，北京大学出版社1998年版，第3页。

绝智弃辩，民利百倍；绝巧弃利，盗贼亡有；绝伪弃诈，民复孝慈。三言以为辨不足，或命之，或呼属：视素保朴，少私寡欲。①

这段话在通行的王弼本《老子》十九章为：

绝圣弃智，民利百倍；绝仁弃义，民复孝慈；绝巧弃利，盗贼无有；此三言以为文不足，故令有所属；见素抱朴，少私寡欲。

长沙马王堆汉墓出土帛书甲本、乙本《老子》的文字略同于通行本。楚简本《老子》年代远远早于汉帛书《老子》和通行的王弼本《老子》，是更接近老子年代、更能反映老子思想原貌的版本。通行本中的"绝圣弃智""绝仁弃义"在楚简本原来是"绝智弃辩""绝伪弃诈（诈或释读为虑）"，楚简本也没有通行本《老子》三十八章"礼者，忠信之薄，而乱之首"之类反礼言论。这让我们对早期儒道关系有了新认识：原来老子并不反对"仁义"，早期儒道关系并不是战国中后期那样针锋相对、势同水火的对立状态。

郭店楚简本《老子》出土后，关于早期儒道关系问题又迅速成为老子研究的一个热点，学者们甚至认为郭店楚简本《老子》揭示了儒道同源的真相，改写了中国思想史。陈鼓应在《从郭店简本看〈老子〉尚仁及守中思想》②一文中说，长久以来通行本《老子》中"绝圣弃智""绝仁弃义"的观点，导致当代学界流行两种解释：一是认为老

① 荆门市博物馆编著：《郭店楚墓竹简·老子甲》，文物出版社2002年版，第40页。

② 陈鼓应：《从郭店简本看〈老子〉尚仁及守中思想》，载《道家文化研究》第十七辑，生活·读书·新知三联书店1999年版。

子借此对儒家的“仁义”学说进行强烈批判与否定；二是针对孔墨或孔孟的仁义思想所提出的反命题。后者更成为1949年以后大陆学者主张晚出说的主要依据。但事实上儒道两家同中有异、异中有同，就其异者视之，学派间观点对立的极化，时间要在战国中期以后。陈鼓应说：“今本《老子》‘绝圣弃智’、‘绝仁弃义’这样的语义，应该是反映了战国中后期学术观点对立极化的情况。衡诸春秋末到战国初的史实，老、孔之间及其学说并未产生强烈的对立现象。简本‘绝智弃辩’、‘绝伪弃诈’正是反映了这一时期的思想气候。”任继愈说：“已公布的有关楚墓竹简的文章，都正确地指出《老子》主旨在证明无为，贵柔而不反对仁义。史书记载，孔子对老子虽不赞成，却还尊重。互相敌对，势成水火，那是学派造成以后的事。”①庞朴说：“谁都知道，圣和仁义，都是儒家所推崇的德行……弃绝此三者，意味着儒道两家在价值观方面的彻底对立，如我们一向所认为的那样。令人惊讶的是，现在的竹书《老子》居然未曾弃绝这些……如果这里不是抄写上有误，那就是一个摇撼我们传统知识的大信息。”②侯才指出，楚简《老子》的出土推翻了流传两千余年之久的“孔、老对立”的学案，证明了今本《老子》中“绝仁弃义”的观点是后人强加给老子的。与其说孔子与老子两者的思想存在着明显的差异，毋宁说他们之间的统一更是主要的和第一位的。③ 郭沂也说，人们通常认为儒道对立，势若水火，楚简《老子》一出，方知两派本是同根生，志趣亦贯通。④ 聂中庆在其《郭店楚简〈老子〉研究》中说：“如‘绝仁弃义’简

① 任继愈：《郭店竹简与楚文化》，载《中国哲学史》2000年第1期。
② 庞朴：《古墓新知——漫谈郭店楚简》，载《中国哲学第二十辑·郭店楚简研究》，辽宁教育出版社2000年版。
③ 侯才：《郭店楚墓竹简〈老子〉的特色》，载《中共中央党校学报》2000年第1期。
④ 郭沂：《郭店竹简与中国哲学（论纲）》，载《郭店楚简国际学术研讨会论文集》，湖北人民出版社2000年版。

本作‘绝伪弃虑’,意思大不相同。传统的观点认为老子反对仁义,其实不然。老子不但不反对‘圣’,亦不反对‘仁义’。古史辩派认为老子生活时期,不应有如此激烈反对‘仁义’的言词,此怀疑是有道理的。春秋晚期儒道间并未势同水火,竹简《老子》可以证明这一点。”①解光宇说:“众所周知,‘仁义’是儒家人文精神的精华。传统看法认为先秦儒道两家的根本冲突,是对‘仁义’的价值评价不同,而且对‘仁义’的态度截然相反。郭店竹简《老子》的出土,表明了儒道两家在早期是和平共处的,由此改变了传统的看法。”②刘涣藻指出:“长期以来,学术界普遍认为道儒两家学派,在滥觞之初已出现思想分歧。现在随着郭简《老子》的面世,使这场令多少专家学者费尽心机去进行喋喋不休的争论,终于可以停止了。因为研究表明,道儒两家学派的创始人都主张‘仁’,说明我国哲学史上最早的两大学术派系于发轫时,彼此的学术思想是相同的,并非泾渭分明,格格不入。”③

《老子》一书的产生、发展与定型,经历了一个漫长的过程,其时间跨度当在春秋末年一直到战国秦汉之间,这一时间正是各种思想流派孕育产生和发展分化的时期。对比早期的各种《老子》版本,我们可以明显地看出这种思想演进过程。

郭店楚简本《老子》,共有甲乙丙三本,三本《老子》并非抄自一人一手,而是抄录于不同时期、不同祖本。王博在《关于郭店楚墓竹简〈老子〉的结构与性质》一文中,谈及三本竹简《老子》的内容、时间及与通行本《老子》的关系。他指出,甲乙丙三本《老子》之间存在着主题差别,每一本内部都有相对统一的主题,显然,这应该是出于某

① 聂中庆:《郭店楚简〈老子〉研究》,中华书局2004年版,第187页。
② 解光宇:《郭店竹简〈老子〉研究综述》,载《学术界》1999年第5期。
③ 刘涣藻:《郭店楚简〈老子〉研究》,载《理论月刊》1999年第5期。

些人的有意编纂。而且，从甲本与丙本之间的文字来看，编纂者并非一人。这三本并不是一个整体，它们有不同的来源，依据的也是不同的传本。关于这三本不同的《老子》之间的关系，王博指出："如果拿帛书本及通行诸本做参照系的话，它们更可能是时间先后的关系。即与帛书本及通行本差别较大的甲本（或甲本依据的传本）在前，而乙本与丙本（或乙本与丙本依据的传本）相对在后。"①那么，我们将这甲乙丙三本楚简《老子》与《韩非子》所引《老子》版本、汉墓帛书本、通行本《老子》按时间顺序排列起来看，是可以看出儒道两家关系从同根同源而逐步发展分化为两个学派，并进而相互对立的演变过程的。

三本楚简《老子》中，甲本时代较早。楚简甲本《老子》开始第1简中的"绝智弃辩""绝伪弃诈"，在帛书本和通行本中改变为"绝圣弃智""绝仁弃义"，这些反对仁义的内容显然是后人改动的。楚简甲本第23简中，有同于通行本第五章的一段文字："天地之间，其犹橐籥乎！虚而不屈，动而愈出。"但通行本在这段话前还有："天地不仁，以万物为刍狗；圣人不仁，以百姓为刍狗。"这几句楚简中没有的话，与通行本第十九章中的"绝圣"和"绝仁弃义"一样，是战国中后期道家学者出于贬抑儒家的需要而添加改动的。这同时也说明在楚简甲本《老子》成文时期，儒道两家思想并没有出现特别明显的分歧和冲突。

楚简丙本《老子》的时代相对于甲本较晚。楚简丙本《老子》第2、3简中有这样一段话：

① 王博：《关于郭店楚墓竹简〈老子〉的结构与性质》，载《道家文化研究》第十七辑，生活·读书·新知三联书店1999年版。

故大道废，安有仁义；六亲不和，安有孝慈；邦家昏[乱]，安有正臣。

此段文字，在马王堆汉墓帛书《老子》甲本中作：

故大道废，案有仁义；知慧出，案有大伪；六亲不和，案[有]孝慈；邦家昏乱，安有贞臣。

在通行本《老子》十八章中是：

大道废，有仁义；慧智出，有大伪；六亲不和，有孝慈；国家昏乱，有忠臣。

对于楚简此段中的"安"字有不同的训解，有人释解为"于是"，与"焉"同，那么楚简本中这段话的意思是："大道废弛，于是有仁义；家庭不和睦，于是有孝慈；国家陷入混乱，于是有正直的臣民。"但也有将"安"训解为疑问词"怎么""哪里"的，那么这段话的意思是："大道废弛了，怎么会有仁义？家庭不和睦，怎么会有孝慈？国家陷入混乱，怎么会有正直的臣民？"如果按照第一种解释，老子是把"仁义"与"孝慈"、"正臣"放在"大道"之下的，是反对"仁义"的：大道废弛了，才有仁义、孝慈、正臣。如果是第二种解释，老子则是把"仁义"等道德观念与"大道"等量齐观的，没有了大道，就没有了仁义孝慈等，如果这样的话，这里老子的态度又是不反对仁义的。那么这里的"安"应该如何训解呢？考虑到楚简丙本《老子》有"信不足，安有不信"的句子，意思是说，"最差的君王诚信不足，于是百姓不信任他"。这句中的"安"，应作"于是"。如果解作"哪里""怎么"之类表示反问的疑问词，那就变成："最差的君王诚信不足，怎么不被百姓信任呢？"语意不通。所以，楚简丙本《老子》第2、3简"故大道废，安有仁义；六亲不和，安有孝慈；邦家昏[乱]，安有正臣"，其中的"安"，应作"于是"解。如果是这样的话，楚简丙本《老子》对儒家的"仁义"观，是反对的。也就是说，从楚简丙本《老子》开始，《老子》就已经反对儒家的"仁义"观了。

从以上对比中可知，《老子》一书从出现到定型确实经历了一个过程，在这个过程中，大的结构虽然未变，但一些文字思想则发生了某些变化。这种变化应被理解为其后学的有意修改和添加。楚简甲本《老子》年代最早，尚无批儒的锋芒，最接近老子思想原貌。楚简丙本《老子》年代相对稍晚，已经开始有了反儒的倾向。战国末期《韩非子》的《解老》《喻老》两篇文章中，韩非引用和解释了当时所见到的《老子》版本中许多反对儒家思想的文句。到了汉帛书《老子》，其中的反儒思想倾向十分强烈。所以，从时间上说，这些反儒思想内容的修改和添加是在战国中后期进行的，到帛书本《老子》时已经定型。也就是说，经过修改后的《老子》，是战国中后期百家争鸣中儒道两家互相攻伐的产物。王博、裘锡圭、许抗生等学者认为，这种修改就出自以《庄子》外篇的《胠箧》《在宥》等篇为代表的激烈反对儒家的老庄后学之手，这大概是有道理的。[①]《庄子·胠箧》有"绝圣弃智，大盗乃止"，"攘弃仁义"；《庄子·在宥》有"绝圣弃智，而天下大治"。战国晚期，一方面是儒家圣贤们的仁义说教与装饰在统治者口头的虚伪的仁义口号，另一方面是毫无仁义可言的残酷的政治和社会现实，在二者的强烈对比下，经过修改的具有反儒倾向

① 王博：《关于郭店楚墓竹简〈老子〉的结构与性质》，载《道家文化研究》第十七辑，生活·读书·新知三联书店1999年版。

的《老子》，自然会得到人们的认可，从而排挤掉了原来的本子，并大行其道了。

本书第九章述"道家"概念的形成，曾引述《庄子·天下》篇和司马谈《论六家要旨》对战国诸子百家学派的划分。以中国古代学术发展史来看，诸子百家思想学术流派的形成是在战国秦汉之际。春秋之前，学在王官；春秋战国时期，"天子失官，在四夷"[①]，私学兴起，私人著书出现，学术思想由王官之学向诸子之学转化。本来，天下学术，"皆原于一"，源于"古道术"。但是，后来"天下大乱，贤圣不明，道德不一。……天下之人各为其所欲焉以自为方。……道术将为天下裂"。天下学术分裂，诸家学术各述其说，形成了不同的流派。具体到"道家""儒家"之称，其实产生也较晚。儒家首见于与《天下》篇大致同时产生于战国晚期的《韩非子·显学》篇："世之显学，儒墨也。"这里先出现了儒、墨二家的名称，但道家、法家的名称没有出现。"道家"之称的出现则晚至汉代司马谈的《论六家要旨》。

一个学派的形成，一种新的思想理论的创建和产生，都不是个人自发做出的独创贡献，一些思想在社会发展过程中产生于各个不同地方，经过后来许多具有相同学术倾向的几代学者代代相传，不断修改、补充、整理，才形成完整的理论形态，从而形成不同的思想学派。老子和孔子分别是道家和儒家的思想源头，但他们只是各自思想学派的开山者，在老子和孔子时期，还没有形成完整而系统的道家学派和儒家学派，因此事实上老子和孔子时期也并不存在儒道之争。而且老子和孔子所代表的道家和儒家两个学派，并不像后世所想象的那样，一开始就直接称为"道家"和"儒家"，而是由老子和孔子两个方面具有不同学术思想倾向的弟子、再传弟子们，在阐述其思想学说

① 《左传·昭公十七年》。

时不断丰富和发展各自的学说，随着老子学说和孔子学说的影响不断扩大，追随者也不断增多；同时，一种学说被关注，其批判者也会不断出现，在彼此的争鸣辩驳中，各自的理论相应地得到不断发展，影响不断扩大，思想走向也不断分离，从而逐渐形成了分别以老子和孔子思想学说为代表的两个不同思想走向的学术流派，后世分别名之以“道家”和“儒家”。

所以，儒道两家的思想源头，也并不像后世所想象的那样是截然分开的。老子和孔子有共同的思想源头，他们最初是不分家的，正如《庄子・天下》所说：“皆原于一。”这个共同的思想源头是中国上古文化，尤其是夏、商、周三代文化。老子和孔子的思想，都是对中华早期历史文化思想的总结和继承，他们思考和关注的文化内容也是一样的，例如三代文化中的礼文化。《汉书・艺文志》考察诸子各派源流时指出，诸子之学皆出于王官：“儒家者流，盖出于司徒之官。助人君，顺阴阳，明教化者也”；“道家者流，盖出于史官。历记成败、存亡、祸福、古今之道。然后知秉要执本，清虚以自守，卑弱以自持，君人南面之术也”；“阴阳家者流，盖出于羲和之官”；“法家者流，盖出于司徒之官”；等等。这些王官各司其职，分工负责，其功能是为了维护国家和社会的秩序，维护国家和社会的秩序所依靠的是礼制，所以诸子学术的核心问题是建立和维护礼制的问题。在这一点上，老子和孔子的思想学术是同源的。老子的职业官守是周朝史官，史官是精通礼制的；孔子向老子问礼，学习和吸收了老子对礼制的见解。孔子对老子思想加以吸收、改造和创新，形成了自己的学术和思想体系。早期的儒家学派随着孔子所改造后的“新儒”的思想经系统化后而逐渐形成。

至于儒家和道家谁先谁后，谁出自谁，这也是一个说不清的问题。有的学者认为：道先于儒，儒出于道。章太炎认为，“儒家、法家皆出于道，道则非出于儒也”，并认为“孔父受业于征藏史，韩非传其书”①。顾荩臣说：“道家的学术，兼括诸家。且其来源，较诸家为最早者，并不是专指老子之时而说的。盖诸子之学都起于春秋战国之时。道家之学，则远在春秋战国以前，而发源于有史之初的。……大概自黄帝以后，老子以前，上下二千年中，只有道家之学，扶舆磅礴，而无他家立足于其间。换句话说，在那个时候，除道家以外，几无其它学术之可言了。”②而“儒家之学，其渊源似乎亦得之于道家。大概道家之言，虽然涉于玄虚，而其学却征之于实际。……儒家以践实为本，以身体力行为归，其意即本于道家。况孔子曾问礼于老聃，奉聃为严师，是儒家脱胎于道家，更无可讳言”③。有的学者认为：儒先于道，道出于儒。如胡适就认为先秦没有道家，而老子也是儒，只是孔子向老子问礼，并发展出了“新儒”，使儒由一种职业变成了一种学术思想流派，称“儒家”；而老子原来所代表的旧儒，被其后学发展成为另一种学术思想流派，称“道家”。

具体到老子的形象的形成，我们也可以看出，老子形象是先秦思想从一体化向儒道分流发展形成的结果。考之于出土简帛和儒道传世文献，郭店楚简《老子》不含高远玄虚之论、非绌儒家之语、南面权谋之术，说明其时并无儒道之分，早期的老子应如《礼记·曾子问》中之守礼者形象。孔子向老子求学问礼，老子与孔子之学同源同根，共同源于上古三代文化。战国中晚期，百家争鸣，中国学术分流，各家改写利用《老子》，《庄子》以其“虚无”而绌儒，儒道两家分流，老子也变成了一个儒家思想的批判者的形象。老子形象是战国时期道

① 章太炎：《原道上》，载《中国现代学术经典·章太炎卷》，河北教育出版社 1996 年版，第 104 页。

② 顾荩臣：《经史子集概要》子部，中国书店 1990 年版，第 50 页。

③ 顾荩臣：《经史子集概要》子部，中国书店 1990 年版，第 148 页。

家与儒家在相互辩驳中形成的结果。到秦汉时期,老子作为与孔子儒家形象对举的道家形象构拟塑形完成。

三、道家与儒家思想的分歧与互补

在楚简本《老子》中,早期儒道关系并不像战国以后那样针锋相对、水火不容。然而,我们也不能因楚简本《老子》中没有强烈反儒的内容,就认为早期儒道两家和谐共处,从而忽视了老子和孔子思想本质上的不同。许抗生说:"简本《老子》没有明显的激烈的反儒思想的语词,但我们也应看到,简本《老子》的整个思想体系与以孔子为代表的儒家思想体系,是根本不同的两种思想路数。"①儒道两家后来在价值取向上之所以产生巨大的分歧,不是没有前因的。

在早期的儒道、孔老关系中,老子与孔子所关注的根本问题不同,这是早期儒道关系的一大分歧。从楚简本《老子》的思想内容上看,三种简本各有主题②:甲本的主题有两个,一个是"治国",另一个是"道"与"修道",主要是论述"无为""无欲""不争""居下",如"视素保朴,少私寡欲","以其不争,故天下莫能与之争","以道佐人主者,不欲以兵强于天下","是故圣人能辅万物之自然,而弗能为","居亡为之事,行不言之教","为而弗恃也,成而弗居","知止所以不殆","闭其兑,塞其门,和其光,同其尘","我无事而民自富。我亡为而民自化。我好静而民自正。我欲不欲而民自朴",等等。乙本的主题是"修道",主要论述修道的方法应是"啬"和"损",如"治人事

① 许抗生:《再读郭店竹简〈老子〉》,载《中州学刊》2000 年第 5 期。

② 王博:《关于郭店楚墓竹简〈老子〉的结构与性质》,载《道家文化研究》第十七辑,生活·读书·新知三联书店 1999 年版。

天，莫若啬”，“学者日益，为道者日损。损之或损，以至亡为也，亡为而亡不为”，“吾所以有大患者，为吾有身”，“大成若缺”，“大巧若拙”，“清静为天下正”等。丙本的主题是“治国”，方法是自然无为，如“为之者败之，执之者失之。圣人无为，故无败也；无执，故[无失也]。慎终若始，则无败事矣。人之败也，恒于其且成也败之。是以[圣]人欲不欲，不贵难得之货；学不学，复众之所过。是以能辅万物之自然，而弗敢为”等。在这三种楚简本《老子》中，虽然主题各有偏重，但主要的宗旨是道家自然无为的思想，这与孔子及其儒家所以关注的仁义等道德伦理思想大不相同，也就是说，仁义内容在老子的哲学思想体系中并不占特别重要的位置。所以，从本质上说，早期儒道两家主要的价值观念具有明显的不同：道家崇尚自然，儒家崇尚仁义；道家重视人与自然的关系，儒家则注重人与人之间的伦理道德关系。这是早期儒道思想的根本差别，也是儒道分歧的根本出发点。

在楚简本《老子》中，我们可以看出老子与孔子在人生态度和思想方法上相对立的思想，这也是早期儒道思想的一项重要分歧。如楚简本《老子》有“绝学亡忧”“绝智”和“闭其兑，塞其门”“绝为弃虑”等思想，都与孔子的“好学多思”的思想相对立。楚简甲本《老子》一开始就说“绝智弃辩”“绝伪弃诈（虑）”。楚简乙本《老子》说：“学者日益，为道者日损，损之又损，以至亡为也，亡为而无不为。”主张为道要用减损的方法，只有“损之又损，以至亡为”才能体悟道。因此老子反对用心思虑，提倡“绝学亡忧”。这与孔子力主“好学而多思”的思想正相反。孔子说：“我非生而知之者，好古，敏以求之者也。”（《论语·述而》）又说：“君子食无求饱，居无求安，敏于事而慎于言，就有道而正焉，可谓好学也已。”（《论语·学而》）“学而不思则罔，思而不学则殆。”（《论语·为政》）孔子是十分重视学与思的，认为只有通过好学和多思，才能使自己成为一个具有仁德的人。这就与老子倡导的“绝学”“弃智”“绝虑”的思想形成了鲜明的对照。可见老子和孔子两人在认识路线和思想方法上是根本对立的。至于楚简本《老子》处处讲自然无为、寡欲、不争，主张“辅万物之自然而弗能为”“是以圣人之亡为故无败，亡执故无失”等等，也是与孔子所倡导的积极进取、刚健有为的思想和“知其不可而为之”的精神相对立的。孔子主张“敏于事”“敏于行”“言忠信，行笃敬”，要积极“为政”：“君子之仕也，行其义也。道之不行，已知之矣。”（《论语·微子》）孔子甚至还提出要用生命来实现仁，他说：“志士仁人，无求生以害仁，有杀身以成仁。”（《论语·卫灵公》）这种“勇于敢则杀”的思想是老子所反对的。老子提倡的是：“勇于敢则杀，勇于不敢则活。此两者，或利或害。天之所恶，孰知其故？天之道，不争而善胜，不言而善应，不召而自来，繟然而善谋。”“以其不争，故天下莫能与之争。”

虽然儒道两家思想文化在源头上是同根同源的，但是老子和孔子两人的思想体系还是有根本差别的。[①] 老子和孔子的思想在后世朝着不同的方向发展，并且分歧越来越大，形成了中国思想文化史上蔚为壮观的儒家和道家两大基本派别。那么，这种异向发展背后的原因和动力又是什么呢？

首先，孔子与老子思维方式的不同是儒道思想分歧的内在原因。老子和孔子处在相同的历史时期，继承着相同的文化传统，面临着相同的社会现实，思考着相同的社会问题，同样渴望建立和谐有序的社会，可是他们的思想路线与方法却是不一样的。对待夏商周三代以来的文化传统特别是政治和伦理传统，孔子较多地从正面进行建设性的总结和继承，他向往西周时期的礼乐文化，认为“礼崩乐坏”是

① 许抗生：《再读郭店竹简〈老子〉》，载《中州学刊》2000年第5期。

导致伦理道德文化的日渐散失和人心不古、世风日下的根本原因，天下无道是因为统治者已经远离了仁德和礼制。所以，他希望重振周礼，用西周以来的文化传统重建社会的道德秩序，用周礼来恢复社会的政治制度。相反，老子则从反面思考问题，他所奉行的是消解的路线，面对古代文化传统的偏失和流弊，主张根据自然主义的原则、运用“无为”的手段从根本上加以纠正。老子曾为周朝的官员，目睹周室的衰微，对于社会政治有更加清醒的认识，对于西周以来的礼乐文化传统有着比孔子更加深刻的理解，他认为周礼虽隆盛，却只是流于形式，烦琐而不能解决实际问题。老子的思想比孔子更加高远，他从对宇宙自然的思考中得出结论，认为只有遵循“自然”的原则，实行“无为”的政治，回归到“真朴”的社会状态，才是消除社会弊端的最终办法。对于时代与文化的严重危机，老子主张以抗议、批判、毁弃和重构的方式加以彻底暴露和解决。

基于这两种不同的思路，老子和孔子必然会在他们理论的关注重点和实现途径上产生差异。这种思想差异表现为老子与孔子两家学说在哲学思想体系、人生行为方式、社会政治主张等方面各有侧重、各具特色。在社会政治与人生问题的价值取向上，孔子对人类的进步持积极乐观的态度，主张人生应努力进取，有所作为，为社会多做积极的贡献；老子则鉴于人类文明和社会发展的副作用，主张以顺应自然、清静无为、通达超越的方法矫正之。由于这种文化观念和价值取向的不同，在社会政治与人生的许多具体问题上，孔老二人的态度大为异趣。孔子与老子思想路向的不同，对儒道两家文化在以后朝着不同的方向发展起到了根本性的导向作用。

其次，学派之争导致老子和孔子思想在后世的异向发展。按照通常的说法，老子开创了道家学派，孔子开创了儒家学派。事实上未必如此，因为在老子和孔子的时代，并没有产生真正意义上的道家和儒家。儒家和道家,是孔子和老子的后学在分别继承和发展二者各自的学术思想的基础上,沿着两个不同的学术方向经过较长时期的积累、发展而衍生出的两大学派。在学派形成和发展过程中,两大学派为了建立和强化各自的学术观念,势必相互辩驳,借对对方的驳难而壮大自己的声势,并在相互辩论中逐渐建立起自己的学术思想体系。司马迁就注意到,在他所处的时代,已经出现了“世之学老子者则绌儒学,儒学亦绌老子”的儒道互绌的情形。在《庄子》等古代文献中,我们也可以看到许多因为儒道学派之争而出现的歪曲或异化老子和孔子思想的例子。学派之争对老、孔思想的异化无外乎两个方面:一是刻意回避和抹煞老、孔二者思想上的一些相通之处;二是刻意放大老子和孔子思想的差别,使孔子更加“儒家”,老子更加“道家”。通过儒道两大学派两千多年的诠释和发展,人们对老子和孔子的认识已经逐渐偏离了他们本来的面目,人们对早期道家和早期儒家的认识也往往增加了孔、老以后不同时代的内容,打上了时代的印记。

春秋战国时期,百家争鸣,学术繁荣。诸子百家之学,由于阶级地位、政治倾向和地域文化等方面的差异,理论重心、思维方式和风格特征也各不相同,因此而形成了各种流派。司马谈《论六家要旨》中把诸子之说总括为阴阳、儒、墨、法、名、道德六家。班固《汉书·艺文志》在六家之外,分出纵横、杂、农、小说四家,总括为十家。各家学说“各引一端,崇其所善,从此驰说,取合诸侯”。然而汉代以后,各家学说先后衰弱,只有儒、道两家,在对立中各自把握一端,糅合各家学说,并进而成为中国传统思想文化的两条主干,在历史上流传久远,影响深广。南朝梁刘勰在其所著《刘子·九流》中说:“道者玄化为本,儒者德教为宗。九流之中,二化为最。夫道以无为化世,儒以六艺济俗。”这里的“二化”,即是儒道两家。孔子与老子的思想差异，代表了中国古代知识分子的两种最基本的价值取向和处世态度，也代表着中国古代文化发展的两种不同路向。在后来的历史上，经过他们的后学者们的传承与发挥，儒道两种文化路向各自形成了不同的文化传统。这两种相异而且同样重要的文化传统各自独立，并行不悖，相反相成，相补相济，奠定了中国传统思想文化儒道互补的内在机制和基本格局。

儒道互补，是以两家学说在文化理念、价值观念、学术宗旨、致思路向、思想内容等方面存在着广泛而又明显的差异为前提的。儒道两家的思想差异形成了相互对立的局面，二者互有长短，且此家之长正为彼家之短，反之亦然，这就使得儒道互补成为必要和可能。

其一，儒家是伦理型哲学，道家是自然型哲学。儒学家说发源于邹鲁地区，秉承北方文化传统，维护的是西周以来的宗法礼乐制度，主张建立"君君、臣臣、父父、子子"的尊卑等级名分观念。在维护"礼"的同时，儒家又主张建立以血缘关系为纽带的"仁"学结构与"忠孝"伦理观。儒家关心人生、社会问题，注重道德观念，从而构建了一整套政治伦理哲学。儒家的伦理型哲学，由于能够适应和满足中国封建宗法、专制体制的要求，因而被统治阶级当作正统思想，长期作为统治人民的思想工具和维护其专制体制的精神武器，在百家之学中处于独尊的地位。

道家发源于陈楚地区，带有更多的南方文化的特色。与儒家尚礼乐、重人伦的伦理型哲学不同，道家则重自然，并致力于宇宙根源问题的探讨。道家的核心理念是"道法自然"，强调"人之道"应符合"天之道"、自然之道，社会发展的特殊规律不能背离宇宙发展的一般规律，因而建立了"人法地，地法天，天法道，道法自然"这样一个由宇宙论到人生论再到政治论的哲学系统。道家主张返璞归真，认为人的自然本性是纯朴的，社会的原始状态是和谐的。道家认为社会文化的发展、仁义礼制的提倡，使人丧失了天然的纯真，使社会出现争斗和巧诈，人类于是陷入痛苦和灾难。只有回归本然，人性才能纯和，社会才能太平。道家崇尚“道”，因为大道具有永恒、真实、自然而然和生生不息的特征，顺应自然和回归真朴是道家恒久不变的精神。所以，如果说儒家哲学是一种伦理型哲学的话，那么道家哲学则是一种自然型哲学。

冯友兰说：“儒家强调人的社会责任，但是道家强调人的内部的自然自发的东西。……孔子重‘名教’，老庄重‘自然’。”①白奚说：“孔子思想的主要特色为仁德主义，偏重于人与人的关系，由此而建立了他的伦理学。老子思想的主要特色则是自然主义，偏重于人与自然的关系，由此而建立了他的本体论和宇宙论。”②因此可以说，孔子是中国历史上第一位也是最重要的伦理学家，老子则是中国第一位哲学家。而且，正如西方哲学家黑格尔所指出的：孔子思想与老子思想的不同，在于前者属于“道德哲学”，而后者属于“思辨哲学”。

其二，儒家主张刚健有为，道家主张清静无为。中国传统文化具有辩证的思想，一直贯穿着刚柔、动静、有为与无为等一系列相互对立又相辅相成的思想。儒家对人类文明和社会进步持积极乐观的态度，为现实人生开列的是一条“修身、齐家、治国、平天下”的人生道路，崇尚身体力行、积极进取、刚健有为的人生态度，主张对社会具有强烈的责任感和担当精神。《论语·泰伯》：“士不可以不弘毅，任重而道远。仁以为己任，不亦重乎？死而后已，不亦远乎？”《周易·大传》：“天行健，君子以自强不息”，“地势坤，君子以厚德载物”。“自强不息”是积极进取的精神，“厚德载物”是博大宽容的精神。这种

① 冯友兰：《中国哲学简史》，北京大学出版社1985年版，第8页。
② 白奚：《孔老异路与儒道互补》，载《南京大学学报》2000年第5期。

刚健有为的精神，体现为“为天地立心，为生民立命，为往圣继绝学，为万世开太平”的入世开拓精神，“先天下之忧而忧，后天下之乐而乐”的高度社会责任感，“富贵不能淫，贫贱不能移，威武不能屈”的大丈夫气概。

儒家积极进取和刚健有为的人生态度当然是对社会起推动作用的正面力量，但是社会是复杂多变的，儒家对社会发展的曲折性和人类为文明发展所必须付出的代价估计不足，在鼓励和倡导人们争先向上的同时，没有为人们留下足够而必要的回旋余地，只有动力而缺乏与之配套的缓冲装置，因而刚性有余而韧性不足。与儒家思想刚健有为的思想相辅相成，道家主张清静无为。相对于儒家的积极进取的人生态度，道家提供了另外一种人生见解，他们认为人生也应当有柔弱、知足、谦下、不争的态度，主张顺应自然，清静无为。但是这种“无为”却不是消极遁世，而是以退为进，从而“无为而无不为”的一种人生策略。老子是一个辩证法大师，他常能从事物的正面看到它的反面，又能从反面找到解决问题的方法。老子主张“柔弱胜刚强”，就如同水一样：“天下莫柔弱于水，而攻坚强者莫之能胜，以其无以易之。弱之胜强，柔之胜刚，天下莫不知。”水是至柔的，但滴水可以穿石。所以他认为为人处世要谦虚谨慎，甘居柔弱。“上善若水。水善利万物而不争，处众人之所恶，故几于道。”老子以“不敢为天下先”为人生三宝之一，主张“知其雄，守其雌”，虽有雄健之势，却居于雌柔之地。其中包含着更加丰富的处世策略和人生智慧。

其三，儒家注重群体性，道家注重个体性。人是社会动物，具有群体性，有关心家庭、他人和社会的意识；人又是相对独立的生命个体，具有个体性，有自己特殊的利益、欲望、情感、个性和自由意志。群体性与个体性既矛盾又统一。儒家强调人的群体性。儒家的核心价值观是“仁”，孔子认为“仁”就是“爱人”。“樊迟问仁。子曰：‘爱人。’”(《论语·颜渊》)“子张问仁于孔子。孔子曰:‘能行五者于天下为仁矣。’‘请问之。’曰:‘恭、宽、信、敏、惠。’”(《论语·阳货》)“孝弟(悌)也者,其为仁之本与!”(《论语·学而》)“君子笃于亲,则民兴于仁。”(《论语·泰伯》)“仁”为亲爱之意,是指人与人之间要相爱,这种爱是建立在人与人之间的关系基础之上的。儒家所提倡的“忠”“孝”“恕”“信”等价值观念,也都体现了以他人和社会为重的精神。儒家强调个人的价值只有在群体之中才能得到实现,人为了他人而存在,为了社会而存在,为他人、为社会奉献的人生才是有意义的人生,因此个人应当全身心地投入到社会事业,为社会作出积极的贡献。

道家思想则强调人的个体性,重视个体的心灵安宁和精神自由,不要受社会礼教的束缚。在儒家那里,并没有为个人留下多少空间,个人的精神世界淹没在群体性之中。对于一个民族来说,儒家所注重和培养的这种群体意识无疑是极为重要的,然而我们也不能不承认,儒家重群体而轻个体,在人的个性和独立意志方面留下了许多空白。而在这方面,道家思想正好可以填补儒家遗漏的精神空间。道家更为注重个体的独立性,倡导“自然”“自在”,能够站在大道的立场上,以超越的态度观察人生与社会,主张人不应被世俗的价值和规则所拘束,应该保持自己独立自主的意志、自由思想的能力和清醒的头脑。道家的社会批判精神表现了对个体独立性的坚守和张扬。《论语·微子》载道家隐士长沮、桀溺劝孔子避世以求个人安宁,孔子回答说:“鸟兽不可与同群,吾非斯人之徒与而谁与?”《史记》载孔子见老子,在聆听了老子的一番教诲之后说:“鸟,吾知其能飞;鱼,吾知其能游;兽,吾知其能走。走者可以为罔,游者可以为纶,飞者可以为矰。至于龙,吾不能知其乘风云而上天。吾今日见老子,其犹龙邪!”这里的“吾不能知”,表明孔子与老子“道不同不相与谋”,儒家群体价值观与道家个体价值观具有巨大差异。

儒道两家的群体性与个体性的差异，可以在群体社会和个人之间形成一种制衡和互补机制，把群体性与个体性结合起来，使社会和人生不至于偏向以共性压抑个性，或者以个性破坏共性这样两个极端，使社会既生动活泼又整合有序。儒家思想培养出一批仁人志士，他们积极投身于社会事业之中，成为社会发展的中流砥柱。道家思想则熏陶出一批隐逸之士或社会生活的批评者，他们使社会增强了自我调节的能力。即便是在士大夫个人的文化性格之中，也常常是“达则兼济天下，穷则独善其身”，行时用世时以儒家为归依，坚守道德良知，维护纲常名教，争做忠臣良将；失意在野时则以道家为归依，淡泊名利，洒脱自在，归隐山林，保持着自己的真朴之性和独立个性。儒道交替为用，士大夫们可以在曲折的生活中左右逢源，进退有据，不失其精神依托，保持生命的圆融。

其四，儒家重务实，道家重超越。儒家的人文主义具有求实务实精神，专注于现实人生的修德和社会事业，所以伦理学和政治学特别发达。孔子对人死后的问题和鬼神的问题，采取存而不论的态度，对于形而上的问题思考不多，也没有建立起一个完整的宇宙论理论体系。可以说儒学是现实主义的人学。道家的学说更关注形而上的世界，把人的精神从世俗的日常生活中解脱出来，甚至要超出社会道德，从宇宙大化的高度看待世界，所以道家具有超越意识、玄虚精神。儒家重“仁”，道家重“道”，“道”与“仁”显然不是一个层次的问题。道家所推崇的大道是超乎形象、具有无限生机的宇宙之源和价值之源，人们修道的目的是提高精神境界，与大道一体化，使精神获得彻底解放。道家的这种求虚探玄精神，使得它的哲学和美学特别发达。

所以，儒道互补也是虚实互补，是形而上学和形而下学的互补。历史上的儒家为了发展自己的宇宙论和本体论，总是不断从道家吸取哲学营养;反之,历史上的道家为了更好地与现实生活沟通,也总是不断地从儒家吸取人生智慧。儒道互补,虚实相生,便形成中国哲学的基本精神。

纵观中国学术思想发展史,儒道互补是一条贯穿其始终的主线,也是推动中国思想文化不断发展演进的主线。在不同的历史阶段,儒道互补呈现出不同的情况。

春秋末年老子与孔子的时代,道家与儒家刚刚萌芽的时候,老子的思想就以其丰富的人生智慧向孔子的思想顽强渗透。孔子一方面吸收老子的教诲,另一方面在老子思想的刺激下发展和创立了新的儒家思想学派。战国时期,道家思想发展到黄老学说,稷下黄老学派援儒入道,兼采各家,将原本与社会政治疏离的原始道家改造为积极探讨富国强兵之道和治国方略的黄老之学。黄老学说打破了学派之间的壁垒,实现了各个学派的优势互补,是百家争鸣的重要成果,代表了先秦学术思想发展的大趋势,引领着学术思想发展的大方向。从西汉中期开始,儒家思想在皇权的支持下取代黄老学说,上升为官方的意识形态,成为社会文化的主导和主流,而道家思想则主要在民间和在野的士人中开辟发展的空间。但是,当时儒家的理论体系毕竟不如道家完备,黄老道家无论是其天人之论还是具体的政治主张方面都有许多值得儒家借鉴、吸取之处。所以,董仲舒所建立的新儒学,是以儒家学说中可以自由阐发的春秋公羊学为基础,援道入儒,融合儒道,并以阴阳五行、谶纬学说为框架,发挥儒家义理,改造儒家学说,重新建立起来的一个具有神学倾向的新儒学思想体系。到了宋代,儒家学者们认识到,儒学面对来自佛教和道家的挑战,显现出其理论在形而上的抽象性和思辨性方面的严重不足,需要从哲学本体论上论证儒家思想的正当性与必然性。于是,儒学家们为了建立儒家的形上学,借鉴道家、玄学甚至是道教和佛学在哲学本体论方面的理论和思辨性方法，创造性地提出了许多新的富有特色的儒学哲学本体论概念，并给予系统的哲学论证，这样，传统儒学经过理学家们的改造，原来那些道德信条式的理论体系终于发展演变成了以哲学形上学作基础的哲学理论体系——宋明理学。宋明理学是儒、道、佛三教合一的产物，是儒家思想汲取道家、玄学和道教、佛教的有益内容，并注入哲学因素，囊括天人关系而形成的更为理性化、思辨化的新儒学思想体系。

在汉代以后的中国思想文化史上，儒家在两千多年中居于社会思想文化的正宗和主导地位，是政治、教育和道德领域的指导思想。但是道家思想作为中国传统思想文化的另一方面，一直发挥着对儒家思想的补充、调节、纠正和补救的作用。儒道两家，儒显道隐，外儒而内道。如果说儒家学说和思想对民族文化的社会秩序、礼法习俗等表层结构起决定作用的话，那么道家思想则沉淀于民族文化的深层结构，对中国人的心理、民俗、哲学、宗教、艺术、文学、科学、医学等方面产生不可替代的影响和作用。特别是道家"无为而治""恬淡虚静""吃亏是福""难得糊涂""不为人先"等思想对士人阶层的生活、心态的影响，是不可估量的，所以，道家之学与儒家之学在中国文化结构中一直处于主体地位。儒家救世，道家救心。中国封建士大夫总是走着入世以儒，出世以道的路线，在行时进取时，总是提倡治国平天下的儒家思想；在失势退隐时，便津津乐道于老庄之学。

我们在前面已说过，道儒两家同源于《易》，老子的哲学继承了《归藏》之易的路线而发展了它的重阴的倾向，孔子的儒学则继承了《周易》的路线而发展了它的重阳的倾向。道儒两家把握着传统文化的阴阳两极，相互依存，相互对立，相互补济。对此，魏源早有所见，他说："老子与儒合乎？曰否。天地之道，一阴一阳。而圣人之道（指孔学），恒以扶阳抑阴为事。其学无欲则刚，是以乾道纯阳，刚健中正，而后足以纲维三才，主张皇极。老子至柔宾刚，而取牝取雌取母，取水之善下，其体用出于阴。”①道、儒两家一阴一阳、一反一正、一柔一刚、一南一北、一冷一热、一静一动、一退一进，以其鲜明的个性差异，各自为中国传统文化建构了一个支点，以其巨大的创生力和支撑力，塑造了中国传统思想文化的两大主流，犹如长江和黄河，奔流不息。

2016 年 11 月初稿

2018 年 6 月修改

① 魏源：《老子本义》，华东师范大学出版社 2010 年版，第 7 页。

主要参考书目

《老子》,马王堆汉墓帛书甲、乙本,文物出版社 1976 年版。

《郭店楚墓竹简》,文物出版社 1998 年版。

河上公:《老子河上公章句》,王卡点校,中华书局 1993 年版。

严遵:《老子指归》,王德有点校,中华书局 1984 年版。

王弼:《老子道德经注》,楼宇烈:《王弼集校释》,中华书局 2012 年版。

王弼:《老子指略》,楼宇烈:《王弼集校释》,中华书局 2012 年版。

陈鼓应:《老子注译与评介》,中华书局 1984 年版。

高亨:《老子正诂》,中国书店 1988 年影印版。

高明:《帛书老子校注》,中华书局 1996 年版。

郭沂:《郭店竹简与先秦学术思想》,上海教育出版社 2001 年版。

丁四新:《郭店楚墓思想研究》,东方出版社 2000 年版。

黄钊:《道家思想史纲》,湖南师范大学出版社 1991 年版。

吕思勉:《先秦学术概论》,中国大百科全书出版社 1985 年版。

钱穆:《先秦诸子系年》,商务印书馆 2001 年版。

饶宗颐:《老子想尔注校证》,上海古籍出版社 1991 年版。

任继愈:《老子新译》,上海古籍出版社 1978 年版。

任继愈:《老子绎读》,北京图书馆出版社 2007 年版。

王明:《道家和道教思想研究》,中国社会科学出版社 1984 年版。

王明:《太平经合校》,中华书局 1960 年版。

魏源:《老子本义》,华东师范大学出版社 2010 年版。

许抗生:《帛书老子注译与研究》,浙江人民出版社 1982 年版。

许抗生:《道家思想与现代文明》,中华书局 2015 年版。

聂中庆:《郭店楚简〈老子〉研究》,中华书局 2004 年版。

严灵峰:《周秦汉魏诸子知见书目》六卷,中华书局 1993 年版。

罗根泽主编:《古史辨》第四、六册,上海古籍出版社影印本 1982 年版。

张松如:《老子说解》,齐鲁书社 1998 年版。

郑良树:《诸子著作年代考》,北京图书馆出版社 2001 年版。

熊铁基等:《中国老学史》,福建人民出版社 2005 年版。

熊铁基等:《二十世纪中国老学》,福建人民出版社 2002 年版。

李程:《近代老学研究》,武汉大学出版社 2008 年版。

古棣、关桐:《老子十讲》,上海人民出版社 2009 年版。

王卡:《道教经史论丛》,巴蜀书社 2007 年版。

王葆玹:《黄老与老庄》,中国人民大学出版社 2012 年版。

张松辉:《老子研究》,人民出版社 2009 年版。

潘雨廷:《道教史丛论》,复旦大学出版社 2012 年版。

董京泉:《老子道德经新编》,中国社会科学出版社 2008 年版。

曹峰:《出土文献与儒道关系》,漓江出版社 2012 年版。

胡孚琛:《道教与丹道》,中央编译出版社 2008 年版。

陈鼓应主编:《道家文化研究》(第 1—20 辑),上海古籍出版社

1992—1998 年版。

陈鼓应:《老庄新论》,商务印书馆 2008 年版。

陈鼓应:《黄帝四经今注今译》,商务印书馆 2007 年版。

陈鼓应、白奚:《老子评传》,南京大学出版社 2001 年版。

白奚:《稷下学研究》,生活·读书·新知三联书店 1998 年版。

刘笑敢:《老子古今》,中国社会科学出版社 2006 年版。

刘笑敢:《诠释与定向》,商务印书馆 2009 年版。

詹剑峰:《老子其人其书及其道论》,华中师范大学出版社 2006 年版。

徐春华:《天人合道——老子哲学研究》,人民出版社 2013 年版。

胡道静主编:《十家论老》,上海人民出版社 2006 年版。

朱晓鹏:《老子哲学研究》,商务印书馆 2009 年版。

杨义:《老子还原》,中华书局 2011 年版。

谭宝刚:《老子及其遗著研究》,巴蜀书社 2009 年版。

胡孚琛:《道学通论》,社会科学文献出版社 2009 年版。

金晟焕:《黄老道探源》,中国社会科学出版社 2008 年版。

李养正:《道教概论》,中华书局 1980 年版。

李零:《郭店楚简校读记》,中国人民大学出版社 2007 年版。

刘固盛:《道教老学史》,华中师范大学出版社 2008 年版。

龚鹏程:《道教新论》,北京大学出版社 2009 年版。

任继愈:《中国道教史》上下卷,中国社会科学出版社 2001 年版。

卿希泰:《中国道教史》四卷,四川人民出版社 1996 年版。

卿希泰:《中国道教思想史》四卷,人民出版社 2009 年版。

陈丽桂:《汉代道家思想》,中华书局 2015 年版。

陈丽桂:《近四十年出土简帛文献思想研究》,中华书局 2015 年版。

王中江:《道家学说的观念史研究》,中华书局 2015 年版。

王中江:《出土文献与道家新知》,中华书局 2015 年版。

王中江:《根源、制度和秩序:从老子到黄老》,中国人民大学出版社 2018 年版。

葛晋荣:《道家文化与现代文明》,中国人民大学出版社 1991 年版。

吕锡琛:《道家道教与中国古代政治》,湖南人民出版社 2002 年版。

宁镇疆:《〈老子〉"早期传本"结构及其流变研究》,学林出版社 2006 年版。

刘晗:《〈老子〉文本与儒道关系演变研究》,人民出版社 2010 年版。

詹石窗:《中国宗教思想通论》,人民出版社 2011 年版。

詹石窗:《道教文化十五讲》,北京大学出版社 2012 年版。

余明光:《黄帝四经与黄老思想》,黑龙江人民出版社 1989 年版。

后 记

我最初接触到《老子》,是在1990年前后,那时候刚毕业参加工作不久,捧起中华书局繁体竖排的陈鼓应先生的《老子注译及评介》,竟然囫囵吞枣地读完了,而且感到甚合口味,可见我与老子是有缘的。后来我和几位同事做地域文化研究,因为老子是“楚苦县厉乡曲仁里”人,所以老子文化应属于我们研究的“陈楚文化”范围,我写了《谈〈老子〉的文学价值》《老子与创世母神崇拜》《老子思想的陈楚地域文化渊源》等几篇论文;在1998年由辽宁教育出版社出版的《陈楚文化》一书中,我执笔撰写的几个章节中有“老子思想文化”一章。这些,只是我对老子研究的开端。需要说明的是,我是学文学出身,与大多数从哲学入手研究老子者不同,我对老子研究,是从文化学进入的。《老子》是一座取之不尽、用之不竭的思想文化宝库,我们无论从哪个门径进入,都会如宝山探奇,能够领略到奇异的魅力,得到丰富的收获。

对于《老子》的研究,自战国韩非以下,千百年来有千百家。传统的研究方法,无非是注疏与考据。我曾经有一段时间,对20世纪二三十年代的疑古思潮发生了很大的兴趣,捧读顾颉刚等人汇编成的七册九本《古史辨》,我竟然有一种阅读侦探小说的好奇快感。《古史辨》激发了我两个方面的研究兴趣,一是上古神话传说,二是老子其人其书。在当年的疑古思潮中,关于老子其人有无、其书真伪、年代早晚的问题,是其中的一个焦点,学术大师们的争论文章收录在《古史辨》第四册和第六册。读这些争论文章,我产生的疑惑是:老子的完整形象始见于汉司马迁《史记·老子韩非列传》,汉以前文献中老子形象模糊不清,或互相矛盾,如《礼记·曾子问》中老子拘谨守礼,《庄子》中老子激烈反礼。马王堆汉帛书和郭店战国楚简《老子》与通行的《老子》内容差异很大。那么,老子是谁?《老子》一书是怎样产生的?如何认识《老子》版本的演变?老子与孔子的关系是怎样的?道家思想的源和流是怎样的?我想,这些都是中国学术思想史上的大问题。然而,"古史辨"派显然没有解决这些问题,而且由于辨伪学仅仅凭借文献考据,往往是建立在非此即彼的简单方法上,其结果则常常陷入虚无主义的泥淖,这无法使我们得到科学的、实事求是的认识。

近四五十年来,随着出土简帛资料的发现和整理以及中外研究方法的综合使用,关于老子思想文化的研究取得了丰硕的成果。从研究方法上说,对于老子的研究经历了分别以历史考辨、哲学辨析和文化学阐释为学术特征的三个阶段。在追踪阅读这些文献资料的时候,我认识到:对于老子其人其书的考辨和对于老子及其道家思想源流的探索,是一项极其复杂的学术活动,涉及古书成书过程,古书的编纂流传,从更深层次上说,需要从学术史、思想史、哲学史、文学史等等知识结合上进行思考。对于老子的研究,不能局限于一人一时一书,《老子》一书的定型和老子思想文化的形成经历了一个漫长的演变过程,其时间跨度当在春秋末年一直到战国秦汉之间,这一时间正是各种思想流派孕育产生和发展分化的时期。因此,应该把《老子》和老子思想视为动态的、有生命的活动之物,将其置于中国学术思想史的发展之流中,这样,在学术思想史的视野中,《老子》文本的演变、不同传本之间的关系、老子形象在不同时代的变化、孔老和儒道关系、道家与道教关系等学术问题,才能获得合理的解释。

其一,历代关于老子其人其书的早晚真伪问题的辨伪论争,原因和焦点是孔子和老子谁为学术和道统源头的问题,即是儒道学派门户之争。儒道各家书中的老子形象与思想不同,乃是各家以自己学派的思想对老子进行重新改造和变形化处理的结果,不必当作真实的史实。老子与孔子之学同源于上古三代文化。战国中晚期,百家争鸣,中国学术分流。战国时期道家与儒家在相互辩驳中各自塑造老子的形象,老子形象是先秦思想从一体化向儒道分流发展形成的结果。

其二,《老子》一书的演变是一个动态的过程,时间漫长,经手众多。老子以箴言的形式记录下其思想,后辈学者在对老子学说的学习和传抄过程中不断整理、修订、增益,从而使《老子》一书形成了不同的面貌、不同的版本系统。对比早期的各种《老子》版本,可以明显地看出老子及道家产生发展的演进过程。老子的时代还没有形成统一的道家。道家学派的形成,一方面与战国至汉初的思想运动有关,一方面与《老子》一书的整理定型有关。

其三,老子的学说,在先秦时期大致沿着两个方向发展:一是以庄子为代表的学派,关注于阐发《老子》中关于人生哲学的内容,在形而上的层面建构起纯粹的哲学。二是以稷下学者为代表的黄老学派,关注《老子》中的政治内容,在形而下的层面上建构一套可操作的治国理论。汉代初年,黄老学说占主导地位,但在汉武帝"独尊儒术"之后,黄老学说退出主流意识形态,深入到道教与民俗之中。魏晋时期,老庄学说风行,出现了崇尚老庄道家哲学的玄学思潮。其后,中国学术思想史进入隋唐佛学、宋明理学阶段。在历次重要的学术思潮中,老子学说总是深入地参与其中,一方面推动着学术思想的发展,一方面也丰富和发展着自身的思想学说体系。

其四,关于道教与道家的关系,正如老子思想学说分化为老庄、黄老,再演变为魏晋玄学一样,道教也是道家的一个演变形态。黄老学与阴阳术数、神仙方术合流,形成了“黄老道”。黄老道是道教的前身。《太平经》的成书是道教形成的标志。老子神话中的转生变化,是源于黄老道家学说的气化理论。

以上这些,是我在研读《老子》和近年来关于老子思想文化研究成果时认识到的基本观点。

促使我写这本书的原因,是我所在的周口师范学院近年来着力推动地域文化研究,特别是对老子文化的研究。学校成立了老子暨中原文化研究中心,开展了一系列关于老子思想文化的学术研究活动。我欣逢其时,参与其中,又重拾对老子思想文化的兴趣,以我许多年前在《陈楚文化》《周口历史文化通览·文化卷》《周口地域文化十二讲》三本书中撰写的有关老子思想文化的章节为基本框架,结合在研读《老子》和近年来关于老子思想文化研究成果时的认识,写成这部书稿。在写作过程中,我尽力搜集和大量阅读最新研究文献,学习和吸收了最新的研究成果。关于治学,前人有句话说:“板凳要坐十年冷,文章不写半句空。”治学的关键在于“写”。写作,促使我们学习、阅读、思考,所以对于文科来说,写作过程就是学习过程和研究过程。我写这本书,其实也是我对老子思想文化的学习过程和学习成果的展示。

本书得以成稿,要感谢周口师范学院老子暨中原文化研究中心前后两位负责人李军法教授和高恒忠教授,他们在我撰稿过程中给予了很大帮助。写成初稿后,我曾把电子文本发给著名老子研究专家、香港中文大学哲学系教授刘笑敢先生和北京大学哲学系教授王中江先生、南京大学历史系教授范毓周先生,请他们批评指正,在此对三位先生的指教和帮助表示感谢。本书能够以现在的面目呈现在读者面前,还得益于河南人民出版社的有力支持,在这里特致谢意。

陆游《读〈老子〉》诗云:“《道德》五千言,巍巍众妙门。管窥那见豹,指染仅尝鼋。”老子思想文化博大精深,我的这本书稿虽然写成了,但我感觉我对于老子的研究刚刚开始,需要学习的东西还有太多,真正进入老子思想文化这座宝库还有很远的路要走。这本书中的错误和不足之处一定不少,我会在以后的学习和研究中不断修正和完善。

王 剑

2018 年 6 月